白色テロをくぐり抜けて

孫康宜 著
Kang-i Sun Chang
杉本史子 訳

三元社

本書は蔣経国国際学術交流基金会及び侯氏基金会の助成を受けて刊行された。

白色テロをくぐり抜けて ◉ 目次

凡例
・漢字表記は常用漢字表によった。ただ地名・人名などの固有名詞はこの限りではない。
・本文中の（　）は著者の、〔　〕は訳者による補足を示す。

序言　恨みから感謝へ——白色テロを証言する

王徳威[1]

孫康宜[2]教授はイェール大学で初めてマルコム・G・チェイス五六講座[3]を担当した教授であり、国際的に名の知られた漢学者でもある。孫教授の専門分野は古典文学で、主に六朝の詩歌、唐宋の詞、明朝遺民の文学及び女性文学を研究している。たくさんの専門的著書があるだけでなく、『中国女性詩歌詩論伝統』や『ケンブリッジ中国文学史』などの大型出版プロジェクトの代表者を務めたこともある。英米の漢学界において、孫教授はその学問への厳しい姿勢、真面目な仕事ぶりから、誰もが認める模範的な人物である。

孫教授の姿はたおやかで上品であり、人柄は謙虚で誠実である。いつもまるで春風に出会ったかのような印象を受ける。だが、このような学者の風格の陰には、実は悲しい物語が隠されていたのだ。彼女は過去に台湾の白色テロを経験したことがあり、しかも被害者の家族であった。

白色テロは台湾政治史における大きな汚点の一つであり、台湾では長らくタブーとされてきた。一九八〇年代の末に言論への規制がなくなる[4]と、これまで流されてきた血と涙の跡が表に現れるようになった。そして社会の集合的記憶となり、また反省すべき罪業だとされるようになった。だが二〇世紀の終わりになると、政治的な流れの下で、白色テロの真相はすべてが明らかにされたとは言えず、却って立場の異なる陣営が自分たちの主張をわめき立てるための口実と化してしまった。

このとき、孫康宜教授は海外で黙々と『白色テロをくぐり抜けて』を書いていた。世間一般に出回る涙を誘う訴えや、義憤にかられた告発と比べると、この回想は一読するだけでストレートかつシンプルなものであることが分かり、多くの人が想像する内容とは必ずしも一致しない。だが著者が言いたかったのは、次のことであろう。白色テロの複雑で込み入った事情を、どうしたら部外者にきちんと伝えることができるのか。涙と恨みの果てに、どのような追悼や追憶をすれば、将来につなげていくだけの意義を持つのか。実際、白色テロを「くぐり抜ける」ことは、口で言うほど簡単なことではないのだ。孫康宜教授の回想録は長いものではない。だがそれは彼女が長い間蓄積してきた勇気をやっと奮い起こして書いた証言なのである。

白色テロに巻き込まれる

一九四九年、中国大陸で政権が変わり、中国国民党は台湾に撤退した。国民党は台湾という最後の砦を守るために、政治的、思想的見解が異なる者に対して、大規模な粛清を行った。五月一九日、台湾警備総司令部[5]によって戒厳令が発令された。六月には「懲治叛乱条例」、「粛清匪諜[6]条例」が施行された。

この高圧的な統治は主に一九五〇年代、六〇年代に現れ、後に「白色テロ」のピーク期と呼ばれた。当時、捕らえられて処刑されたり、長期にわたって監禁されたりした者は、少なく見積もってもおよそ八〇〇〇人はおり、軍事裁判所[7]に受理された案件は、三万件近くに上る。無実の罪で、巻き添えとなったり、あるいは誤った裁判によって冤罪を被ったりした例は、さらに数多く存在する。

白色テロの攻撃対象には、知識人、文化人、軍人、農民、労働者が含まれていたが、真っ先に攻撃されたのは、左翼と社会民主運動家であった。国民党が台湾に撤退してきた初期に、このように厳格で早急な措置が取られたのには、歴史的な理由があった。だがこれによってもたらされた大きな傷は、単純な政治的解釈でカバーできるものではない。考古人類学者の権威であった張光直[8]教授（一九三一～二〇〇一）は、一九四九年、まだ高級中学[9]の学生であったにも関わらず、思想上の問題によって捕らえられ、一度は命の危険にもさらされた。現代における中国詩詞研究の大家、葉嘉瑩[10]教授も一九五〇年代の初期に家族の巻き添えとなり、獄につながれたことがある。さらに、『自由中国』という雑誌で民主や自由を提唱した雷震[11]（一八九七～一九七九）も長期にわたって軟禁され、陳映真[12]は読書会に参加したという理由で、鎖につながれ投獄された。こうした事例はいずれも学術界ではよく知られている。

反右派闘争[13]、文化大革命[14]を経験した中国大陸の読者にとって、孫康宜の白色テロの経験は既視感を覚えたであろう。中国大陸と比べると、白色テロは規模の面でもやり方の面でも、影が薄いかも知れない。長い間、歴史は両岸[15]の中国人に対し残虐であった。だが私たちが関心を払うべきことは、色

〔共産主義の赤や白色テロの白〕や規模の如何を問わず、テロや運動がいったん起こってしまうと、被害者はいずれも人格を無視され、人権を侵害されるということである。さらに耐えがたいのは、一世代の中国人が政治的な虐待や傷を受けると、何代もの人々にそれが引き継がれてしまうことである。あれから時は移り変わったが、後世の者たちは、どうやって亡くなった人々の霊に呼びかけ、言い尽くせない先人たちの傷を、理解すべきなのだろうか。

一九八七年、台湾では戒厳令が解除され、三八年間にわたった白色テロは正式に終わりを告げた。だが本当の挑戦は始まったばかりであった。この時期、さまざまな記録や回想録が次々に出され、私たちに一九八〇年代の傷痕文学[16]ブームを想起させた。これに伴って現れたのが、証言に関わる一連の問題である。被害者の受けた痛手は、歴史の後付けによって、埋め合わせることができるのだろうか。死者はもうこの世にはいないが、生き残った者は、いかなる資格で永遠に口をきけない者に取って代わる発言権を持つことができるのか。また傷跡を記すときには、古きを退け、目新しさを出すべきなのだろうか。私たちは祥林嫂が自分の不幸話を語った教訓[17]を覚えている。結局、歴史を語るのは難しくないが、歴史の「語りづらさ」を語ることは難しいのである。だからそれは永遠に続く魂の挑戦であり、道義上の責任でもあるのだ。

こうした前提の下で、『白色テロをくぐり抜けて』は私たちにもう一度、現代中国における暴力と正義、その傷跡と贖いの証を考えさせてくれる。孫康宜の父、孫裕光氏（一九一九〜二〇〇七）は天津の生まれで、母、陳玉真女史（一九二二～一九九七）は台湾の高雄の出身である。一九三〇年代の末に、二人は日本の留学生となった（孫裕光は早稲田大学の学生で、陳玉真は東京女子高等師範学校[18]で学んでいた）。この地で二人は相思相愛の仲となり、祖国に帰って結婚した。帰国後、孫裕光は北京大学で講師を務めた。だが不安定な世情の中、美しいロマンの歴史も、運命にもてあそばれる。国共内戦が始まると、孫裕光は不穏な時局を感じ取り、子供を連れて妻の故郷、台湾に移住することに決めた。このとき彼らと同行したのが、北京大学の同僚であり、北京における台湾人たちの精神的なリーダーでもあった張我軍[19]先生（一九〇二～一九五五）であった。

一九四六年の春、若い夫妻は二歳になる娘の康宜と、生まれてわずか三か月の長男、康成を連れて、台湾にたどり着いた。そこで孫裕光は基隆港務局に職を得て、身を落ち着けることができたかに見えた。だが不運は始まったばかりであった。翌年、二・二八事件[20]が勃発した。時の行政長官、陳儀（一八八三～一九五〇）は軍隊を動員して鎮圧し、大量の人間を殺害した。当時はほんの些細なことにもおびえて暮らさなければならず、本省人[21]、外省人[22]ともに被害を被った。この事件は後の台湾における省籍矛盾[23]の禍根の種をまくことにもなった。一九四〇年代の末には、国共内戦の情勢が逆転し、台湾は一夜にして無数の恐怖を味わった。まさにこのとき、白色テロの暗い影が孫家に襲いかかった。一九五〇年の春、孫裕光は突然逮捕された。そして捏造された罪名によって、一〇年の判決が下され、家財もことごとく没収された。彼は後にこう書いている。「突如として大きな禍が私たち一家に降りかかってきた。

幸福で満ち足りた家庭が、一夜のうちに絶望の淵に突き落とされ、悲しみと苦痛で涙にくれた」。

この年、孫康宜は六歳であった。彼女は深夜に軍警〔軍事警察〕が突然家の中に押し入って、父に手錠をかけて連れ去った日の騒ぎを覚えていた。その後、窮地に陥った母は、三人の幼い子供を連れて、高雄の田舎に命からがら避難した。物心がついたばかりの子供に、こうした経験がどれだけの恐れと屈辱をもたらしたかは想像に難くない。それから一〇年間、孫康宜は母と二人の弟とともに台湾南部で禍を避けながら生活した。他人の世話になる暮らしであり、また苦しい中にも楽しみを見出す日々であった。母はひたすら耐え忍んで、自分のすべての心血を注いで家庭を守った。一方、孫裕光はまず緑島[24]に送られ、それから台北の監獄に移されていた。監獄にいる父の面会に出かけることが、一家のいちばん大事な休日のイベントとなった。一九六〇年、孫裕光は刑期を終えて釈放された。このとき、孫康宜はすでに高級中学の一年生になっていた。

だがこれは物語の半分に過ぎない。それから三五年の歳月が過ぎ、一九九〇年代半ばになったとき、孫康宜は偶然、彼女の一番目の伯父である陳本江（一九一五〜一九六七）が一九五〇年代に台湾で起きた「鹿窟事件」[25]と関わっていることを知った。鹿窟は台湾北部の山間地に位置し、一九五〇年代初期には台湾最大の左翼武装勢力の根拠地だとされたこともあるが、一九五二年に国民党の軍警によって殲滅された。この鹿窟のリーダーの一人こそが、陳本江であった。

陳本江は日本に留学したことがあり、そこで孫裕光の同級生となり親友となった。陳本江は孫裕光と自分の妹の陳玉真を結びつけるきっかけを作った人物でもある。日中戦争後期には、陳本江も北平[26]に来ており、一九四八年になってようやく台湾に帰っている。陳はロマンチストで多才な人物であり、明らかに留学当初から左翼的な理想に惹かれていた。そして中国で過ごしたことにより、革命の必要性を、身を以って実感した。一九五〇年代初期に、彼は命を受けて鹿窟に入り、行動の機会をうかがっていた。孫裕光が逮捕されたのは、まさにこのときである。孫裕光自身に逮捕される理由があったのではなく、保密局[27]が孫裕光の身辺から陳本江の行方を探ろうとしていたのである。

著者が数十年後につかんだ糸口から、ついに孫家の悲劇のいきさつがたぐり寄せられることになる。中国の天津からやってきた青年と、台湾の高雄からやってきた青年が日本で親友となり、その二人の友情は後に、姻戚関係に発展した。だが運命にもてあそばれ、二人はそれぞれ白色テロの異なる側面を目の当たりにすることになる。孫裕光は戦争の最中に台湾人の妻と結ばれた。孫夫妻には政治的に何かをしようという気はなかった。だが時代の混乱の中で、政治の渦中に巻き込まれた。一方、陳本江は典型的なロマンチストの革命家であった。思い描いた理想を実現するために、一切を犠牲にして山に立てこもり、ゲリラ活動を行った。皮肉なことに、「鹿窟事件」は重大事件としてかなり誇張されていたにも関わらず、事件後、陳本江は三年間、獄につながれただけですぐに釈放された。国民党の「寛大を旨とする」方針のモデルとして利用されたからである。一方、孫裕光は断固として協力的な態度を示さず、一〇年の判決を受けた。いずれにせよ、白色テロは二人の人生に深刻な挫折をもたらしたのである。その後、陳本江はまったく覇気のない後半生を送り、失意のうちに早逝した。孫裕光はキリスト教に帰依し、一九七八年にはアメリカに移住して、大学教員やボランティアの伝道師を務めた。

孫康宜の書によると、白色テロを経験したのは父と伯父だけではない。前述した張光直も本書に登場する。張光直の父は、孫家とともに海を渡って台湾に帰った、あの張我軍である。張光直は張我軍の次男であり、一九四六年に家族とともに台湾に帰った。一九四九年、まだ高級中学の三年生だった彼は、左翼思想に興味を持ったことにより獄につながれ、一年後にやっと釈放された。この一年間にわたる牢獄生活で、張光直は人間の強さと醜さという両極端な側面を目の当たりにした。彼はここから人類学に興味を持ったという。さらに孫康宜は陳本江の鹿窟事件を調べていく中で、陳本江が「台湾一の秀才」と称された呂赫若(一九一四~一九五一)と生死を共にする友情を結んでいたことを知る。呂赫若は一九三五年、台湾の文壇に華々しく登場した。声楽の分野でも目覚ましい活躍を見せた。前途洋々であったはずだが、左翼運動に熱を入れ、陳本江と知り合った。一九四九年、呂はコンサートを開いてから、ほどなくして謎の失踪をとげた。後に分かったことだが、呂は陳本江とともに鹿窟に入っていた。だが一九五一年前後に、あろうことか毒蛇に咬まれて、この世を去った。

台湾では戒厳令が解除されるまで、白色テロは口にしてはならないタブーであった。生存者は口を貝のように固く閉ざした。迫害で亡くなった者はむろん、死人に口なしであった。張光直は後に、世界的に名の知られるハーバード大学の教授となった。彼は二〇世紀の末になって初めて、一七歳のときに遭ったできごとを本にして世に出した。呂赫若の名前とその作品も、一九九〇年代になってようやく再び人々の注目を集めるようになった。彼の死因は今でも諸説紛々として、定まらない。孫康宜の一番目の伯父〔陳本江〕は早世した。孫康宜の父もほぼ口を閉ざしたまま、自らの過去を語ることはなかった。

白色テロの最後の怖さは、客観的には環境が改善されたとしても、永遠に生存者は口を開くことができず、死者も浮かばれないままであることだ。過去を追想することこそが、孫康宜にとってはいちばん難しい挑戦であった。彼女は親族のために、そして自分自身のために、どうやって白色テロをくぐり抜けたのであろうか。

白色テロをくぐり抜ける

孫康宜は白色テロの間接的な被害者である。彼女は六歳のときに被害に遭い、半世紀以上経った後にようやくそれを書き表すことができた。この長いタイムラグは何を意味しているのだろうか。前述したように、一九八七年に台湾で戒厳令が解除されるまで、政府はどうにかして白色テロをなかったことにしようとしてきた。多くの当事者たちもひたすら隠そうとした。孫康宜自身は一九六八年には台湾を離れていたため、当然のことながら、事件が起こった現場とその関係者からは、距離ができていた。だが長いタイムラグを必要としたいちばんの要因は、彼女の両親の世代にとって、過去は振り返りたくないものであったからだろう。彼らにはたとえ言いたいことがあっても、どこから語り始めたらいいのか分からなかった。言葉に出せない苦しみは、単に外からの圧力によるものだけでなく、当事者自身が消せないトラウマを抱えていたことにもよる。

孫康宜の両親は、一九七八年に子供たちのサポートによってアメリカに移住した。これまでの半生を振り返った二人は、きっと隔世の感を覚えたことであろう。孫裕光はこのときすでに敬虔なクリスチャンとなっており、名前も孫保羅〔孫パウロ〕と改めていた。両親はむしろ寛大な心で過去を許そうとしていた。だが人の子として、どうして両親とその時代の人々が受けた苦痛を、闇に埋もれたままにしておくことができよう。過去は決して煙のように消えてしまうことはないのだ!

だが書き始めると、孫康宜は自分自身もまた言葉を失う苦しみの中にいたのではないだろうか、と気付く。白色テロをくぐり抜けるための第一関門は、この話し言葉の問題であった。孫康宜は北京に生まれ、北京語を話す環境の中で育った。台湾に移ってからも、父に倣って北京語を使い続けた。だが一九五〇年に父が獄につながれると、母は三人の子供を連れて高雄の田舎に避難した。「林園に移って間もなく、私は周囲の環境に合わせて、あっという間に北京語を忘れてしまったらしい。それからの一年間、私は一日中ずっと台湾語で話をしていた」。台湾南部は閩南語系住民の本拠地である。郷に入っては郷に従えと、孫康宜は自然に台湾語を話し始めた。瞬く間に北京語を「忘れてしまった」ことにも、もちろん理由がある。言葉を失った悲哀は、父を失った悲哀でもあった。これは本書の中でも、いちばん気を揉ませる部分である。一年後、孫康宜は「国語」[28]を学び始めた。だが「国語」教員にもともと現地訛りがあったため、このとき身に付けた国語は、台湾訛りの「台湾国語」となった。彼女は「厳密に言うと、それは私の第三の母語に当たる」という。

この台湾国語は孫康宜が成長する過程で、トラウマとして刻み込まれた。国民党政権は正統な文化を推進していた時期[29]に、台湾の全住民が国語を話すことを主要な目標として掲げていた。その一方で、台湾語は方言とされ、下品で遅れた言語の象徴とされた。孫康宜はたまたま父が外省人であり、さらに彼女自身も北京生まれであったために、人には当然「標準的」な国語を話せるものだと思われた。彼女の台湾訛りの国語は、実は学校環境の中で身に付けたものであり、皮肉なことに、標準的な国語を推し進めようとした国民党が彼女に押しつけたものであった。だからといって、他人からのいぶかりや軽蔑の眼差しが消えるわけではない。長い間、このことで孫康宜は自らを卑下し、自分の殻の中に閉じこもった。後になって、彼女はアメリカに移り住み、思うぞんぶん英語を話した。これが彼女の第四の母語である。こうして彼女はやっと台湾の「言語の罠」から抜け出したのである。

この言語の罠もまた白色テロ（いかなる色であろうが）がもたらした弊害ではないだろうか。権威的な統治体制の下では、思うように言いたいことを言い、言いたくないことは言わなくてもいい、という自由がない。孫康宜の伯父、陳本江は革命の理想を表明したがゆえに、洋々たる前途を惜しげもなく放棄した。孫康宜の父は保密局が聞き出したいことを言わなかったために、一〇年間も監禁された。彼は後にキリスト教信仰において、神との対話という道筋を見つけた。だがそれでも生涯、俗世での失語症から回復することはなかった。

ただ本書で注目に値するのは、このような人に言葉を失わせた原因や苦痛を掘り起こし、哀悼した点だけではない。この回想録を通じて、孫康宜が追求したかったのは、言葉を失った理由を理解し、次にどうするのか、ということである。欧米の災害文学を研究する学者たちは、すでに答えを教えてくれている。現場を復興させたいという思いや、不義を訴える努力は、いかなるものであれ、ともに内在的な矛盾をはらんでいる。つまりどれだけたくさんの言葉を尽くそうが、永遠に話す機会を奪われた被害者の立場に取って替わることはできないのである。暴力が「どれだけの竹簡を使っても書き尽くせない」[30]のは、まさに暴力がもたらす恐怖が、言語で表現できる範疇を超えてしまっており、文明の理性が届かないブラックホールを目指すようなものだからである。

そうはいっても、傷跡を証言する者は、やはり叙述の仕方を探る努力をしなければならない。ここでのロジックは、暴力がもたらした恐怖を語ることがどんなに難しくても、私たちはこの恐怖の「語りづらさ」を書き記し、それに対抗しなければならないということである。孫康宜教授の専門分野の一つに六朝文学がある。一五〇〇年前に「蕪城賦」を書いた鮑照[31]（四一四～四六六）は、すでにこれと同じことを理解していた。「蕪城賦」には南朝の宋の孝武帝が、内乱の最中、広陵[32]で虐殺の限りを尽くし、この地に壊滅的な被害をもたらした様子が描かれている。鮑照はこの被害を目の当たりにして心痛のあまり、ただ大声で「天道如何ぞ、恨みを呑む者多し（天道はどうすればよいのであろう。恨みを呑み込んだ者は多いというのに」」[33]と嘆くしかなかった。

「言葉を失う」ことと「声に出す」ことの絶え間ない格闘の中で、私たちは死者の心の声をかみしめ、同時に自分の限界をも認めるしかない。では著述はただ天道が無情であると嘆き、「恨みを呑む者」の遺恨を繰り返し記録することしかできないのだろうか。この点で、『白色テロをくぐり抜けて』はかなり積極的な答えを出してくれている。著者自らが述べているように、彼女の回想録は必ずしも不義を証言し、心の傷を訴えるためだけのものではない。彼女は感謝の書、つまり孫家がいちばん苦しいときに助けてくれた人々に感謝する本を書きたかったのだ。

言い換えると、孫康宜はただ単に「恨みを呑む者」を演じ、「恨みを呑む者」の発言者となることは望まなかった。彼女はむしろ感謝する人になろうとしたのである。彼女は暴力にさらされた側面を強調しながらも、さらに大きな救いの力、つまり家族、社会、宗教の力を描くことに価値があると考えた。それは暴力と同じように、どうやっても書き尽くすことはできない。そしてこれこそが白色テロを「くぐり抜ける」ことのできた鍵になっているのだ。

本書を読むと、私たちは迫害、離散、監禁、人の死といったさまざまな記述の中に、家族愛が表現され、それが冷たい歴史の中にいかに温かな流れを注ぎ込んだかに気付かされる。とりわけ夫婦の慈しみの情、家族や兄弟の助け合い、子供の親に対する思慕といったものが目を引く。孫康宜の父が獄につながれると、母は毅然として自ら生計を立て、他人の目を恐れることなく、三人の子女を育て上げ、夫の帰りを待った。彼女は田舎で裁縫教室を開き、苦労してお金を稼いで一家を養った。また長旅の苦労を厭わず、夫と面会するために、何度も子供たちを連れて台湾北部の監獄にまで足を運んだ。母は昔から美人だと言われてきたが、孫康宜によると、彼女の美しさはその毅然とした性格に由来するものだという。彼女は家族に対し、生活そのものに対し、堅い信念を持っていた。

孫康宜の父は監獄で苦しみの限りを経験し、緑島での服役期間中には自殺を企てたこともある。だが偶然にも、この緑島で台湾ではめったに見られない紅豆[34]を見つけ、それを大事に保管していた。紅豆は相思豆とも呼ばれる。ずっと後になって、この紅豆は孫康宜の手に渡った。もちろんここには夫妻から娘へと、はかり知れない思いが受け継がれていた。獄中で孫裕光はしだいに『聖書』の中に自分の気持ちを託す言葉を見出すようになる。苦しみが救いと贖いの道を開いたのだ。屈辱を受けた魂が、別の天地に信仰と愛の真の意味を見出したのである。出獄したときに、彼はもう敬虔なキリスト教徒になっていた。

本書では孫家が外省人と本省人で成り立つ家庭であることにも注目すべきだろう。孫裕光が白色テロの被害に遭うと、妻の親族は全面的に手を差し伸べ、援助を与えた。時に行き違いが起こることはあったが、孫家が持ちこたえられたのは親族の力があったからにほかならない。白色テロの被害に遭った外省人の多くは、台湾に親族や友人がおらず、生前も死後も人に顧みられることはなかった。それに比べると、孫裕光はまだしも幸いであった。特に二・二八事件後には、孫家の物語に、親族の助け合いという深い意義が加わった。孫康宜は中でも二番目の伯母の一家が与えてくれた思いやりに感謝している。後に、彼女はこの伯母の次男、張欽次博士と結婚した。これは親戚同士でさらに姻戚関係を重ねるという美談となった。張欽次は孫裕光夫妻が台湾を離れる際にも手を尽くして助けた。その煩雑で紆余曲折した過程にも、感動させられる。

孫康宜の情が込もった筆は、家族以外の人にも及び、恩師や学友、教会の長老〔キリスト教会の指導者〕、アメリカの友人、さらには偶然出会った輪タクの車夫までが描かれている。義侠心によって勇敢に動いてくれた者もいれば、同情の気持ちから手を貸してくれた者もおり、そのときそのときに必要な援助を与えてくれた。それは孫康宜の世界をぬくもりで満たしてくれた。これこそが、彼女が本を著した最終的な目的であろう。過去は決して煙のように消えてしまうことはない。苦しみと無実の罪を着せられた屈辱だけではなく、思いやりと自尊の気持ちもまた、忘れることはできないのだ。

多くの白色テロの被害者の境遇と比べると、孫康宜の両親の物語は、苦労をし尽くした末に安定した生活を送るという結末を迎えることができた。心を揺さぶられるのは、彼女の両親が互いに相手を信じて深い愛情を貫いたことにとどまらず、二人がそれぞれ極めて孤立した状態の中で、自尊心を奮い起こし、苦難を乗り越える決意をしてきたことである。この力と決意の源は、伝統的な観念から来ているものかも知れず、また宗教の信仰心に由来しているものかも知れないが、そのどれもが人と人との間の愛情や誠意を示している。『聖書』の「エペソ人への手紙」にはこうある。「互《引用ママ》に情深く、あわれみ深い者となり、神がキリストにあってあなたがたをゆるして下さったように、あなたがたも互にゆるし合いなさい」[35]。

白色テロの経験は、まさに死の陰の谷を歩む[36]かのようであった。孫康宜は両親の経験をもとに、不正な時代を記録したが、それはまた情のある時代でもあった。自分が両親から受け継いだ教えや身をもって示された手本を、彼女は丁寧に振り返らずにはいられなかったのだろう。両親のやり切れない思いとその闘いはもう過ぎ去った。だがその子供は、最終的にはいちばん素朴なやり方で、それを著そうとしたのである。政治的な激情は尽きてしまうこともあるが、倫理的な肉親の情は曲がりくねりながらも長く続き、中国の現代史を記憶するもう一つの資源となる。「恨み」から「感謝」へ、これが、孫康宜が私たちに与えてくれた啓示である。

著者の自序

私の父は天津出身で、母は台湾出身である。二人は一九三〇年代に日本に留学し、東京で知り合った。日中の激しい戦闘が続く中、二人は艱難辛苦を乗り越え、天津で結婚した。

一九四四年、私は北京で生まれた。二歳のとき、両親に連れられて上海の黄浦江から汽船に乗り、海を渡って台湾にやって来た。三歳のとき（一九四七年）、二・二八事件が勃発した。そして六歳になる直前（一九五〇年）に、父が無実の罪で捕らえられ、一〇年もの間、囚われの身となった。これがまさに台湾の白色テロの時代であった。

ここ何年かの間に、両親は相次いで世を去った。時が経ち、環境も変わると、私たち一家が経験した苦しい日々のことを思い出し、たくさんのことを伝えたいと思うようになった。そこには生死を共にした忘れがたい友情、大陸[37]と台湾との不思議な縁によって結ばれた婚姻、人の性《さが》の弱さと強さがあり、また道徳的な感情の昇華もあった。

今でもよく覚えているが、一九六五年、私は二一歳のときに、ごく自然な成り行きでアメリカの小説家メルヴィル[38]（Herman Melville、一八一九〜一八九一）の小説、『白鯨』を卒業論文のテーマとして選んだ。今から思い返すと、当時どうしても論文に書きたいと思うほど『白鯨』に興味を持ったのは、作者のメルヴィルに、ある種のアイデンティティを感じ取ったためであろう。彼は生涯運命に恵まれず、海の上で長い間苦労する人生を送った。それは私に、自分が白色テロの期間中に経験したさまざまな困難を連想させた。指導教授であるアン・コクラン（Anne Cochran）とお会いしたときに、私は父が一〇年間牢獄につながれていたという境遇を打ち明けたことがある。だが残念なことに、当時の政治状況の下では、まだ自分の経験を書いて残すだけの勇気はなかった。

一九六八年に、私は海を渡ってアメリカに移住した[39]。何年も経った後、カリフォルニア州の西海岸を旅行した。汽船に乗って、エンジェル島に上陸すると、昔のことが思い出され、感無量であった。アメリカに移民した多くの華人たちにとって、サンフランシスコの対岸にあるエンジェル島は、つらい歴史の記憶に満ちた場所であった。一九一〇年から一九四二年までの三〇年以上の長期にわたり、アメリカでは中国人の移民を法的に認めていなかった。よってこの期間にアメリカに入国した華人（三〇年間で合わせて一七万五〇〇〇人の華人が入国した）は、すべてこの荒れ果てたエンジェル島に閉じ込められ、罪人として監視された。華人たちが受けた人種差別と侮辱は耐えがたいものであっただろう。彼らは孤立無援の中で、文字によって内心の苦痛を吐露するよりほかなかった。今もエンジェル島の「移民ステーション」の内壁には、無数の中国の詩歌がびっしりと書き記されている。その詩の一行一行には、当時移住した華人たちの悲惨な歴史が描き出されており、心の傷を表す文字資料ともなっている。

このエンジェル島の文字資料に私は深く感動した。その後ほどなくして、私は台湾で遭遇した白色テロの経験を文章にして、悲劇の跡を歴史の証にしようと心に決めた。友人の黄進興[40]氏も「早く書かないと、記憶が消えてしまいますよ」と何度も私に言い聞かせてくれた。こうして『白色テロをくぐり抜けて』という本書が出来上がったのである。

本書の多くの章は、白色テロに関係している。ただ本書は決して告発文学ではなく、また傷痕文学でもない。逆に「感謝」の書である。これまで私たちが苦しいときに助けてくれた友人や親戚への感謝の気持ちは、一言では言い表せない。こうした善良な人々の多くは世に忘れ去られてしまっている。だが彼らもまた複雑な歴史や政治的な混乱の重圧にずっと耐えてきた人たちである。だから私は彼らの物語こそを記しておきたかったのだ。

本書には自己への追及や自省のプロセスも書き記した。今日という地点から過去を振り返ったとき、私はまた多くのことを学んできたと思う。私はこれまで子供時代に遭遇した困難を、自分の人生の欠陥であるととらえていた。しかし今となって、それこそが私の魂の糧であったことに気付いた。私はあの苦難に満ちた人生の道程に感謝している。この苦難によって私は子供のうちから早熟し、不十分な環境の中で完璧な自分を追求した。詩人の席慕蓉[41]はこう述べる。

そのとき　あなたは分かるだろう

人生の中の不完全な部分こそが
完全な自伝の中で
欠かせない内容であることを

「不完全な内容」より

ここに北京三聯書店が本書の新版を出版してくださったことに感謝したい。私に修正する機会を与えてくださり、少なからぬ増補改訂を行うことができた。本書が順調に出版できたのは、ひとえに編集担当の馮金紅氏のサポートによる。彼女の熱意とこだわりとが、最終的に実を結ぶ形となった。また康正果、李紀祥、張輝、傅爽、黄宗斌、陳銘城、曹欽栄ら、友人や親戚たちも、この増訂版のために力を貸してくださった。ここに謝意を表する。夫の欽次は私が白色テロを「くぐり抜ける」のを助けてくれただけでなく、つねに苦労を厭わず、私のために全力を尽くして煩雑な仕事の数々を引き受けてくれた。ここに改めて、感謝の意を捧げたい。

孫康宜

二〇一一年六月　修訂

日本語版への序文

孫康宜　Kang-i Sun Chang

日本語版『白色テロをくぐり抜けて』の誕生は、私にこの上もなく大きな驚きと喜びをもたらしてくれた。この「驚きと喜び」の背景には、忘れがたい数多くのできごとが隠されている。

何年か前になるが、まだ新型コロナウイルスの流行が収まっていなかった頃のことである。香港の中文大学中国古典研究センター、台湾の中央研究院文哲研究所、アメリカのイェール大学東アジア言語文学学科が、私の退職を祝うために、二〇二一年一二月二一日に合同で「潜学永年」と名付けたシンポジウムを開いてくれた。シンポジウムはオンライン方式で行われ、画面には八〇名以上の参加者が集まった。シンポジウムでは、まず「祝辞」の映像が次々に流され、それは真珠のネックレスのように途切れることなく参加者の眼前に現れた。そのすべての映像が私の心にしっかりと刻み込まれた。中でも私を興奮させたのが、ハーバード大学の王徳威教授の発言であった。彼はその場でうれしいニュースを伝えてくれた。私の『白色テロをくぐり抜けて』の日本語版刊行に向けての準備が始まるというのだ。王徳威教授は前々からひそかに日本語版に向けての調整を進めてくれていたらしい。シンポジウム当日に発

1942年、東京にて。右が父、孫裕光、中央が母、陳玉真、左が伯父、陳大川（後の陳本江）

表されたのは、私への「サプライズ」であった。

最近になって、王徳威教授の手配により、日本語版『白色テロをくぐり抜けて』の具体的な準備は、愛知大学の黄英哲教授が進めてくれたことを知った。東京の出版社である三元社から出され、翻訳者は立命館大学講師の杉本史子博士だという。この準備周到な手配に、私は望外の喜びを感じた。私はまず王徳威教授と準備を整えてくれた翻訳チームに深い感謝の意を表したい。また私の学生、盤随雲が本書の写真の処理を二つ返事で引き受けてくれたことにも感謝したい。

日本語版の出版は、私にとって確かに大きな意味を持つ。私は幼いときから、ある種の並々ならぬ「東京への思い」を抱いていた。その大きな理由は両親が東京留学中に知り合ったことによる。父は一九四二年の冬に早稲田大学政治経済学部を卒業し、母も同年東京女子高等師範学校を卒業した。まさに東京において、二人は出会い、恋に落ち、そして結婚することになったのである。だから日本の風土、人情、名所旧跡は、幼い頃から私の心に刻まれていた。アメリカに移住してから何年も経った後、ふと思い立って、東京ヘルーツ探しの旅に出ることとした。両親の留学時の足跡をたどろうと思ったのである。日本に出かける前に、アリゾナ州のフェニックスにいた父から、昔の思い出がぎっしりと詰まった手紙が届いた。その日はちょうど父の日（一九八一年六月二一日）であった。父の手紙は、私が旅するときの早稲田周辺のガイドマップにもなった。手紙にはこう書かれていた。

……早稲田大学の大隈講堂は今もあると聞いている。その前で記念写真を撮るといい。当時の大学図書館がまだあるのかどうかは分からない[42]。そこは私が毎日むさぼるように本を読んだ場所だ。エドガー・スノー（Edgar Snow）[43]が書いた『中国の赤い星（*Red Star Over China*）』も、早稲田大学図書館で初めて読んだ。とても印象に残っている。早稲田大学の付近一帯は当時、牛込区[44]に区分されていた。キャンパスの前には早大通りが通っており、鶴巻町といった。北には江戸川〔現、神田川〕が流れており、河辺には江戸川公園という小さな公園があった。ここは私が青年時代に思索にふけった場所だ。もっと北に行くと、大塚区の鬼子母神墓地[45]があり、文学者、夏目漱石の墓がある。ここも当時、おまえのお母さんや一番目の伯父さんと一緒によく墓参りに出かけた場所だ。早稲田大学近くのいちばんにぎやかな地区は新宿といい、昔から繁華街であった。東京に着いたばかりの頃は、中央線に沿った東中野学寮に住んでいたが、後に神田区の学寮に移った。神田は東京でいちばん有名な書店街で、北京の琉璃廠[46]（北新華街から南に行き、和平門を出たところにある）をほうふつとさせる。本の魅力に引き寄せられて、当時毎日のように神田の書店街をぶらつき、なかなか立ち去りがたかったものだ。以上が東京にいたときにいちばん長く過ごした場所で、今でも懐かしくてたまらない。だが第二次世界大戦のときに、アメリカ軍による爆撃を受けて、おそらくそのほとんどは焼け野原になってしまったであろう……。

私は小さい頃、よく母から聞かされてきた。父は当時首席で早稲田大学を卒業した。だが残念なことに一九五〇年代の白色テロの時期に冤罪で一〇年間も獄につながれた。私の『白色テロをくぐり抜けて』は、この父の監獄につながれた境遇を描いたものである。そして両親がいかに白色テロの艱難辛苦を経て、敬虔なキリスト教信仰とその力によって再生し、粘り強く生き抜いてきたか、というストーリーである。

一九五〇年の初め、父（当時まだ三〇歳であった）は台北の家で谷正文[47]らによって逮捕され、一時行方不明となった。母は台北では周りに頼れる知人がいなかった。そのため泣く泣く私たち三人の子供（私と上の弟の康成、下の弟の観圻）を連れて、慌ただしく汽車で南下し、南部の親戚たちを頼るよりほ

父の母校、早稲田大学を訪れた著者、1981年

かなかった。後年、母が言うには、警察は私たちの台北の家から、多くの現金、父の衣類、書籍、証書などを持ち去ったという。幸いにも母はそのときとっさに機転を利かせ、父の早稲田大学の卒業証書と少しばかりの金塊を下の弟のおむつ（当時、まだ一歳一〇か月だった）の中にこっそりと隠した。

思いがけず、この早稲田大学の卒業証書が後に私たち一家を救うことになった。

一〇年後（一九六〇年初め）、父が刑期を終えて出獄した。台湾ではまだ戒厳令下の恐怖が続いており、みな怯えて暮らしていた。あらゆる学校や機関には、「安全組」[48]あるいは防犯秘書処が置かれていた。採用時には厳格な調査が行われ、前科を持つ者は、誰一人採用されなかった。父は出獄後、職を求めて台湾南部にくまなく足を運んだが、ことごとく壁に突き当たった。後に、高雄のある親戚が父を高雄石油精製工場国光中学[49]の王琇校長に紹介してくれた。王校長は父の早稲田大学の卒業証書を目にして、すぐに父の履歴に興味を持った。さらに父の並外れた英語力を高く評価し、父が小さい頃から特別な英語教育を受けてきたことにも好印象を抱いたようだ。そこですぐにでも父を国光中学の英語教師として採用しようとした。だが父の就職は「安全組」の審査によって阻まれた。ここの石油精製工場は、国防機関に属しており、警戒も厳重であった。そこで親戚は勇気を奮って、かつて父を逮捕した谷正文を訪ね、助力を請うた。谷氏はすぐに高雄石油精製工場の「安全組」に通知を出し、父が当時逮捕されたのは巻き添えになっただけであるという内情を明らかにしてくれた。そこでようやく関門を突破することができた。一九六〇年の秋、父は高雄石油精製工場国光中学で教鞭を執ることになり、我が家は何とか糊口をしのぐことができた。

思えばもし母が一九五〇年の初めに、こっそりと父の早稲田大学の卒業証書を持ち出さなかったなら、その後はどうなっていたか分からない。

光陰矢の如しで、あっという間に、私は今年もう八〇歳の老人になってしまった。現在までのところ、拙著『白色テロをくぐり抜けて』には、多くの版本が出されている。二〇〇二年に上海三聯書店から出された簡体字版、二〇〇三年に台湾の允晨文化実業から出された繁体字版、二〇〇七年に同出版社から出された増訂版、二〇一二年に北京三聯書店から出された増訂版、二〇一三年に台湾大学出版社から出された英語版の再版 *Journey through the White Terror : A Daughter's Memoir*、そして二〇二一年に出されたチェコ語版の*Cesta Bilým Terorem*などである。

日本語版の出版は私にいろいろな昔の思い出を蘇らせてくれる。この新しい版が出るにあたり、簡単ではあるが、日本語の読者に私自身と両親の日本との深い因縁を述べさせていただいた。白色テロから歳月を経た今、両親の物語がまた新しい訳本として、この世に命が与えられることを心より喜んでいる。これこそある種の復活のしるしであろう。

アメリカ、イェール大学にて

二〇二四年三月一五日

第一章　張我軍・張光直と私たちの一家

張光直の父親である張我軍先生は、父の古くからの友人であり、私たち一家も昔から彼のことをよく知っていた。

両親はいつも言っていた。あの年（一九四六年の春）、私たちの家族は張我軍先生の助けがなければ、上海の黄浦江で順調に汽船に乗り、海を越えて台湾にたどり着くことはきっとできなかっただろう、と。当時、船の切符はなかなか手に入らなかった。何日も列を作って並び、ようやく切符を手にすることができた。だが切符が買えても、どの船も人であふれ返っており、私たち一家が果たして安全に船に乗れたかどうか分からない。特に、船に乗り込むときには、高くて狭いはしごを命がけで登らなければならなかった。少しでも気を緩めると海の中に転げ落ちてしまう。このような中で、子供を抱えてはしごを登るには、さらに危険が伴った。だが張我軍先生は何のためらいもなく、生後わずか三か月であった上の弟、康成を抱えて、勇敢に危険なはしごを登ったのである。続いて、父が私を抱えて登り、最後に母

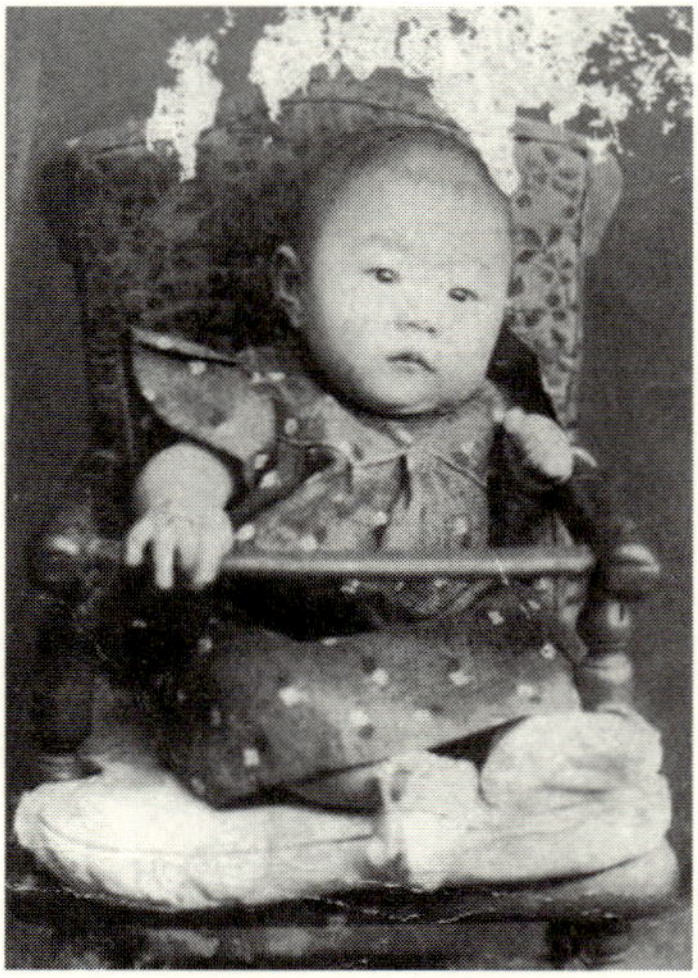

生まれて4か月半の著者、北京にて

も乗船した。両親はこのときのことをずっと心に刻みつけてきた。

私たち家族が大陸を離れたのは、私がやっと満二歳になったばかりの頃であった。ふつうなら、二歳の子供が皆で船に乗り、台湾海峡を越えたスリル満点の当時の状況をはっきりと記憶しているわけがない。しかし不思議なことに、あの海を渡った記憶の断片は、今も私の頭の中にしっかりと刻み込まれている。中でもあの張おじさんが船の中でいつも私の面倒を見てくれたことは、強く印象に残っている（私はまだ幼く、その人が台湾の著名な作家である張我軍先生だとは知らなかった）。彼は髪の毛をきれいに整えており、背は決して高くなく、少なくとも父よりは低かった。また甲板はあちこちがぼろぼろで、母が敷いていた綿の布団にたくさんの錆がついていたことも、よく頭に浮かんでくる。母は船酔いがひどく、甲板で絶えず嘔吐していた。そのため、父は一日中、母の世話で忙しく、また布団にくるまれていた上の弟、康成の面倒も見なければならなかった。そんなとき、張おじさんは私と船の上で鬼ごっこをして遊んでくれたり、私を連れて他の乗客とおしゃべりしたりしてくれた。基隆の港に上陸したときには、アイスキャンディーを買ってくれたこともおぼろげながら記憶している。私はアイスキャンディーを熱い物だと思い込み、ひたすらふうふう吹いて冷まそうとしていた。

幼い頃はよく船の中での一幕を思い起こし、あの親しみのこもった張おじさんを思い出していた。私は、張おじさんは偶然乗り合わせただけの乗客だと思い込んでいた。何年も経った後に、母から聞いてようやく分かった。あの張我軍先生は北京にいたときから、私たち一家にとって親戚のように親しい友人だったのだと。一九四三年に父と母が結婚してから、一家はずっと北京の中南海にほど近い北新華街に住んでいた。当時、父は二四歳で、早稲田大学の政治経済学部を卒業[50]し、北京大学で講師を始めたばかりの頃であった。張我軍教授はそのとき、北京大学で日本の明治時代の文学を教えていた。二人はともに日本文学に関心があったため、すぐに年齢差を超えた友人となった（張我軍先生は父より一七歳年上だった）。後に二人は、両家がとてもよく似た言語と文化の背景を持つことに気付いた。それ以来二人は自ずとひんぱんに行き来するようになった。もともと張我軍先生は台湾の出身で、その妻の羅文淑は北京育ちの大陸の人である。私の両親はまさにその逆で、両家はちょうど対のようになっていた。父は天津の出身で、天津のイギリス租界で育った。だが日本から帰国した後は、長い間北京に住んでいた。母は日本に留学した早期の台湾人留学生であった。また二組の夫婦はいずれも「異国」の出身者同士が、一目惚れしたケースであった（当時、台湾は日本の植民地であったため、「異国」であった）。結婚にこぎつけるために、双方はともに長い間懸命に働きかけ、ようやく結ばれたのだった。ほかにも共通点がある。二人はどちらも日本語を流暢に話し、よく日本人と間違われた。さらに両家はともに外国映画好きであった。ちょうど私たち一家は中央電影院〔中央映画館〕（現、北京音楽ホール）の向かいに住んでいたため、いつも張我軍夫妻が映画を見に来ては、そのついでに我が家に寄り、夕飯を食べながらおしゃべりしていった。そのような二人の浮世離れした生活は、きっと人から羨ましがられていたことだろう。

しかし、良いことは続かない。一九四六年に入ると、北京の人々は早くもインフレの圧迫を少しずつ感じるようになってきた。北京大学も間もなく給料がストップするという話であった。毎朝父が出勤すると、道のあちらこちらに貧しく腹を空かせた乞食の姿が目についた。父はいつもポケットの中にあった小銭をすべて、こうした家のない憐れな人たちに渡してやった。冬になると北京の街はさらに見るに堪えない状態になった。早朝には決まって凍死した人の死体が目に入った。両親はこれから先の経済的な問題を心配し始めた。もう状況はかなり深刻なレベルになっていた。思い余った両親は張我軍先生を訪ねて相談した。そしてついに、一緒に台湾に渡って、海の向こうでより良い生活の道を探そうという結論に達した。二人はこう考えた。自分たちほどの傑出した学歴があれば、少なくとも台湾大学で教えるくらいの職は見つかるだろう、と。さらに

両親の結婚写真、1943年天津にて

は二人とも台湾に親戚がいたため、きっとやっていけるだろうという自信があった。そこで一九四六年の春、ともに黄浦江から船に乗り、台湾への旅に出たのである。

幼い頃から、私の中で張我軍先生は英雄であった。私にとって、彼は「勇敢」の神の化身であった。後に母はさらに感動的な話を聞かせてくれた。張我軍先生は〔一九二五年に〕孫文が亡くなるとすぐ、「孫中山[51]先生を弔う」という題の詩を書いた。それは秘密の追悼会で読むためのものであった。当時、台湾は日本の統治下にあったため、こっそりと孫文を追悼するしかなく、公然と涙を流すわけにはいかなかった。ところがこのとき、日本の警察がこの追悼の詩を見つけ出し、怒り狂った。そしてただちに台湾人にその詩を朗読するのを禁じた。幸いにもその詩には作者の名は記されていなかった。さもなくば、まだ若かった張我軍先生はきっと迫害されて悲惨な目に遭っていたことだろう。私はこの話が気に入り、今もよく人に話して聞かせている。だから多くの友人は張我軍先生の生前の逸話を見つけると、すぐに私に教えてくれる。例えば、イェール大学の同僚であるジョン・トリート（John Treat）教授は、偶然日本のある史料を見つけ出した。それは巖谷大四[52]の『非常時日本文壇史』に記されており、とても啓

台湾に来たばかりの頃の著者（右、2歳）と弟の康成（左、3か月）

発的な内容であった。巖谷氏によると、一九四二年の末に東京で「大東亜文学者大会」が行われた。大会に参加した作家たちは東京駅に着いたところで、皆いっせいに皇居の方角に向かって、天皇に敬意を表さなければならなかった。当時、韓国の代表は皆、著名な作家である李光洙《イ・グァンス》[53]（香山光郎）も含めて、とても喜んだ。ただ一人、中国代表の張我軍先生だけがこの儀式に加わるのを拒んだ。彼はすぐに向きを変えて抵抗の意を表し、皇居に背を向けた[54]（ここで一つ説明しておかねばならない。張我軍は台湾人ではあるが、長らく北京で生活していた。そのためこの会議では中国の代表となっており、台湾の代表ではなかった。台湾からは張文環[55]らが代表として参加していた）。当時、巖谷大四氏はちょうどその場に居合わせて、張我軍先生の振る舞いを目にし、その気骨に感服した。彼は後に戦時中の歴史を書いたが、張我軍のことが忘れられず、特別にこのことを記したのであった[56]。

残念なことに、張我軍先生は一九五五年に世を去った。張光直教授もすでに亡くなっている。ご存命であれば必ず巖谷の書に記された内容をお伝えしたのだが。

私は一九七四年に初めて張光直先生と面識を得た。場所はプリンストン大学のキャンパスである。初対面にも関わらず、私はこらえきれずに両家の以前からの交流のことを語り出した。ついでに一九四六年春のあの忘れられない船上での経験も、話して聞かせた。彼は特に船の中での話に興味を示した。その当時のことは、初めて聞くことばかりだったからである。私の話はちょうど彼の資料の空白を埋める形になった。なぜなら彼の父である張我軍先生は私たちとともに台湾に渡ったのであるが、自分の家族はその船に同行していなかったからだ。張我軍先生はまず一人で台湾に行って職を探し、落ち着いてから、妻と子供たちを北京から台湾に呼び寄せるつもりであった。そのため北京で中学に通っていた張光直は、私たちと一緒ではなかったのである。そうでなければ、彼はとっくに私と知り合っていただろう。そのとき私は二歳ちょっとの女の子に過ぎなかったのではあるが（張光直とその母親はその年の一二月になってようやく台湾に到着した。彼らは天津から船に乗り、三か月もの船旅を経てようやく基隆の港に着いた）。

私と張光直教授の育った環境は、すぐそばを並行して走る二本のレールのようなものだった。両家はかつてひんぱんに行き来したこともあったが、さまざまな時の流れや政治的な要因によって、互いの存在を知らずに生きてきた。長い年月が経ち、二人はそれぞれアメリカに移住してきて、ともに中国学の世界で研究を行い、そこでやっと知り合うことができた。だがそのときになってようやく、人目に触れることのない歴史もひそかに流れ去ってしまっていたことに気付いたのである。

両親が宝物のように大切にしていた『張我軍文集』

それでも二人は、はるか前に船に乗って海を渡った経験が、確かに私たちの運命のターニングポイントであったことを、互いに実感していた。まず台湾に到着して間もない一九五〇年一月末に、私の父が親戚や友人たちの巻き添えになり、無実の罪で政治犯とされ、

張光直教授は1949年、17歳のときに台湾で獄につながれた

一〇年間牢獄につながれた。この間、張我軍先生は台湾で「ずっと半失業状態に置かれていた」[57]。後に家族を養うために、彼はやむなく台北で茶葉を扱う店を開いた。さらに一九四九年には、張光直が建国中学の学生の身分で、いわゆる「四六事件」[58]に巻き込まれて逮捕された（これに関する詳しい事情は、張光直教授の回想録『蕃薯人的故事』[59]を読めばはっきりと分かる）。私の父は一九四九年の末から自分が牢獄に入れられるまでの数週間の間に、その茶葉の店を訪ね、張我軍先生にご挨拶する機会があったという。その日、張先生は不安に満ちた顔つきをしていたが、言葉はいつもよりずっと穏やかだった。当時父は、張我軍はてっきり「才能がありながら不遇をかこつ」状況に、感傷的になっているのだとばかり思い込んでいた。張先生は若い頃から北京大学の日本文学の教授として輝かしい地位を築いていた。それなのに台湾で今、こんなにも落ちぶれてしまっている。彼が憂えるのも無理はない、と。だからほかに理由があるなどとは考えもしなかった。後年、父は出獄し、改めて一九五〇年正月にお会いしたときの光景を振り返ってみて、ようやく悟った。それはちょうど張光直が台北の監獄につながれていた時期であった。当時は多くの学生が獄中で銃殺されたと聞いている。きっと張我軍は息子のことが心配でたまらなかったに違い

ない。

父が訪ねて行った五年後に、張我軍先生は病気のため亡くなった。私の父は一九六〇年一月に出獄したので、もちろん親友に会うことはかなわなかった。大変痛ましいことに、その世代の人たちのほとんどが冷酷な政治の矢面に立たされても、ひたすら沈黙し続けた。だからたとえ親友とおしゃべりするときにも、自分の息子が政治的迫害に遭ったことを打ち明けようとはしなかった。

ここで一つ付け加えておきたい。私はアメリカに移住してから、初めて張光直は張我軍先生の長男ではなかったことを知った。張光直の一番上の兄、張光正氏は戦後も大陸に留まり、一九四六年に家族と一緒に台湾に渡ることはしなかった。当時、台湾の張我軍の家では、張光正の名を公の場で口にすることはなかった。だから一九五五年の一一月に張我軍が世を去ったとき、訃報には本当の長男の名前は載せられなかった[60]。ここからも、白色テロの期間中、人々は極度の恐れから何事にも口を閉ざす習慣を身に付けていたことが分かる。

このような「沈黙」は、後に私自身も身に付けた。父が牢獄につながれていた一〇年間は、ちょうど私の六歳から一六歳までの長い長い成長期に当たっていた。私は絶えず自分を誡めていた。どうしてもという必要に迫られたとき以外は、絶対に父が捕まったことを人には話さない、と。ほんの小さな子供ですら自分の舌をコントロールすることを身に付けねばならないのが、動乱期の冷酷な現実であった。このような「沈黙」は私にとって、まったくメリットがなかったわけでもない。私は長い期間沈黙することによって、周囲を観察する能力を身に付けた。また同年齢の子供に比べ早熟であった。ただ問題なのは、いつの時代も、重要で複雑なたくさんの歴史の真相は、こうした集団による「沈黙」によって忘れ去られてしまうことである。

一九七九年、私は学術会議の場で再び張光直教授に出会い、沈黙と中国の伝統文化について議論を交わした。そして三〇年近くの「沈黙」を経て、父がついに台湾を離れ、アメリカに移り住み、今はアリゾナ州で教鞭を取っていることを伝えた。残念なことに、父は「沈黙」に慣れてしまい、これまで一度も新店[61]の軍人監獄や緑島での一〇年間のできごとを私たちに打ち明けようとしなかった。台湾と中国の一九五〇年代からの政治問題に話が及ぶと、父はいつも口を閉ざして押し黙った。幸い、母が時々記憶を頼りに当時のことを明かしてくれていたので、私は満足していた。父の沈黙は長期にわたって心の傷を受けたことによるものだと、私は分かっていたため、無理矢理父に口を開かせるようなことはしなかった。私は張光直教授に言った。張我軍先生がご存命でないのが残念でならない。もしご存命であれば、父は旧知の親友からの刺激を受けて、もう一度若いときのような現実問題への関心を取り戻せたかも知れない。あるいは極度の沈黙から抜け出せたかも知れない、と。私が張我軍先生のお名前に言及したとたん、張教授は二つの大きな目を輝かせて言った。「アリゾナ州のお父様の住所を教えて下さい。ハーバードのキャンパスに戻ったら、すぐに父の遺著をお送りします」。

何日か後、父は確かにあの貴重な『張我軍文集』を受け取った。そこに収められている文章は張光直教授が各地に散逸してしまっていた雑誌から集めたものであった。その文集は一九七五年に台北の純文学出版社から出版されている。張光直教授はその序にこう記していた。「父が亡くなってからもう二〇年になろうとしている。その間、私自身はずっと国外で生活のために奔走していた。父の原稿や書籍は全部台北の家に置いてあったが、母と幼い弟が引っ越すたびに散逸して、ほとんどなくなってしまった。よってここに収められている文章はわずかしかない。それでも集めるにはかなりの労力を要した。もし読者がここに載せられていない文章を見つけ、それが再版に値するようなものであれば、ぜひ知らせていただきたい」。私の両親はこの序文を読み、深く悲しんだ。そして急に昔のできごとがまた心に浮かんできたようだ。二人はかつて張我軍先生の親友であり、また愛読者でもあった。特に母は一〇代の頃から張先生の忠実な読者であり、張我軍の散文を読むたびに、必ず切り抜いて保存していた。だが残念ながら、一九五〇年の初めに我が家が政治的な災難に見舞われると、これまでの手紙類、書籍、原稿、さらには古い友人の写真までもがすべて失われてしまった。だから二人は張光直教授が送ってくれた張我軍の遺著を、ことのほかありがたがった。父はこの書の最後のページにわざわざこう記していた。

郵便番号MA02138ケンブリッジ
ハーバード大学
ピーボディ博物館[62]、部屋番号54A

人類学部
張光直博士からの贈り物

だが時が経つのは本当に早い。あれからあっという間に長い年月が過ぎ去ってしまった。二〇〇二年の五月、私はすでに八二歳になっていた父に会うため、サンフランシスコを訪れた。一九九七年の九月に母が亡くなってから、父は一人暮らしをしていた。晩年の父の生活はとても充実していた。毎日、祈祷をし、『聖書』を読むだけでなく、世界のニュースや書籍にも広く目を通した。その日、私は張光直教授が一九九八年に聯経出版社から出した『蕃薯人的故事』を持って行き、父に贈った。父は表紙に載せられた張光直の中学生時代の写真を見て、感動のあまり手を振るわせた。私は言った。

「幸い張光直教授は生きている間にこうした自伝を書くチャンスがあって、歴史の証とすることができた。でも歴史の証というよりは、むしろ命の証と言った方がいいのかも知れない。私は告発文学を読むのがとても苦手なの。作品に深みがないと思うから。張光直の書が人の心を打つのは、一種の超越したところがあるからでしょう。この本は特定の誰かを告発しているのではなく、人を描いている。人の弱さや陰、複雑な部分を描きながら、その一方で、人の善良さ、勇敢さ、そして人が人であるゆえんの尊さも描いている。だから、彼は本当に名実伴う人類学者だったのでしょうね」。

思いもかけず滔々とこんなことを話してしまい、私は急に自分でもきまりが悪くなって黙り込んだ。

そして椅子に座り直すと、父の表情をうかがった。

「そう、これはとても重要な本だと思う」。突然、父が口を開いた。「おまえは将来、こうした自伝を書こうとは思わないのか」。この言葉を聞いて私はとても驚いた。父はもう以前のように沈黙に甘んじているわけではなく、私にも沈黙を続けることを望んでいなかったのだ。父は私に筆を執り、命のために意義ある証を残してほしいと願っているのだ。こう思い至ると、私は微笑んで父を見つめ、頷いた。

私はゆっくりと立ち上がり、窓のそばに歩み寄った。庭には葉の生い茂った大きな木がゆったりと根を下ろしていた。飛んでいる鳥のほかには何もおらず、まるでこの世に私と父の二人だけが取り残されたかのようであった。この世界は本当に美しい、私はそう思った。

その日、父のマンションを離れる前にもう一度、父の書棚から張光直教授が一九七九年に贈ってくれたあの『張我軍文集』を探し出した。その表紙をそっとなでると、また友情の温かさが伝わってきた。

第二章　「二・二八事件」から思い起こすこと

　私たちが台湾に着いた翌年（一九四七年）、二・二八事件が勃発した。その年、私は三歳になったばかりであった。父はまだ二八歳になっておらず、基隆の港務局で総務科長を務めていた。

　二月二七日、台北で闇タバコの取り締まりをきっかけとする衝突事件が発生した。政府は闇タバコ売りを捕えようと、台湾人販売員の一人を負傷させ、さらに通行人一人を殺害した。翌日、台湾各地で群衆による暴動が発生し、タバコ酒専売局に火が放たれ、警察局も占領された。怒りに燃えた台湾の民衆は政府の軍隊や警察と対峙した。事態は拡大し、あっという間に台湾人が「外省人」を攻撃する事態へと突き進んだ。大陸の人々はみな外に出ることができず、あちこちに逃げ惑う者もいた（一九四七年三月一日のアメリカ駐台大使館の書簡文書によると、当時、数多くの大陸の人々がアメリカ領事館に逃げ込んできたという[63]）。実は二・二八事件の前から、人々はもう「いつ大きな災難が起こってもおかしくない」と感じていた。「一九四六年の末にはすでに、失望と不正への憤りが台湾を覆い、特に都市ではそれが広まっていた。緊迫した局面は沸点に近づきつつあった」[64]。二・二八事件の真相は、アメリカの『ニューヨーク・タイムズ』(一九四七年三月二九日)にも詳しく報道された。

父は大陸の人間で、政府の公務員でもあったため、当時は極めて危険な境遇に置かれていた。台湾人の一部は鬱憤を晴らそうとして、外省人(台湾語が話せない人々)を見かければ、ただちに危害を加えたからである。当時、私たち一家は基隆大沙湾の港務局宿舎に住んでおり、職員が出勤するときには港務局の小さなフェリーボートに乗らなければならなかった。事件が発生すると、ここの職員は誰も出勤しようとしなかった。一つには港内に銃弾が飛び交っていたためであり、もう一つはボートの労働者たちが全員台湾人だったからである。ただ父だけが毎日いつも通りボートに乗って出勤した。父は平素から部下の台湾人労働者を思いやって気を配り、彼らと親交を結んでいた。だからこのときには守ってもらうことができ、無事に行き来することができたのである。ところが三月八日になると、思いもかけず、国民党軍の増援部隊が福建から上陸用船艇に乗り大挙して押し寄せてきた。そして一挙に基隆と高雄の二つの主要な港と要塞を政府

基隆港務局に勤めていた頃の父

の統制下に置いた。兵士たちは上陸するとただちに台湾の民衆に向かって誰彼なしに機関銃を掃射した。こうしてあっという間に状況は一変し、今度は外省人が台湾の民衆を虐殺する惨劇へと変わった。軍隊は出会った台湾人が普通話[65]を話せなければ、ただちにその場で打ち殺した。基隆港は血で染まり、そこら中に血の臭いが充満した[66]。

こうなると思いもよらず、我が家に再び緊張が走った。私の母が台湾人だからである。母は北京に住んでいたため、「普通話」を話すことができた。だが万が一彼女の台湾訛りを聞き分けられる人がいたら、どうすればよいのか。一時は一家全員がはらはらしながら、針のむしろに座る思いだった。

部隊が上陸した日には、銃弾が雨のように降り注いだ。父は港務局のビルの中に閉じ込められ、帰宅できなかった。夕方になり、母は急いで緊急事態に備えた。当時、私と上の弟はまだ幼く(下の弟はまだ生まれていなかった)、まったく助けにはならなかった。母は一人で畳の下の敷板をはがし、腰をかがめてセメントの土台に這いつくばり、砂や泥を掃除して、厚い綿の布団をその上に敷いた。それからの日々は、銃声が一発聞こえただけでも、また路地で騒ぐ声がしただけでも、母は急いで敷板をめくり、私と弟を連れて床下に潜り込み、日夜おびえて暮らした。

当時、私はまだ三歳だったが、その後もたびたびあの怖かった情景が脳裏によみがえることがあった。だが今日では多くの人が真相を理解しておらず、二・二八事件について誤解を抱いている。一般的には動乱の中で被害に遭ったのは台湾人同胞だけで、当時はすべての台湾人が外省人と敵対していた、と考えられている。しかし実際には王暁波が言うように、二・二八事件は外省人にとっても「恐怖の時期」であった[67]。その時期には多くの「台湾」民衆が外省人を保護したと伝えられている。同じように国民党軍が上陸し、台湾の民衆を手あたり次第殺害したときにも、多くの大陸の人が心を痛め、台湾同胞を気遣って保護した。父もその一人である。

私たちの宿舎近くに住んでいた隣人一家は、漁業を営む台湾人であった。国民党軍が上陸して間もないある日、漁師の妻が母のところにやってきて、おいおい泣きながら訴えた。何日も夫の姿が見えず、行方が分からないという。父はそれを聞くと、すぐさま制服に着替え、身分証を携帯して家を出ると、基隆の要塞司令部に向かった。到着した父は中に通され、そこで情報を待った。長い間待たされた後で、ようやく軍官が入ってきた。彼は父を見ると手を横に振りながら言った。「もう無駄だよ。その人間はとっくに海に投げ込まれている」。そう言うなり、すぐに身を翻して行ってしまった。父は長い間呆然とし、帰宅する間もずっと、どうやってこの悲惨な知らせを漁師の家族に伝えようかと思案していた。それでもついに何とか勇気を振り絞って、その家に向かった。父は漁師の妻と子供たちを前にす

母は台湾訛りが発覚することを恐れた

ると、涙がこみ上げてきて、言葉が出なかった。きっとそのときの父の表情から、漁師の妻はもう望みがないことが分かったに違いない。ようやく父がつかえつかえしながら実情を話し出すと、一家は老人から子供までみな抱き合って号泣した。父は涙にくれる一家の傍らで、立ち尽くすしかなかった。

このとき私の両親は、漁師の妻が直面している現実の問題に思い至った。一家はこれからどうやって生きていくのだろうか。こうしてその後しばらくの間、我が家はいつもその一家に物やお金を援助してきた。

これらのことは二〇〇二年六月になって初めて父から聞いたことである。父は言った。「あれから間もなく六〇年になる。二・二八事件の細かなことは、もうはっきりとは覚えていない。だがこのことだけは一生忘れることはできない」と。

実際、両親はずっと人助けを自分たちの任務だと考えていた。北京にいたときから、二人は常に貧しい人たちを助けていた。

私が生まれた翌年の冬、一家は北京の西単近くに住んでいた。ある日、北京大学から給料をもらったばかりの父は、はずんだ気持ちで帰宅の途に就いた。西単に近づくと、大勢の人が物売りを取り囲んでいるのが目に入った。近寄って見てみると、盲目のちまき売りである。その日は妻が出産したので、自分が稼ぎに出るしかなかったという。父はそれを聞くと、通行人たちに大声で呼びかけた。「皆さん、こちらに来てください。たくさんちまきを買ってあげましょう」。果たして、しばらくするとちまきは売れてなくなりかけた。人々が次第に去っていくと、父はその売上金を手に取り、さらに手を伸ばして自分のポケットから分厚い札束（給料）を取り出して、一緒に盲目のちまき売りの手に握らせた。そして「これであなたの家の一、二か月分の生活費にはなるでしょう。しっかり持って、安心してお帰りください……」。

言うまでもなく、その月の我が家の生活は苦しかった。

思うに、本当に苦しい時代であった。大陸でも台湾でも、多くの人々が命の危機にさらされていた。しかし心優しい人は哀れな人を見かけたら、少なくともあの悲劇の時代に、人の世の温かさを少しばかり分け与えることはできたのである。

第三章　六歳

六歳と言えばまだ可愛らしい年齢である。

六歳と聞くと、今一六歳の娘、エディーがたくさんのバービー人形を持っていたことを真っ先に思い出す。六歳はまだ遊びまわっている年頃だ。当時、娘は一日中お人形を抱いて、「くまのプーさん」や「セサミストリート」に出てくるキャラクターで遊び、小さな手をいつもせわしなく動かしていた。娘が六歳のとき、先生は母の日のために子供たちにめいめい詩を選んで書き写させ、お母さん方にプレゼントしてくれた。詩の最後には子供自身の小さな手形が押されていた。その詩はこうだ。

時々お母さんはがっかりしているでしょう
私がまだ小さくて
いつも手の汚れを家具や壁につけてしまうから

でも私は毎日成長している
いつか私も大きくなる
小さな手の跡も
きっと消えてなくなるでしょう
だからこの手をここに留めて
お母さんに思い出してもらうわ
こんなにも小さかったときの
私の指の形を

私は娘がくれた詩と手形を額に入れて壁にかけ、長年目を楽しませている。何度見ても見飽きない。ただ額の中の小さな手を見ると、どうしても自分の六歳のときの境遇を思い起こさずにはいられない。

あれは一九五〇年の初め、私たち一家が台中から台北に居を移して間もない頃だった。ある日、夜中にぐっすり眠っていると、突然たくさんの軍警が戸を叩いて家の中になだれ込んできた。彼らは父の両手に手錠をかけると、そのまま連れ去っていってしまった。母と私たち子供は動転した。当時、上の弟の康成は四歳になる直前で、私もまだ六歳になっていなかった。下の弟の観圻はわずか一歳一〇か月だった。父が捕えられてからほどなくして、軍警がまたもややってきた。そして家の中のたくさんの物

娘のエディーが6歳の母の日にくれたプレゼント

を持ち去った。現金も、父の服や書籍もすべて持っていかれた。当時、母はまだ二八歳の若さで、台北には頼れる親戚もおらず、突然のできごとに、ただ涙にくれるばかりだった。幸いにもこの混乱に紛れ、母はわずかばかりの金塊を下の弟のおむつの中に隠していた。その後すぐ、母は三人の子供を連れて汽車で南下し、そのまま高雄県の港嘴という田舎に逃げ込んだ。そしてしばらくの間、自分の一番目の姉の家に身を寄せた。長い間、父の行方は分からなかった。家族には何の情報も伝わってこなかった。母は父が殺害されたかも知れないと思い始めた。あるいは二・二八事件の際、多くの人が南港の橋の下で殴り殺されたような目に遭ったのではないか……、と。

しかし半年後、母はついに父からの手紙を受け取った。それは台北にある新店の軍人監獄から送られたもので、一〇年の判決が下されたと書かれていた。手紙には判決が下された理由は書かれておらず、ただ何とかうまくいっているので、心配するな、とだけ書かれていた。母には父が誰かの巻き添えになったことが分かった。だが一九五〇年代初期の台湾の動乱の中では、どうすることもできなかった。

父が生きていることが分かったので、母はもうこれまでのように悲観することはなくなり、生きていく勇気を奮い起こした。まもなく母は高雄県〔二〇一〇年に高雄市と合併〕林園の小さな村に裁縫教室を開いて、生計を立てた。それは私が六歳の年から一〇年間続いた。言うまでもなく、我が家はその間ずっと苦しい生活を送ってきた。

当時、母はいつも私を励ましてくれた。「こんなに小さいときから苦労して、ほんとに心が痛むわ。でも小さい頃の苦労は、中年になってから苦労するよりはましよ。これから苦しくてもがんばって勉強しなくちゃね」。初級中学のときに、私は母が疲労で倒れるのではないかと心配し、何度も高級中学への推薦入学の機会を放棄しようとした。師範学校で勉強すれば、もっと早く卒業してお金を稼ぎ、母を助けられるからである[68]。だが母は私の意向に強く反対した。このことでひとしきり言い争ったが、母はひたすら私に懸命に勉強して進学してほしいとだけ言った。とにかく勉強して上級の学校に進んでほしいと願い、家庭に負担をかけるという理由で自分を犠牲にするのを許さなかった。母は言った。「私は息子たちの教育を犠牲にしてでも娘を立派にしたい。男の子は成長したら社会の道が開けるけど、女の子はちゃんと進学しないと前途がないから……」。

つまるところ、母は自分が苦労をしても、できる限り娘には苦労させたくなかったのである。その頃、母は私たちにとっての温室であった。私は六歳のときからこの「温室」の中で育ち、厳しい寒さに見舞われることはなかった。一九五〇年代の初め、台湾の人たちの生活はまだ貧しかった。農村の住民はふつう三食の多くがサツマイモで、パイナップルの果汁や塩漬けの切り干し大根をおかずにしていた。白米のご飯や魚や豚肉を食べることができたのは、旧暦の一日、一五日のご先祖様にお供えするときだけであった。当時、多くの児童は裸足で通学し、買い物用の古い袋をカバンにしていた。雨が降ると編み笠をかぶり、蓑を羽織った。だが私たち三人の子供が着ていたのは、台湾では金を払っても買えないようなウールの服だった。こうした毛糸はすべて母が天津から持って帰ったものだった。

母は苦境の中でも常に自立していた。何をおいてもまずは子供たちのことを優先して考えてくれた。私たちを養うために、母は裁縫の先生になった。母は苦労を厭わず、人の陰口も気にかけず、毎日全力で何事もきちんとやり遂げた。こうして数か月後にはもうたくさんの立派な生徒を育て上げた。母はあっという間に村民たちの信頼を得たのだろう。母の裁縫教室はどんどん大きくなり、収入も次第に安定してきた。

しかし精神的な緊張と重圧から、母は私が八歳のときに重い病にかかった。深刻な腸の疾患を抱え、血便が長く続いただけでなく、心臓もだんだん弱ってきた。症状が出るたびに、医者ですらなす術がないと感じるほどであった。食べたい物を好きに食べるよりほかない、と言う医者もいた。つまりは長く生きられない、という意味であった。当時、母がいちばん気にかけていたのは、夫が出獄するまで自分が生きられなかったら、三人の子供の面倒を見る者が誰もいなくなってしまうということだった。母はもともと宗教を信じていなかった。だがあるとき、病の中で助けもなく、イエス様に跪いて祈りを捧げ

裁縫教室を開いた母。前列右から二人目が著者、その右上が弟の観圻、その左上が母

るよりほかなかった。その結果、不思議なことに病は全快した。それ以降、母は敬虔なクリスチャンになった。一九九七年にこの世を去るまで、母は生涯熱心に福音を伝え、主に帰依することを人々に説いた。

私は幼い頃より母から多くの精神的な教えを受けてきた。母が裁縫教室を開いた頃、私はちょうど六歳で、小学校の一年生になったばかりであった。母が毎日一針一針に神経を集中させて生活しているのを目にしていたので、私もがんばって勉強する習慣が身に付いた。母に付き添って深夜まで「夜なべする」こともあった。当時、家には勉強机がなかった。私はきちんと並べられた裁縫机の上に新聞紙を敷いて、その上で字の練習をした。それから書き終えた紙

私たち三人姉弟。左から著者、弟の康成、観圻

を自分で針と糸で縫い合わせ、冊子にして先生に提出した。七歳のとき、ついに私は高雄県の書道コンクールで一等賞を取った。賞をもらったその日、私は矢も楯もたまらず、すぐに父に手紙を書いて知らせた。手紙を受け取った日、父は一晩中眠れなかったという。父にとって、娘の成功こそが監獄の中で生きていく望みだったのであろう。

　私は指折り数を数え、あと何年したら父が帰ってくるのだろうと考えるのが好きだった。母はよく言っていた。私の手は父の強靭な手をそのまま受け継いだのだと。私の手は大きくて力があり、母の細くて繊細な手とは似ていなかった。私は父と同じで、一日中字を書いているのが好きで、六歳になる前から五〇字余りの漢字を書くことができた。幼い頃から私はおもちゃでは遊びたがらず、いろいろな紙や鉛筆を使うのが好きだった。家に異変が起こる前、父は毎日仕事から帰るとよく私を連れて文具店をぶらぶらしてくれた。

　母が言うには、私は小さいときから勇気があったという。あの年、保密局の谷正文氏が父を捕らえに来た。もともと私の母も一緒に捕らえるつもりだったらしい。ところが私は事態を目にするなり、これは危ないと感じ、ただちに長い棒を手につかむと、猛然と彼に打ちかかった。谷氏はこんな小さな子供が親を思う姿に心を動かされ、母を捕らえるのを諦めた。このことがなければ、私たち姉弟三人は本当に孤児になってしまっていただろう。何年もしてから、母は繰り返し言った。私の小さな強い手が皆を救ったのだと。

私は林園の田舎で小学校に通い、三年生からは毎日国旗掲揚式で演奏する楽隊の指揮者を務めた。だから今でもまだ、小学校で指揮棒を振ったあの腕の動きを覚えている。

トルストイは言った。「およそ幸福な家庭はみな似たりよったりのものであるが、不幸な家庭はみなそれぞれに不幸である」（『アンナ・カレーニナ』）[69]。しかし不思議なことに、父が不在の一〇年間、私は楽観的で落ち着いていた。私たちは政治的な迫害によって、たえず生活の上では苦しい状況に置かれていた。だが私自身は、不幸な時代に生まれたが、幸福な家庭に生まれたと思っている。これは母が絶えず私たちにある種の愛の啓発を与えてくれたおかげだろう。

まず母は父のことをとても愛していた。母は日々自分が食べる物、着る物を節約して、すべてを私たち姉弟三人のために捧げてくれた。だが父が好きな物を見つけると、どんなに高かろうがそれを買っては遠くにいる父に送った。監獄に送った物は、必ずしも全部が父の手元に届くとは限らないことを、母も分かってはいたのだが。ほかにも、母はひんぱんに父のために新しい下着や布団を作り、いつも縫いながら涙をこぼしていた。こうした折にも、父への深い愛を感じた。私は思った。母は孤独で寂しいかも知れないが、心は満たされている。父への愛は無条件なものであり、母はこの愛のために生き続けているのだ、と。

後年、私は清代の女性詩人、席佩蘭[70]が書いた「寄衣曲」を読み、思わず母のことを思い浮かべた。席佩蘭の詩にはこう描かれている。遠方にいる夫のために自分で服を作ろうとするのだが、裁断が容易でないことに、はたと気づく。「冬服を作りたいが、裁断が難しい」。夫が長い間家を留守にしており、側にいなかったため、体の寸法が測れないのである。彼女は夜に夢の中で夫に出会って尋ねてみるしかない。「袖幅を決めるのが難しいので、夢であなたに寸法を測るしぐさをしながら尋ねてみる」。母も席佩蘭と同じように、毎日自分の片割れのことを思いながら、布を裁っていたのだろう。だが席佩蘭とは異なり、母の愛は現実への焦りでいっぱいだった。母は父が獄中での苦しい生活に適応できず、拘束中に心をすり減らし、人間らしさをなくしてしまうのではないかと心配していた。さらに時々、青白い顔をしてひどくやつれた父の夢を見た。父の健康状態を思うと、母の心は片時も休まることはなかった（しばらくして悪い予感は当たり、父は獄中で肺結核にかかり、どうしようもなく痩せてしまった。母はあちこち駆けずり回って医者を探した。一時は教室を臨時休みにして、自分で台北へ駆けつけ、毎日薬と栄養食品を獄中の父に届けたこともある）。

母の情熱と生命力は一日中絶え間なく網を張る蜘蛛を連想させた。席佩蘭の別の詩「暮春」には、まさに蜘蛛が「しきりに身をやわらかに動かしながら、落ちた花に網を張っている」[71]ような、一途な気持ちが描かれている。詩の中の蜘蛛がわきめもふらず一所懸命に網を張る様子は、まさに母が裁縫に励む姿と同じであった。母にはこの一途な気持ちがあったからこそ、困難な中で命の強さと美しさを体現することができたのだろう。幼い頃から私はいつも、母のあの気丈さは、努力し続ける命の姿勢を表すものだと考えていた。私はアリストテレスの言葉を思い浮かべた。「人は習慣によって作られる。優れた結果は一時的な行動ではなく、習慣から生まれる」[72]。これもまた母が私に授けてくれた教訓と励ましである。母はよく私にこう言った。孔子のいわゆる「学びて時に之を習う」は、「習」の字がいちばん重要なのだと。「習」は絶えず学び続けるという意味であり、努力を続ける中で育まれた習慣のことである。「習う」からこそ、「これを楽しむ」ことができ、そこで初めて仕事のおもしろさを実感できる、と。母はさらにこう言った。勉強を日々の訓練によって生活の一部にしてしまいなさい、それでこそ生きている間に豊かな成果が得られるのだから。私たちは生活に必要だから勉強するのではなく、勉強そのものが生活の目的なのですよ、と。

後に、私は母の「習」の家訓を自分の娘に伝え、がんばって勉強してもらおうとした。ところが娘は勉強には一向に興味を示さず、初めの頃はいささかがっかりした。だがその後、娘には音楽の才能があることに気付き、嘆きはだんだん喜びへと変わっていった。娘は幼い頃からいろいろな楽器を練習するのが好きで、バイオリン、ビオラ、ピアノのどれを弾いても、水を得た魚のように楽しそうだった。それまで私は音楽の知識はまるでなかったが、今では娘の演奏に付き添ってあちこち行かされているため、ようやく美しい音楽も絶え間ない「練習」の積み重ねの中から生み出されていることが理解できるようになった。

いちばんうれしかったのは、母が亡くなる前に、娘の発表会を鑑賞してもらえたことである。エディーが学校の友人たちと舞台に上がってバイオリンを演奏するたびに、彼女たちの繊細で美しい指が自在に動くのが目に入る。そしてそれが聴衆たちの心の琴線を振るわす。母は言った。「あの子たちの小さな手の指は何と機敏で可愛いんでしょう。あなたの小さい頃を思い出すわ……」。

そう、自分が六歳の頃の経験は永遠に忘れられない。ぼんやりとだが、こうした光景も覚えている。汽車は目的地に向かって疾走していた。だが私は新聞を膝の上にしっかりと置いて、その上でひたすら字を書く練習をしていた。ふいに母が弟たちをすばやく抱きかかえ、しきりに涙をぬぐった。そして低い声で私に言った。「紅ちゃん[73]、字を書いて手が疲れない？　もうすぐ高雄駅よ。早く新聞をしまって、もう書くのをやめなさい。下りるわよ……」。言いながら、しっかりと私の手を握った。

あれは一九五〇年の春だった。そのとき私はまだ知らなかった。あれこそが私の子供時代の苦難の始まりであったことを。

第四章　雪中に炭を送る——恩師からの救いの手

父が牢獄につながれていた一〇年間、母は繰り返し私たちに『聖書』「詩篇」二三篇を読んで聞かせた。

主はわたしの牧者であって、わたしには乏しいことがない。主はわたしを緑の牧場に伏させ、いこいのみぎわに伴われる。主はわたしの魂をいきかえらせ……たといわたしは死の陰の谷を歩むとも、わざわいを恐れません。……74

当時、私は「いこいのみぎわに伴われる」の部分がお気に入りだった。成人して、自分の歩んできた道のりを振り返ってみると、確かに主がずっと私たちを導いてくださってきたのだと実感する。人生の道のりはもとより険しい。だから中国の古代ではよく「行路難」という楽府が流行った。六朝の詩人、鮑照は「〔擬〕行路難・一八首〔其五〕」の中でこう詠う。

君見ずや河辺の草の
冬時枯死するも春には道に満つるを
君見ずや城上の日の
今暝山に没し去るも
明朝復た更めて出づるを
今我何れの時か当《まさ》に然るを得ん
一たび去れば永えに黄泉に入る
人生苦しみ多く歓楽少なし[75]

私は子供時代に「人生苦しみ多く歓楽少なし」を味わった。あの苦しかった時期を思い出すたびに、自然に「行路難」が頭に浮かんでくる。しかし「行路が難しかった」からこそ、あの歩んできた道のりを慈しむことができ、また私たちを助けてくれた「恩人」たちのことも忘れられないのだ。私はよく思う。主がこうした恩人たちの手を借りて、私たち一家が「死の陰の谷」を歩むのをずっと導いてくださったのだと。

中でも忘れがたい恩人は、一九五〇年代に林園国民学校[76]で教えてくださった藍順仕先生である。先生は澎湖列島の出身で、幼い頃、家が貧しく、ぼろぼろの服しか着られなかった。そのためいつも教師たちから見下され、殴られることすらあった。藍先生は自分が教師になったら、きっと貧しい家の子供や不幸が起こった家の子供を可愛がってあげようと心に誓った。彼が林園国民学校に赴任したのは、まだ二四歳のときであった。しかし一年目にはもう立派なことをたくさん行っていた。例えば、自分に配給された米を貧しい児童に贈ったり、児童たちの代わりに学費を払ってやったり、小児麻痺にかかった児童をおぶって登下校したりした。

その年、上の弟の康成は七歳で、二年生になっていた。このときの担任がまさに藍順仕先生であった。

康成の二年生の担任だった藍先生（二列目一番右が康成）

当時私は四年生で、ちょうど康成たちの隣の教室で授業を受けていた。私のクラスの担任は山東から来た女性の先生で、曹志維先生といった。曹先生は私のことを目にかけてくれており、級長にも推薦してくれた。曹先生と藍先生は仲が良かったので、いつも話を交わしており、私のこともよく話題に上がっていたようだ。ある日の放課後、藍先生は、私がいつもと様子が異なり、ふさぎ込んでいるのを目にした。私はふだん同級生たちと楽しそうに遊んでいた。だがこの日は一人で壁にもたれてじっと立っており、何か心配事があるような様子であった。藍先生はすぐに曹先生に事情を尋ねた。実はその前日に作文の授業があり、曹先生は「私のお父さん」というテーマで作文を書かせていたのだ。そのとき、曹先生は私が涙を流しながら書いているのを見て、我が家に不幸なことがあったに違いないと察した。そして私の頭をなでて慰めてくれた。その日の午後、曹先生が我が家に家庭訪問に来た。家に入ると、母が額に汗をびっしょりかきながら、裁縫を教えている姿が目に飛び込んできた。母は先生が入ってこられたのを見て、すぐに仕事を脇に置き、静かな裏庭で話せるよう先生を案内した。母はもともと父が牢獄に入れられていることを人には話したがらなかった。母はしばし沈黙した後、涙をこぼしながら何とか曹先生にそのことを告げた。曹先生はこのとき初めて、母が「女丈夫」であり、女手一つで三人の子供を育てていることを知った。曹先生は同情すると同時に、母のことを非常に立派な女性であると尊敬し、藍先生にそう話した。

これ以来、藍先生は、私たち一家が確かに絶体絶命の淵に立たされていることを理解した。藍先生はその当時、林園大信医院の張簡先生の家で家庭教師をしていた。張簡先生もまた私たち一家の古くからの友人で、我が家の境遇をよく知っており、折に触れて私たちのことを藍先生に話していた。

後に藍先生が言うには、弟の康成はクラスではほとんどおしゃべりもせず、笑いもしなかった（子供らしくない様子だった）。またよくクラスの他の児童に「殴られたり、蹴られたり」していた。康成はやり返すこともせず、泣きもせずに、ただじっと辛抱強く耐えていたという。このため、藍先生は日頃から康成のことを思いやり、適切で公平な指導をしていた。

私たち一家と藍先生とのご縁は、次のようなことから始まった。それはまさに「雪中に炭を送る」、つまり人が最も困っているときに援助の手を差し伸べる行為であった。弟の康成は学期当初から優等生であり、遅刻したこともなかった。ところが学期の途中で三日間も続けて遅刻したため、藍先生が詳しい事情を尋ねにきた。そこで初めて先生は、私の母が重い病にかかっていたことを耳にしたのである。母はすでに当地の教会の長老であった石賢美伯母さんに付き添われ、左営[77]にいた二番目の伯母の家に身を寄せ、そこで療養することになっていた。私は林園の従姉の家に預けられ、弟たちは遠い港嘴の一番目の伯母の家に預けられた。この日から、康成は毎日早朝に家を出て、片道歩いて一時間以上ある林園国民学校に一人で通っていたのだ。藍先生はこのことを知ると、朝夕自転車に康成を乗せて登下校を始めた。後には康成を学校の教員宿舎に引き取り、毎日食事の世話をし、風呂にまで入れさせてくれた。同時に康成を毎日張簡先生の家に連れて行き、勉強の面倒を見た（後に、私もこの放課後学習の仲間に入った）。数か月後、母はやっと病が癒えて林園に帰ってきた。私たちはようやく一緒に生活できるようになった。その後も藍先生は毎日午後になるとやってきて、私と康成の勉強の面倒を見てくれた。補習が終わると、先生はいつも私たちを連れて市場に行き、杏仁茶や油条[78]をごちそうしてくれた。

あるとき、康成は泣きながら登校した。通学カバンがなくなり、泥棒に盗られたと思ったのだ。藍先生はすぐに、新しい教科書と新しいカバンを買ってあげるから、と康成を慰めた。ところが下校時刻になると、五歳の弟、観圻（当時、まだ就学前だった）がそのカバンを背負って校庭の樹の下に座っているではないか。そして「お兄ちゃん」の教科書を一面に広げて眺めていたのである。藍先生は下の弟も生まれつき勉強が好きなのだろうと、いたく感動した。それからは下の弟も一緒に彼の家に連れて行き、勉強を見てくれた。

私たち姉弟三人が大人になる過程で、藍先生はずっと良き先生、良き友であった。私は算数の「鶴亀算」や「植木算」に関して、藍先生にしつこく議論をふっかけたが、藍先生はいつも辛抱強く私の疑問に答えてくれた。ほかにも、私が一〇歳になる前から、『家なき娘』[79]、『クオーレ』[80]、『復活』[81]、『レ・ミゼラブル』[82]など、世界の名著を読むよう勧めてくれた。そして私が小説を読み終えると、読書感想文を書くよう背中を押してくれた。この経験は青年期の文学研究や道徳観に大きな示唆を与えてくれた。『家なき娘』についての読書感想文は以下のような感じだった。私は少女ペリーヌを、深い山の絶壁に生え、長年の風雪に耐えた花のようだと思った。この花はたとえ厳しい冬の試練を受けようが、最終的には美しく気高い花を咲かせる。思うようにいかない人生の道のりも、辛抱強く耐え続けさえすれば、明るい前途が開けることを証明しているのだ。藍先生はこの読書感想文を褒めてくれて、わざわざ母にも見せた。母は読み終えると涙が止まらなかったという。

藍先生は私の勉強意欲を高めるために、何度も古代の孫康という人の話を語って聞かせてくれた。先生は言った。孫という苗字はすでに周の時代から重要な姓となっており、何世紀にもわたって数多くの中国文化に貢献した人物を輩出してきた。特に晋代の孫康が刻苦勉励して学問に励んだ話はよく知られている。孫康の原籍は太原で、有名な官僚の一族の出身であった。だが彼の代には家運はすでに傾きつつあった。孫康は幼いときから勉強が好きで、いつも夜遅くまで勉強に励んでいた。だが家が貧しいため灯りをともす油が買えず、冬の季節には、雪に反射する光で勉強をした。孫康は成人すると、予想に違わず立派な業績を上げ、御史大夫の位にまで上った。懸命に向上を目指した孫康の姿は、千年もの間、ずっと学問に励む人たちの模範とされてきた。私はこの話を聞いてとても感動し、よく弟の康成にこう語った。「私たちの名前は孫康の名前とほとんど同じだね。私たちも孫康を見習いましょう」。私は美術の授業でも「映雪堂」と題して、小さな家の絵を描いたことがある。放課後、藍先生はそのことを知ると喜んで、私の頭をなでてくれた。

藍先生は私の向上心を励ます一方で、老子の道教哲学も教えてくれた。先生は言った。きみはまだ小さいが、将来大人になったら人間関係の中で困難にぶつかることもあるだろう、と。そして老子を学ぶ必要を説き、人と是非を争ってはいけない、と諭した。先生は私にこう教えてくれた。どこまでも「水」のように振る舞いなさい、自分が低い位置にいたとしても、絶えず流れることができれば、自由に新しい境地を開くことができる、と。先生はよく私に老子『道徳経』の第八章を読んで聞かせてくれた。

上善は水の若し。
水は善く万物を利して争わず、
衆人の悪む所に処る。
故に道に幾し。
（最上の善は、たとえば水のようなものである。
水は万物に偉大な恵みを与えるが、万物と争うことはせず、
人々の嫌がる低湿の地を居処とする。
だから無為自然の道の在り方に近いのだ。）[83][84]

当時私はまだ先生が期待をかけてくれていたことを、よく分かっていなかった。そしてやっと成人してから気付いた。自分がどんな状況に置かれても、それに耐えて完璧を追求することができたのは、藍先生の励ましがあったからなのだ、と。先生はあるとき、人間関係を穏やかなものにするために、この世界では「ゴミ箱」の役割をしなければならない人もいる、と言った。「ゴミ箱」の地位は極めて低く、人には嫌われる。だが進んで低いところに身を置こうとする人こそが、本当の意味での智者なのだ、と。

ここ数年、私は人間関係の壁にぶつかるたびに、藍先生の言葉を思い出している。先生は本来私たちとは赤の他人である。それにも関わらず、私たち一家の境遇に同情して、姉弟三人を自分の子供のように

教育してくれた。私が藍先生にいちばん感謝しているのは、このことである。私たちはずっと藍先生を「藍叔父さん」と呼んでおり、母もまた先生のことを実の弟のように思っていた。先生は私の母を「三番目のお姉さん」と呼んでおり（私の母が四人姉妹の三番目だったため）、そのことは一時期、林園において美談となっていた。

ところがある日、藍先生は突然、端正な楷書で書かれた匿名の脅迫状を受け取った。その手紙にはこのようなことが書いてあった。おまえと孫家との交流を、今、調査局は調べている。痛い目に遭いたくないのなら、早く自首することだ。藍先生はこの手紙を受け取って、何かおかしいと感じた。その後、一、二週間おきに、夜中に警察が来て、教員宿舎の扉を叩くようになった。そして戸口調査を口実にして、靴も脱がずに勝手に上がり込んできてベッドの布団をめくり上げた。まるで誰かを捕まえに来たかのようであった。当時は白色テロのまっただ中であったため、藍先生は怒りを口に出すことはできなかった。また私の母がこのことを知れば心配するだろうと思い、私たちにも敢えて伝えなかった。ある日曜日の午後、現地の派出所の警察から藍先生に、自ら派出所に出向くよう通知が届いた。派出所に着くと、先生は刑事から厳しい取り調べを受け、供述を求められた。さらに「ジェット式」[85]の刑を受け、耐えがたい苦痛を味わった。取り調べは合計数時間にも及んだ。釈放される前に、刑事たちは藍先生にこう告げた。おまえに一週間の猶予を与えるからよくよく考えておけ、と。幸いにも、その後先生が逮捕されることはなかった。

何年も経ち、白色テロが落ち着いた頃にようやく、藍先生はこのときのことを私に話してくれた。私はそれを聞いて先生に言った。字体から考えると、その匿名の脅迫状が国防部〔日本の防衛省に相当〕からのものである可能性は低い。ひょっとすると何者かが国防部を装って出したものかも知れない、と。警察が先生を取り調べたのは、「国防部を装った」人物が警察に「告げ口」をしたせいであろう。実は今でもまだ、私たちはその真相を知らないままだ。藍先生はよくこう言っていた。「九人の君子でも一人の小人にはかなわない」。そして、このことはもう気にかけない方がいい、と言って私をなだめた。

小学校六年生の後期に、私は弟たちとともにしばらくの間、左営の高雄石油精製工場地区[86]にある二番目の伯母の家に身を寄せた。その後、私は高雄女子中学に進学した。一五歳のとき、私たちはまた林園から草衙[87]に引っ越した。母はそこでも洋裁教室を開いた。それ以来、私たちが藍先生にお会いする機会は減った。だが先生は毎月決まって遠くから私たちに会いに来てくれた。私たちにどんな困りごとがあっても、先生は相変わらず全力で解決の道を探ってくれた。私の父が家に戻ると、藍先生は父のことも自分の「義兄」として接した。

私たち一家全員がアメリカに移住してからも、藍先生との手紙のやり取りが途絶えることはなく、それは数十年もの間続いた。国際電話も欠かすことがなかった。一九九七年に私の母がこの世を去った。葬儀はスタンフォード大学に近いアルタ・メサ・メモリアルパークの墓地で行われた。藍先生は手紙で私の父にこう伝えた。

三番目のお姉さんは天に昇られました。お兄さんは、お姉さんが生前とても憧れていたサンフランシスコの閑静で美しい場所に、安息の地を用意されたのですね。そしてお姉さんのために心のこもった美しい墓碑をデザインされました。私は「実の弟」として、お兄さんに深く感謝いたします。

まことに友情は身内の情に勝り、実に忘れがたいものである。藍先生とのご縁は、私に人生の真理を教えてくれた。人の命ははかないものであるが、人と人との間のひたむきな情愛は強く、そして大きな力を持つ、ということを。

第五章　監獄への面会途上で

一九五三年、私が九歳のときに、父は台湾の南東岸に位置する緑島（通称「火焼島」）の収容所から台北に近い新店の軍人監獄に移され、そこで引き続き服役することになった。それ以来、母は学校が長期休暇に入るたびに、私たち三人を連れて父の監獄へ面会に行った。当時、私たちは高雄の田舎に住んでいたので、監獄まで往復するのはかなり骨が折れた。特に混雑したバスに押し込まれるときと、汽車に乗り込むときは大変だった。道中、乗り物は揺れるし、周りは騒がしい。か弱い女子供である四人は、いつも人の群れの中でもみくちゃにされていた。出かける日になると、母は夜明けとともに私たちを連れて林園の田舎からバスで鳳山[88]へと向かった。鳳山からは「高雄客運」[89]に乗り、高雄市に向かった。高雄に着くと、また市内のバスに乗り換え、高雄駅に行かなければならない。乗客がごった返している駅で慌てて切符を買うと、また長時間汽車を待たねばならない。やっとのことで汽車に乗ると、いつも車内はぎゅうぎゅう詰めであった。列車の扉が開くと、われ先にと乗車し、座席を急いで確保しようとする者たちが、一斉に突進してくる。母は左右の手にそれぞれ弟たちの手をつないで、前に進みながら、後ろに取り残された私を振り返るしかなかった。私は大きな荷物を背負っており、早く進みたくても進めない。やっとのことで乗車すると、全身の力が抜けて席にへたり込んだ。そして汽車の震動に合わせ、頭をがくんと垂れて、座席に寄りかかると眠りに落ちた。そのまま数時間汽車に揺られ、彰化駅か台中駅に着くと、停車時間の合間に、母が果物やおやつ、弁当を買ってきてくれた。母はそれから私を起こすのだった。私は眠い目をこすりながら自分のナイフを取り出し、母にもらったバナナを切り分けて、弟に食べさせた。その汽車は実にスピードが遅く、台北に着くのはいつも次の日の朝までかかった。台北に着くと、母はまた私たちに声をかけ、お腹を空かせた子供たちに朝ご飯を食べさせた。そこからまたバスに乗り、新店に向かった。

新店のバス停から軍人監獄へ行くには、輪タクに乗らなければならなかった。この道のりは今でも覚えている。長い一本道があり、辺りは荒涼としていた。私たち四人はいつも一台の輪タクに一緒に乗った。母と私が座席に座り、二人の弟は私たちの足下にうずくまった。私たちが軍人監獄に面会に行くと聞くと、輪タクの車夫たちはそろって同情の表情を浮かべ、誰もお金をたくさん受け取ろうとしなかった。車夫がペダルをこぎながら、話しかけてくれたこともある。

「子供たちがまだこんなに小さいのに。父親が捕まって監獄へ入れられてしまうとは、何と可哀想なことだ！　奥様も本当に大変だろう。遠くから来たのかい？　あぁ、あそこに閉じ込められている者の多くが無実だということは、わしも知っておるよ……」。車夫は言いながら、監獄の方向を指さした。母はため息をつくだけで、返事もできなかった。その刹那、私は悲しみが込み上げてきて、母の横でむせび泣いた。涙でかすんだ目に映ったのは、石畳の上をゆっくりと回転する輪タクの車輪と、行けども行けども続く荒涼とした一本道だけだった。母はぽつりぽつりとその車夫と話し出した。

「本当に優しい方ですね。私たちは高雄の田舎から来ました。丸一日汽車に揺られてようやく到着したのです。夫が牢獄に入れられてもう三年になります。刑期が終わるのは七年も先ですが、そのときになって本当に出てこられるのかも、まだはっきりしません……」。

「あぁ、つらい運命ですな……」。車夫は振り返ってため息をつくばかりだった。そして口の中で、「運命だ、運命。これも運命だ」と繰り返した。

ようやく私たちは監獄の塀の外に着いた。遠くにはうっそうとした森があり、あちらこちらに歩哨に立つ憲兵の姿が見えた。母は車夫に言った。

「おいくらですか。ここまでのお代を先にお支払いします」。すると車夫は、「いらない、いらない。私は入り口で待っているから。帰るときに払ってもらえばいいよ」と言う。

「それもそうですね。それでは、ありがとうございます」。母は笑顔でお礼を言ったが、顔には隠しようのない深い苦悩が表れていた。

私たちは監獄の中へと進み、母は守衛の人に一言二言挨拶をした。そして私たち子供を連れて面会室の中で立ったまま待った。面会室はガラスの窓で区切られ、二つの隔絶された空間に分けられていた。互いをはっきりと見ることはできたが、手を伸ばしても触れることはできなかった。家族は外側、囚人は内側に置かれ、いわゆる「面会」とは、顔を合わせるだけのことで、誰もこの冷酷な仕切りを乗り越えることはできなかった。看守が父をガラスのあちら側に連れてきた。父は憔悴しきった顔つきをしており、瘦せこけた体には、ベルトのない囚人服を着ていた。私は目を見張り、落ち着きなく母の方を見ながら言った。「お父さんが来た……」。

面会が始まると、母は一言も言葉が出てこなかった。ただ父にはっきり見えるよう、弟たちを高々と抱き上げてみせた。私もがんばってつま先で立ち、その横からからのぞき込んだ。隣ではずっと看守が監視しており、無表情のまま時間を計りながら、会話を録音しているようだった。ついに父が先に口を開いた。

「こちらは何もかもうまくいっているから、心配しなくていい」。

「あなた、三人の子供たちはみな大きくなりました。ほら、お父さんに挨拶しなさい……」。

その日の会話は大体こんな感じだった。

「送った薬はちゃんと受け取りましたか。ほかに何か送ってほしいものはありませんか」。

「大丈夫だ。きみは忙しいのだから、いちいち返事を書くには及ばないよ」。

「今学期の子供たちの成績はみんな良かったわ。紅ちゃんは相変わらず一番で、康成は二番。観圻は来年、小学校に上がります。これからもみんなの写真を送るわ。あなたはどうぞご自分のことを大切になさって……」。

このとき、看守がもう終了の合図を出した。一回あたりの面会時間は一〇分を越えてはならないからだ。だがその日の看守は、私たち母子四人がやっとの思いで遠い高雄からはるばる面会に駆けつけたのを見て、かなり同情したようだ。例外的に五分間だけ面会を延長してくれた。

監獄を出ると、私たちはこらえきれずに涙を流した。この短時間のうちに、私は何歳も成長したような気がした。監獄の塀の外は遥か先まで何もなく、ただ輪タクの車夫だけが私たちの帰りを辛抱強く待ってくれていた。

帰り道、車夫はずっと母を慰め続けてくれた。「あんた方はまだ運がいい方だ。このご時世では命があるだけでもよしとしなくちゃ……」。数十分走ると、新店のバス停に戻ってきた。

輪タクが止まる前に、母は手を伸ばしてお金を取り出していた。輪タクから降りると、母は車夫にお礼を言いながら、お代を渡そうとした。ところが車夫はあっという間に運転台に飛び乗ると、私たちに向かって手を振った。そして大きな声で言った。「あんた方のお金を受け取るわけにはいかないよ……」。母が口を開く間もなく、その車夫は振り返りもせずに走り去って行った。

真昼の太陽の下で、母は呆然と立ち尽くし、車夫の後ろ姿を見送るよりほかなかった。そして長い間、黙ったまま考え込んでいた。

あれから何十年も経つが、私はあの親切な車夫のことを忘れたことがない。あの人はまだ生きているのだろうか、今も新店で車をこいでいるのだろうか。だが台湾の輪タクはとっくにタクシーに取って代わられ、すべて淘汰されてしまっていると聞く。

二〇〇〇年八月、私は北京の円明園を観光していた。そのとき、人力車が道端で列をなして客待ちをしている様子が目に飛び込んできた。するとその中の特に小柄な青年が、にこにこしながら近づいてきて、人力車に乗らないかと尋ねた。人民元で三元払えば、円明園のこのあたりからもう片方の端へと車を走らせるという。私が「三〇元お支払いするわ……」と言うと、彼は目を大きく見開いて何度も言った。「ダメですよ、ダメダメ。社長に知られたら、罰を食らってしまう」。それでも彼は私をすぐ車に乗せてくれた。

その青年はゆったりとしたリズムで車を引いた。顔には次第に汗の粒が浮かんできた。円明園の中はかすかな夕日が差し、そよ風が吹いていた。湖上の景色を眺めていると、私は気持ちが沈んできて、景色を楽しむどころではなくなってきた。目の前のこの美しい情景が、ちょうど五〇年前に輪タクに乗って監獄へ面会に行った情景と強烈なコントラストをなしていた。私は来し方行く末に思いを巡らせたが、詳細に振り返ってみる勇気はとてもなかった。自分たちはどうやってあの険しい道のりを一歩一歩乗り越えてきたのだろうか。

結局、人力車を降りると、私はやはり三〇元を車夫の手に押し込み、何も言わずに向きを変えるとその場から立ち去った。

第六章　父の物語

父は一九五〇年に台北で捕らえられた。その後半世紀以上も経ってから（二〇〇二年の夏）、私はようやく父自身の口からその詳しい状況の一端を聞くことができた。長年にわたり隠されてきた政治的な迫害の光景が、しだいに私の眼前に広がってきた。

そもそも父が一〇年間捕らえられていたのは、母方の一番目の伯父である陳本江氏の事件に巻き込まれたからである（本書第一一章「伯父、陳本江と「台湾一の秀才」呂赫若」を参照）。保密局の人員は陳本江本人を捕らえることができなかったため、陳の親戚や友人たちに矛先を向けたのである。父は当時、身分や地位の点で比較的目につきやすく、さらには陳の妹の夫であり、また陳とは日本留学時の同級生でもあった。こうして不幸にもスケープゴートにされたのである。

私の幼い頃の記憶では、父はある晩、突然無理矢理連れ去られ、それ以来、帰ってこなかった……。だが後にその記憶は正確ではなかったことを知る。実際には、保密局は二回、父を捕らえに来ていた。一九五〇年一月二三日の深夜に、父は一度逮捕された。その夜父は強烈な灯りの下で続けざまに拷問を受け、夜明け前に薄暗い囚人部屋に押し込まれた。その部屋はわずか三畳ほどの広さで、扉を開けると、床の上にはすでに複数の人が横になっており、すし詰め状態であった。灯りが暗かったので、父は長い時間をかけて人をかき分け、やっと何とか小さなすき間を確保することができた。そして無理矢理座ると、ほどなくしてコートをかぶり深い眠りについた。夜にはジープがブレーキをかける音と人々が泣き叫ぶ悲壮な声が聞こえ、そのたびに眠りから覚めた。父は家に残された妻と子供たちのことを思い、心が千々に乱れた。父がいちばん気にかけていたのは私のことで、詩まで詠んだという。そこには「昨日までの掌上の珠〔父母が大変可愛がっている娘〕、今朝には孤独な雛〔少女〕となる」という句もあった。後に、父は日記にこう記した。「一九五〇年の初め、突如として大きな禍が私たち一家に降りかかってきた。幸福で満ち足りた家庭が、一夜のうちに絶望の淵に突き落とされ、悲しみと苦痛で涙にくれた」。

しかし父は一か月ほどすると、突然釈放された。当時、すでに家財はすべて没収され、さらに別の住まいに移らされていた。ここもまた没収された一家の住まいであり、特務が一日中家の中を監視していた。日中には保密局の人間が父をいたるところに連れ回し、親戚や友人の誰がどこに隠れているか、などという情報を聞き出そうとした〈当時、民主革命聯盟[90]に参加している親戚や友人もいた〉。だが父は何一つ話そうとせず、態度も協力的ではなかった。こうして五月五日にまた逮捕されたのである。

父が再び逮捕されたのは、ちょうど上の弟の康成が高熱を出しているときであった。軍用車に乗せられた父は、心が引き裂かれる思いであった。父はまず保密局にある臨時留置場に閉じ込められた。留置場の床はまだ乾ききっておらず、一日中塩気のある物も食べられず、体がむくみ、耐えきれないほどであった。さらに部屋は始終真っ暗で、毎朝、便器の中身を棄てに行くときだけが、太陽を目にする唯一のチャンスであった。そのときにも後ろには常に銃剣と自動小銃を構えた者が付いており、ひたすら恐怖を感じた。当時、父は毎日身体にありとあらゆる刑罰を加えられていた。

数か月後、父は軍法処の留置場に移された。そこでも長い間判決は出ず、囚人番号が与えられただけであった。移送されたばかりの頃、夜中にしょっちゅう何番、誰々と呼ぶ大きな声が連続して聞こえてきた。続けて若者が一人ずつ引っ張り出され、銃殺されていった。彼らの大部分が優秀な台湾の青年で、そのほとんどが台湾大学の学生であった。

1950年、父が捕らえられたのはまだ30歳のときだった

その年の六月、朝鮮戦争が勃発した。ほどなくして父は一〇年の判決を言い渡され、ただちに軍人監獄に収容された。当時、監獄は建てられたばかりで、壁もまだじっとりと湿っていた。布団の下はいつも浴室や便所から滲み出してくる水で濡れており、政治犯たちはほぼ「水上」で寝ているかのようであった。だがここでようやく家族へ手紙を書くことが許された。当時、父はまだ妻や子供たちの行方が分からなかっ

たので、やむなく南部に住んでいた一番目の伯母の夫に宛てて手紙を書いた。手紙のやり取りが始まると、母はただちに下の二歳の弟、観圻を連れて、台北の監獄に飛んでいった。面会のとき、父はガラス窓を隔て、観圻を抱いている母の姿を見つめるだけであった。観圻は半分にしたバナナを手に持ってかじっていた。夫婦は向かい合ったまま、しばし涙で言葉も出なかった。

だが母が二回目に面会に訪れたときには、父はすでに緑島の収容所に移送されてしまっていた……。

父の事情はこうであった。ある晩突然、獄にいる政治犯はただちに荷物をまとめるようにという命令が下された。それから一行は大きなトラックに乗せられた。トラックは大通りを進んだが、父には外が見えなかった。トラックの窓には全部覆いが掛けられており、車内は真っ暗闇だったからだ。後に、自分たちは基隆の港に運ばれたのだと分かった。そこからさらに船に詰め込まれた。船の中では二人が一つの手錠でつながれ、緑島に着くと、その手錠をはずされた。船を降りるとまず五キロほどの道のりを歩かされ、収容所に着いた。すでに夕暮れ時になっていたが、食事も与えられず、またすぐに集合させられた。そして一人一人に縄と棒がつけられると、また列を作って港まで歩かされた。今度は米や食糧を担いで収容所まで戻らなければならなかった。大豆は一袋二〇〇斤〔一斤は五〇〇グラム〕もあり、肩にのしかかって、立ち上がるのがやっとであった。裸足だった上に、道は石ころだらけで、一歩進むたびに耐えがたい痛みが走った。父はこうした強制労働の日々に、しばしばトルストイの『復活』に描かれた収容所の光景[91]を思い出したという。言葉にできないほどの苦しみの中で、父は生きていくより死んだ方がましだと思うこともあった。さらに前から獄中で患っていた肺病が、この状況でより悪化した。父はもともと泳げなかったので、緑島に深い池があるのを見て、跳び込んだこともある。すぐに死ねると思ったのだ。ところが父の体は水に浮いてしまい、沈んでいかなかった。こうして幸いにも父は生き延びることができた。だが友人たちの中には緑島で亡くなった者もいる。

父が服役していた台湾南東岸に位置する緑島（孫康成撮影）

およそ二年後、父はついに台湾本島に移され、新店の軍人監獄に入れられた。そこでの数年間に及ぶ生活の中でも、友人たちが亡くなったり、気が狂ってしまったりするのを目にした。父も相変わらず日常的に罰を受け続け、毎日足枷をはめられて労働に行かされた。後に、体が持ちこたえられなくなり、吐血するようになった。父は内心、この世では絶対に生きて帰れないだろうと思った。だが思い切ってこのことを手紙に書いて母に知らせることにした。幸いにも母は薬を監獄に送り届けてくれた。

牢獄での経験から、父は次第に人間性について深く考えるようになり、それからは熱心に『聖書』を読んだ。そして『聖書』はまさに人間性を映す鏡であることに気付いた。

さまざまな境遇を経験した後、父はついに自らの信仰にたどり着いた。牢獄で過ごした最後の三年間には、父は心の落ち着きを取り戻しつつあった。父は獄中で英語を教えるボランティアをしただけでなく、さまざまな翻訳にも取り組んだ。例えば、湯川秀樹の「科学的思考について」を翻訳し、『科学教育』第三巻第三期に発表した[92]。その結語にはこうある。

時間とは何か。時間はどうやって計るのだろうか。事が起こる順序と「同時」というのは一体どのような意義を持つのだろうか。……この世界には確かに絶対的な時間と空間が存在するのかも知れない。だが人類である我々には永遠にそれを把握することはできないだろう。人間が明らかにできるのは、制限に満ちた、相対的な時間と空間に過ぎないのだ。[93]

この「相対的な」時間と空間は、おそらく父が人生の意義を探ろうとする過程の中でつかみ取った、一種の「絶対的な」真理なのではないかと思う。

後に、父は自分の訳した文章を牢獄から送り、母に結婚一四周年のプレゼントとして捧げた。母はいたく感動した。その文章は何物にも代えがたい貴重なプレゼントだったからである。

第七章　かたくなに家族を守った母

母はある意味かたくなな性格の持ち主であった。一度心に決めると、外からの誘惑によって揺り動かされることはなかった。こうした性格は受難の中でさらに鍛えられ、母は強く気骨のある女性となった。父が保密局に逮捕されたとき、母はまだわずか二十数歳であった。だが苦しかった一〇年の間、母は終始しっかりと自分一人の力でがんばり続けた。たとえ経済的な苦境に陥っても、親戚や友人から資金援助を受けることはなかった。ひたすら昼夜休むことなく働き続け、糊口をしのいだ。この歳月の中で、母は言い尽くせないほどの苦労を味わい、涙を流した。母はいつも涙で枕もとを濡らしていた。その上、母は重い病にもかかった。だがそれでも一切を顧みず懸命に働いた。こうした理由により母は林園の小さな街で、早くから「賢夫人」としての名声を得ていた。後に父が出獄すると、各地から親戚や友人が次々とやってきて、慰めの言葉をかけてくれた。彼らは母の苦労を知ると、一人残らず母の美徳と立派なおこないを褒め称えた。

私たちが高雄石油精製工場の教員宿舎に居を移して間もないある日、父の古くからの友人が遠方から訪ねてきた。母の話を聞くと、彼は感心のあまりため息をつきながら褒め称え、去り際に父にこう言った。「このお方は現代の王宝釧[94]ですな」。あの白色テロの時代、出獄した多くの人には二つの困難が待ち受けていた。一つは職探しの問題、もう一つはまさに家族崩壊の問題であった。彼らの妻はとっくに家を出てしまっていた。もちろん、それが残酷な政治の現実が生み出した悲劇であることは、誰もが分かっていた。

当時、多くの政治犯たちは自分にいったん判決が下されると、それが無期懲役と同じであることを理解していた（たとえ有期刑であったとしても、刑期通りに出獄できるとは限らなかった）。そのため自分の妻には再婚を勧めた。それは妻が若い時代を無駄にしてしまうことを心配したためであるが、妻と子供たちだけでは生活していけないことを恐れたためでもある。確か、母が林園の田舎で洋裁教室を始めたばかりの頃だったと思うが、ある日突然父からこんな手紙が届いた。そこには、一〇年の判決が下って、生きて帰れる望みもない、母には早く再婚してほしい、などと書かれていた。

母は手紙を読み終えると、怒り心頭に達し、「何バカなことを言っているの……」とつぶやいた。そして言う端から、すぐに汽車の切符を手配すると、北へ向けて出発した。このときには、母が一人で台北へ向かったため、両親がどのような話をしたのかは分からない。ただそれ以来、父は二度と再婚の話を持ち出すことはなかった。

母は天性の美貌の持ち主で、そのことは故郷でもよく知られていた。彼女が東京へ留学に行ったときのことである。京都へ向かう特急列車の中で、紳士然とした人が母を上から下まで長いことじろじろと観察していた。そして近づいてきて挨拶すると、母の美しさを褒め称えた。母はわけが分からず、悪い人に出くわしてしまったと思い、非常に緊張した。後になってその人物が日本の映画監督で、映画のスターとなる人材を探していたことを、母は知った。私たちが林園の田舎に住んでいるときにも、たまたま学校の保護者会に母が出向くと、同級生たちはみな「あのチャイナドレスを着たきれいなお母さんは誰?」と尋ね合った。母は街で買い物をしても、常に注目を集めた。その上、母は誠実で物腰が穏やかであったことから、町の誰からも好かれていた。

人から母のことを褒められ、美しい方だと言われるたびに、私も母のことを誇らしく思った。だが私は母の美しさは内面の美しさの表れだったと思っている。何事もかたくなに守り通すあの性格が、魅力を引き立たせていたのだろう。私にとって、母の美しさはある種の人格上の美しさであり、宝石のように貴いものであった。

日本留学時の母

父が不在のあの時期、母にとっての最大の悩みはまさに家計の問題であった。私たちの学費の支払い期限が近づくと、母はありとあらゆる手を尽くしてお金を用意す

「現代の王宝釧」と言われた母。左から母、著者、弟の康成、観圻

るよりほかなかった。そんなある日、母の実家と古い付き合いのある友人から突然手紙が届いた。そこには、最近大きな儲けがあった。母にも鳳山に来てもらい、利潤のいい投資ビジネスに加わってほしい。数時間ほどで手続きは済むから、と書かれていた。母は喜んで会う約束をし、ある朝、その友人とともに鳳山へと向かった。その日、彼はわざわざ専用車を頼んで迎えに来た。振る舞いも上品で礼儀正しく見えた。

ところが途中から、母はおかしいと思い始めた。車はどんどん郊外へと向かっており、都市に向かう気配がないどころか、海辺まで迫ってきた。母は突然自分が騙されたことに気付き、うろたえた表情を見せた。その友人もこれ以上隠し通せないと思ったのか、素直に一部始終包み隠さず白状した。もともと今日はビジネスの話をしに来たのではなく、この機会に母に求婚しようと思って来たのである。自分の妾になってほしい、と。母はそれを聞くなり仰天した。腹も立つし、恐ろしくもあった。すぐに大声で運転手に停車を命じ、自分でドアを開けると、海へ向かって走っていった。母が海に身を投げて自殺しようとしているのを見て、車にいた運転手までもが驚いて、その友人とともに、慌てて追いかけてきた。そしてやっとのことで母を車に連れ戻した。帰る道すがら、その古くからの友人は、顔を耳まで真っ赤にして、悪かった、と何度も母に謝り続けた。こうして母は何とか危機を脱したのだった。

このことは大家の奥さんが私に後から教えてくれた。私はまだ一一歳であったが、こういった事の重大性が分かりかけていた。母に尋ねると、大丈夫だと言い、「子供がそんなことを心配するものじゃありません」とたしなめられた。だがそれ以来、私は母の身の安全を特に気にかけるようになった。そしていつ何時母に危害を加える人が現れるかも知れない、と恐れた。

その事件の後、母はさらに村民からの尊敬を集めた。母のように貞節を守りながら度胸がある若い女性はなかなかいない、と。母のことを模範的な「貞婦」だと言う人もいた。確かに母の振る舞いや性格は伝統に根差したものであり、とても「中国」的であった。だが母にとって、貞節は人としての尊厳の一部でしかなかった。それはほかでもなく、父への無条件の愛の表現であったと言えよう。

母は身持ちを堅く守り、他人が自分のことを中傷することも許さなかった。こんなことがあった。日頃から品行が悪く、村の人たちから相手にされていない年配の親戚がいた。彼はひそかに母のことを狙っており、何度も詭計を弄して母を陥れようとしたがうまくいかず、恨みをつのらせていた。そこで母の名誉に傷をつけて、母を怒らせようとした。ある日、彼は道端で弟の康成に出会い、こう尋ねた。「お前の家によく行っているあの藍先生は、毎日お前の家で寝ているんじゃないのかい」（藍先生は私たちの長年の恩人であり、また恩師でもあった。私たちが小学校に通っていた間は、いつも私たち姉弟を家まで迎えに来て、勉強を見るために連れ出してくれていた)。当時、弟はまだ幼く、この質問の意味が理解できなかった。帰ってから母にそのことを告げると、母はたちまち激怒した。直ちにその親戚とかたをつけようと、すぐに輪タクを呼んで、その家まで走らせた。そして相手を完膚なきまで罵ると、同じ車に乗って帰ってきた。三〇分も経たずに、事は解決した。

母からこっぴどくやられたその親戚は、二度と面倒なことを引き起こすことはなかった。

だがふだんの母は、穏和で思いやりがあり、おおらかであったため、かんしゃくを起こすような人間だとは思われていなかった。だが母のことをよく知っている友人はみな、母がきっちりと筋を通す人間であることを知っていた。母は他人が罪をなすりつけてくるのを決して許さなかった。自分の人格や言動を貶めるようなことは、どんなことであれ、絶対に放置しなかった。母にとって、こうした無責任な流言飛語は、何よりも恐ろしいものであった。だから一つ一つ対処して、その場ですぐに消してしまわなくてはならなかった。それは目に入った埃と同じで、一時たりとも耐えられるものではなかった。

ところが親戚の中には、母のことをあまり理解してくれない人もおり、気が強すぎる、と批判した。母のあのかたくなな性分をよく分かっていなかったためであろう。私は、母を最も尊敬していた。母の何事をも顧みず、勇敢に前に向かっていく精神を尊敬していた。もし母があのどこまでもやり抜く気質を持っていなかったとしたら、私たち一家はあの苦しい日々をどうやって過ごせただろうか。

第八章　父の出獄

一九六〇年一月二三日、この日は父が出獄する日であった。一月の間中、私たちは興奮し通しであった。ついにこの日が来た、もう母が急いで日めくりカレンダーを破り棄てる必要はなくなったのだ。父が不在の一〇年間、母は毎日黄昏時になる前から、もうその日のカレンダーを破り棄ててしまっていた。日めくりカレンダーは時間の経過を表すものであると同時に、希望の象徴でもあった。日めくりカレンダーを破るたびに、母は言った。「ほら、もうすぐ明日になるわ。お父さんが帰って来るのも一日早くなる」。

父が出獄する日に備えて、母は一週間も前から台北へと出かけていった。当時、私たち姉弟はまだ授業期間中だったので、一緒に付いていくことはできなかった。私たち三人はしばらくの間、左営高雄石油精製工場にある二番目の伯母の家に預けられ、父の帰りを待った。

一月二二日、父が出獄する前夜、私は一晩中眠れなかった。翌日の午後になって、母が台北から電報で、お父さんが確かに釈放されたと知らせてきたので、私はようやく安心した。その日は一日中、笑顔を振りまいた。足取りも軽かった。午後、高雄女子中学の校門前に立ってバスを待っていると、正面のカトリック教会がことのほか美しく立派に見えた。遠くに見える愛河も特別にやさしい光を放っているかのようであった。

次の日、私たちはついに伯母の家で父と対面した。こんなにも落ち着いた気持ちでじっくりと父を見たのは、初めてのことであった。少し新鮮な気分で、見知らぬ人のような気もした。父は紺色の背広に、小豆色のネクタイをしていた。その服装を見て、自分が六歳になる前の父の姿を思い出した。傍に立っている母もとても若々しく見えた。母は薄紫のチャイナドレスを着て、終始楽しそうに親戚の人たちと談笑していた。その日の晩、父が無事に帰ったお祝いに、伯母が祝賀ホームパーティーを開いてくれた。私はこれまで味わったことのない幸福感に包まれた。

しかし、良いことは長続きしない。父が帰って何日も経たないうちに、私たちはまた「政治的な迫害」を味わうことになった。当時、私たちは二番目の伯母の夫の郷里に身を寄せていた。ある晩のこと、突然外で大声を上げて、ドアを叩く音が聞こえた。かなり激しい音だったので、みな一斉にベッドから跳ね起きた。父はすぐに灯りをつけて服を着ると、急いで走っていってドアを開けた。私は緊張のあまり、母の手をしっかりと握って放さなかった。壁にかけられた時計を見ると、夜中の三時だった。また父を逮捕しに来たのではないか、そう思った。

続けて、警察官が入って来た。「どうして早くドアを開けないんだ。苗字は孫だろう。早くしろ、戸口調査に来たのだ」。

戸口調査だと聞き、私は急に気が抜けた。母はようやく寝室の畳に上がり、注意深く引き出しから戸籍謄本を取り出してきた。

警察官はわざと声のトーンを上げて言った。「どうして三人しかいないんだ。男の子二人は?」

私は先手を打って答えた。「二人の弟は高雄石油精製工場の学校に通っています。今は二番目の伯母の家に寄宿しています。伯母の住所は……」。言いながらペンで書いて見せようとした。

父の出獄後、一家が暮らした草衙にて。後ろが著者、二列目左から母、弟の康成、父、前にいるのが弟の觀圻

「もういい、もういい。分かったから」。彼は戸籍謄本をぱらぱらとめくって、もう一度父をじろじろと眺め、一言二言大声を上げると、ドアを閉めて行ってしまった。

私たち三人は空気が抜けたゴムまりのように、長い間口を利くこともできなかった。その日は夜が明けるまで、三人ともまんじりともしなかった。

その後も二、三日おきに、この「戸口調査」が行われた。実際、この手の嫌がらせは少しも怖くはなかったが、近隣住民の反応が気がかりだった。その警察官は戸口調査に来るたびに、いつも大声を上げた。これは近隣の住民たちにわざと聞かせるためのようであった。隣人たちはこうした光景を目にすると、みな次第に私たちとは口を利こうとしなくなった。さらにはあれこれ言いふらす者や、これを機にデマを流す者さえいた。あの時期は本当に言い表せないほど苦しかった。当時、私は高級中学の一年生だった。授業が大変になり始めた頃だったので、毎日深夜まで勉強していた。夜中に警察が戸口調査に来ると、夜通し眠れなかった。私は幼い頃から神経が過敏で、いったん目が冴えてしまうと、もう眠れなくなってしまうのだ。

この時期、父はいろいろなところへ出かけて行き、職探しを始めていた。だがこの近辺では誰も父を雇ってくれようとはしないことが分かった。当時、台湾ではまだ「戒厳令」が解除されておらず、誰もがみな疑心暗鬼であった。どの学校や職場にも「安全組」や防犯秘書がいて、定期的にすべての人員の状況を上級の治安組織に報告することが義務付けられていた。前科のある者は、どこも採用したがらなかった。後に、両親はまず林園の友人である石賢美長老の家にしばらく滞在させてもらい、彼女に職探しを手伝ってもらうことにした。だが何週間も高雄、台南へと足を運んだが、どこへ行っても壁にぶつかった。当時、林園周辺にある中学が父を雇用してくれるはずだったが、校長が父の背景を知ると、直ちに「採用を見合わせる」という通知が送られてきた。結局、父はやむなく林園の塾で、しばらく英語を教えていた。それでも、現地の警察が絶えず石賢美長老の家に様子を探りに来て、二、三日ごとに

「戸口調査」を行って脅しをかけてきた。そのため、みな穏やかに過ごすことはできなかった。

後に、二番目の伯母の夫が数か月もかけてねばり強く交渉してくれたおかげで、父はついにうれしい知らせを手にした。高雄石油精製工場の国光中学の校長が父に面接を求めている、という知らせだった。この校長は父にいたく同情しており、また父の英語力を高く評価して、すぐにでも採用したがった。しかし「安全組」の許可が下りなかった。その上、高雄石油精製工場は国防の要地でもある。この難関は絶対に越えられないかに見えた。後に、親戚の一人が父を逮捕したあの谷氏の元を訪れ、この正念場に立たされた父のために、一筆書いてやってほしいと頼んでくれた。父が逮捕されたのは、罪もないのに巻き添えになったためだということを証明するためである。こうしてようやく何とかこの難関を突破した（数年後、私と二人の弟が留学に行こうとしたときにも、また父のことで、警備総部[95]の許可が下りなかった。このときも同じ方法を使い、やっと出国することができた。一九七七年、谷氏は私に直接こう伝えた。彼はずっと私の父が無実であることを知っていた。ただ父は「性格が悪く」、逮捕後も、彼に盾突いてきたため、一〇年の判決を下

ようやく一家がそろう。左から父、著者、母、弟の康成、観圻

国光中学で英語を教え始めた父

したのだという。これは後の話である）。

結局、父は出獄してから一七年の間、ずっと国光中学で教鞭を執り続けた。父は若い頃、常にいい成績を収めており、早稲田大学を首席で卒業した。しかし後に不幸な政治的迫害に見舞われ、その才能を存分に発揮することができなかった。これは非常に残念なことである。だが最終的には石油精製工場で働く職員の子弟たちに教育を授ける機会を得ることができた。これは不幸中の幸いであったと言えよう。もともと父の兄妹三人は、幼い頃より祖父自身から英語の教育を授けられていた。基礎が固まると、天津のイギリス租界でE. R. Longというイギリス人の教師につき、専門的に英語を習った。だから父はブリティッシュ・イングリッシュを話すことができた。国光中学に赴任すると、父は帰宅後も夜を日に継いで努力し、言語学方面の著作を読んで勉強した。同時に小さい頃に身に付けたイギリス訛りを、時間をかけて矯正し、アメリカン・イングリッシュに重点を置いて勉強し直した。この時期、父はいつも朝の四時には起き出してきて、一人で裏庭の廊下に行き、学生のテストの採点をしていた（当時、父の病気はまだ完治していなかった）。就任二年目に、高雄市政府によって国民中学（日本の中学校に相当）の英語のサンプリングテストが行われた。その結果、国光中学はトップとなり、二位の学校に三〇点余りも差をつけた。当時、高雄周辺の新聞は、先を争って父の優れた教育を紙面に取り上げた。記者が我が家に取材に来たこともある。これ以来、父は学生や保護者からの幅広い信頼を獲得した。さらには石油精製工場の職員採用試験に使われる英語の問題作成も、父一人に任されるようになった。

だがおかしなことに、このような状況になってからも、相変わらず現地の警察官は週に二度か三度は「戸口調査」にやってきた。いつも真夜中にやってきては、ドアを叩き、手にしたサーチライトで絶え間なく辺りを照らし、家中の箱や引き出しをひっくり返して捜索した。大声で怒鳴ることもあり、近隣住民は当然その声で目を覚ました。私たちはドアから押し入ってきた戸口調査の警察官を前にして、憎しみをつのらせたが、どうすることもできなかった。

このような「戸口調査」の消耗攻撃によって、母は、父の病気がまたぶり返すのではないかとひどく心配した。果たして、しばらくすると父は吐血し始めた。幸いにも名医に診療してもらうことができ、何とか峠を乗り越えた。

私は、毎日慌ただしくバスに乗って高雄市内の学校に通っていた。帰り道、あの美しい半屏山[96]が高々とそびえ立っているのを目にするたびに、もうすぐ家なのだと思った。私は何度も陶淵明の詩を思い浮かべた。「菊を采る　東籬の下　悠然として南山を見る……此の中に真意有り　弁ぜんと欲して已に言を忘る〈東の垣根に菊を折り取っていると、ふと目に入ったのは南の山、廬山の悠揚せまらぬ姿、それを私はゆったりと眺めている。……ここにこそ、何ものにもまとわれない人間の真実、それを願うものの姿が、私には読み取れる。が、それを言い表そうとしたそのときには、もう言葉を忘れてしまっていた〉」[97]。本当に、生活環境は相変わらず思うようにはいかなかったが、それでもこの何年かは、私に初めて「家」があるという感覚を持たせてくれた。

第九章　骨と灰の償い

九歳のときのことである。一番上の従姉がヒステリックに放った一言が、私の子供時代を無残にも打ち砕いた。そのとき、言葉の暴力は他のどんな暴力よりも恐ろしいものだと知った。

その事件が起こったのは一九五三年、つまり父が捕まって三年目のことだった。当時、私たちは林園にある二階建ての家の上階に住んでいた。そこは、昼には母の洋裁教室となり、晩には私たちの寝室となった。階下には薬局があり、そこの薬剤師はとても気持ちのいい人で、温厚で誠実な人柄だった。私の母よりも一歳若かったので、私はずっと「進昌叔父さん」と呼んでいた。放課後、家に帰って、薬局を通るたびに、彼はいつも私に優しく声をかけ、時には美味しい物をくれることもあった。当時、一番目の伯母の長女（まだ二〇歳過ぎだったので、私は「上のお姉ちゃん」と呼んでいた）はよく私たちのところに来てくれて、洋裁教室の生徒さんたちとも顔見知りであった。上の姉はとても美人で聡明であったため、誰からも好かれていた。後に、彼女は進昌叔父さんと知り合い、二人はほどなくして結婚した。

これより私は進昌叔父さんのことを「進昌お兄さん」と呼ぶようになった。

ところが上の姉は結婚すると間もなく、母の前でよく感情を爆発させるようになった。母も次第に彼女に反感をつのらせていった。後に耳にした話では、姉の父親（つまり伯母の夫）が色事にふけり、毎日我が家の隣の居酒屋に来てはお金を使い、母のところに来てお金をせびるようになっていた。母はうまくあしらうことができなかったので、相互に誤解が生まれたようだ。これはもちろん、母には大きなプレッシャーとなってのしかかった。とりわけ一番目の伯母の一家は、私たちの恩人であった。父が捕らえられた後、一家は私たちを受け入れてくれた。今になって、伯母の夫が母に迷惑をかけるとは思いもよらなかった。

だが姉ははっきりと自分の父親の側に立ち、次第に母と対立し始めた。ある日の午後、学校を終えて家に帰る途中で、いつものように階下の薬局を通り過ぎた。私が階段の下まで来ると、突然姉が泣きわめいている声が聞こえてきた。彼女は二階に向かって大声で叫んだ。

「いい気になってるんじゃないわ、だんなが生きて帰ってくるとでも思っているの？　ふん、言ってやるわ。骨と灰すら帰ってこないから……」。

この言葉は明らかに母に向けられたものであった。私はこれを聞くやいなや泣き出して、二階に駆け上がった。母はすでに怒りのあまり、畳の上に倒れ込んでおり、教室の生徒さんが熱いタオルで母の顔を拭いてくれていた。当時、母にはもう心臓の障害が出始めており、怒っただけで、すぐに全身に悪寒が走り、震えが起こった。このままでは危ないと思った私は、きびすを返して階下に走り、そのまま近くの大信医院に駆け込んだ。間もなく張簡先生がやって来て母に注射を打ってくれた。こうして母は何とか命を取り留めた。

このことがあってから、私たちはただちに居を移した。母は伯母の夫の圧力にも対処しきれなかったため、これを機に一番目の伯母の一家とは縁を切ることにした。

私は姉を恨んだ。父の「骨と灰すら帰ってこない」という心ない言葉を恨んだ。この言葉のために、私は一晩中眠れなかった。それ以来、まだ年端も行かないうちに、私は不眠症気味になった。

私が姉をことさら恨んだのは、内心の恐れを彼女が口に出したからにほかならない。私は父が本当に獄死してしまうことをとても恐れていた。周囲の状況を考えると、何もかもがそうなる可能性をはらんでいるように思えた。

子供時代に別れを告げた9歳の頃

このわずかな間に、私は急激に大人びた。まだ九歳であったが、自分ではもう「子供時代」に別れを告げたと感じていた。

私は母をいたわるようになり、またいつでもどこでも二人の弟の面倒を見ようと心に決めた。私には分かっていた。母は絶対に倒れることができない、いったん倒れてしまったら、私たちはもうおしまいであるということを。二人の弟はまだ幼くて何も分かっておらず、どうしても母の心を煩わせてしまう。幸いにも弟たちはどちらも物わかりがよく、母に面倒をかけることはめったになかった。

ある晩、母が突然心臓発作を起こした。私が心臓マッサージをすると、鼓動がゆっくりし過ぎているように感じた。私は焦って、すぐさま外に飛び出すと、一人で大信医院の方向へ向かって駆け出した。このとき私たちはすでに病院からやや離れた「過溝子」に居を移していた。市街地に入るには橋を渡らなければならない。橋の下の水は深く、ちょうどその二日前、姑の虐待に耐えきれなくなった女性が、二人の子供をおぶって川に飛び込み、自殺したばかりだった。私は走れば走るほど怖くなった。走りながら、後ろを振り返り、思わず泣き出した。張簡先生のところへ行き、先生を家に連れてくると、やっと落ち着きを取り戻した。

翌朝、あの善良な二番目の伯母の夫が遠く離れた左営の高雄石油精製工場から駆けつけ、工場の専用車で母を療養に連れ出してくれた。

それまでは、母が病気になり、他所の医者にかかるたびに、私は姉のところに身を寄せ、二人の弟は港嘴の一番目の伯母の家に預けられた。だが今回は違った。私たち姉弟三人は、突然帰る家を失ってしまった。

結局、二人の弟は一時的に藍先生の教員宿舎に住まわせてもらい、私は台中の梧棲国民学校に転校し、

梧栖港の旧居を訪れた著者と弟の康成、2002年12月

梧栖港の四番目の叔母の家に身を寄せることになった。

梧栖港は私が三歳から五歳のときに住んでいたところである。再び懐かしい地に戻ることになり、私は感傷的になった。もともと父は、一九四七年から四九年までの間、台中港工務所の副主任を務めていた。父の同級生であった湯麟武氏（私は「湯伯父さん」と呼んでいた）が梧栖港の主任であった。私の幼い記憶の中では、当時私たちが住んでいた家は広く、美しい花園があり、花園にはたくさんの樹が植わっていた。九歳になってまた梧栖に戻ってくるとは、誰が予想しただろう。何と、私たちの旧居は湯伯父さんの家の向かいにあった。港務局の区域の中では、湯伯父さんの家と私たちの旧居がいちばん立派であった。私は梧栖国民学校への登下校のたびに、その旧居（すでに別の人の家になっていた）の前を通った。家の前を通るたびに、思わず涙が流れた。何度か湯伯父さんのご夫妻が遠くから私を見かけ、親切に手招きして、家に上がらせてくれようとしたが、私はいつも足早に通り過ぎた（ここで付け加えておくと、二〇〇二年一二月、筆者と弟の康成は台中の梧栖港を再訪した。そしてついに半世紀前に住んでいた家を見つけた。昔のことが思い出され、感無量であった）。

また毎日、梧栖国民学校に向かう途中で、小さな橋を渡らなければならなかった。その橋を渡るたび、私は思わず知らず林園の「過溝子」のあの川を思い出した。母のことも恋しかった。母の体調はどうなのだろう、といつも考えていた。私は常に一人でうつむいて、考え事をしているかのようにその橋を渡っていた。あるとき、橋の近くに住む占い師の女性が突然駆け寄って来て、私に言った。「あら、あんたは整った眉をしているのね。顔中に良い運勢が表れている。ほらほら、私が占ってあげるわ」。私は本能的に身を引いた。だが結局はおとなしく手を開いて、彼女に見せた。数分後、彼女はにっこりと笑って言った。「分かったわ。あんたは幸運の持ち主だと決まっている。大きくなったら、きっとアメリカに行って天下を取るよ……」。私は彼女にお礼を言うと、また橋の上を通って行った。

その日の放課後、私は興奮しながら占い師のことを叔母に話した。私は言った。「お父さんはきっと生きて帰ってくる。そうでなかったら、どうやって私が将来アメリカに行けるというの」。叔母もうなずいて言った。「その占い師の言う通りだわ。お父さんはきっと無事に帰ってくる。もう心配しなくていいのよ」。私は安心した。

その後も、私はよく梧栖橋のあの占い師の女性のことを思い出した。彼女にはとても感謝している。

図らずも、私に心の安定剤を与えてくれたのだから。私は父が獄死することはないと確信できた。梧栖に四か月間滞在した後、私は林園に戻った。母もすでに裁縫教室を再開していた。当時、私たちはもう一番目の伯母の一家とは行き来をしていなかった。ところがある晩、伯母の次男(私は「二番目のお兄ちゃん」と呼んでいた。彼は二〇〇七年に世を去った)が突然、私たちの家の前に現れた。彼は沈んだ面持ちで、人目を避けるようにして入って来た。

「叔母さん、今日の新聞を見てください……」。彼は母に新聞を手渡し、右手であるニュースを指さした。

母はすぐに手にしていた針を置くと、新聞を読み始めた。そして読みながら首を振ってため息をついた。とても悲しそうな様子だった。それは一番目の伯母の夫がスキャンダルを起こしたというニュースであった。林園の小都市に騒ぎが起こっていることを、二番目の兄に知らせてくれた人がいたらしい。

「叔母さん、私が父とはまったく違う人間だということはよくご存じでしょう。このことはショックでした。どうか私をあなたの家の人間にしてください……」。そう言いながら、涙を流した。涙はミシンの上にぽたぽたとこぼれ落ちた。

実際、母はこの「二番目のお兄ちゃん」をずっと可愛がっていた。この兄は親戚の中で初めて台湾大学に合格した人で、林園でも名の知れた秀才であった。この一年、兄はずっと台北の学校に通っていたため、南部の実家には帰っていなかった。だから私の母が自分たちの一家と絶交したことをまったく知らなかったのである。その日、台北から帰ったばかりの彼は、私たちがすでに引っ越して行ったことを知った。また両家にもめ事が起こったことも伝え聞いた。同時に、新聞に自分の父のスキャンダルが載っているのを目にした。兄にとって、本当に散々な一日であった。

それ以降、二番目の兄は数週間おきに、台北から私たちに会いに帰ってきた。彼は帰るたびに必ず私に数学を教えてくれた。さまざまな参考書も買ってくれた。この時期、私たちは一番目の伯母の一家とは仲違いしていたが、この兄は例外であった。彼はもう実の兄同然であった。

例外はもう一人いた。それは進昌お兄さんであった。彼はしょっちゅうバイクで林園の町から来てくれた。いつも心を込めて私に挨拶をし、お母さんは元気かと尋ねてくれた。また何かほしい薬はないかとも聞いてくれた。義兄の心遣いは、真心からのものであった。

今から思い返すと、当時私たちは、一番目の伯母の一家を一律に「敵」だと見なしていた。それはいささか八つ当たり気味であったかも知れない。実際、私たちを本当に苦しませたのは、伯母の夫と上の姉の二人だけであり、それ以外の人に罪はなかった。ただ私は母の苦しい立場も分かっていた。自分の家族を養うことすら難しい中で、親戚との果てしないもめ事を終わらせたければ、おそらくは母のように「一刀両断」にするしかなかっただろう。後の話では、林園に住む多くの人が母に同情しており、両家が共存できないことも分かっていたという。

一一歳のとき、私はたまたま林園教会の陳希信牧師の説教を聞く機会があった。それは「汝の敵を愛

劉先生と五年生のクラス写真、1955年夏。後ろから二列目、右から五番目が著者（友人の張簡満里〔後ろから二列目、右から二番目〕が貴重な写真を提供してくれたことに謝意を表したい）

せよ」[98]という心を揺さぶる話であった。陳牧師は飾り気のない口調で、人であれば誰しもが持ち合わせている弱点を解説してくれた。そして『聖書』の言葉（新約聖書、マタイによる福音書、五章四四節）[99]を引用して聴衆を励まし、教会の信者がみな愛の心をもって接し合うことを求めた。陳牧師の説教に、私は強く心を揺さぶられ、長い間澱のように溜まっていた内心の恨みに触れられた気がした。だがすぐにさらに大きく、さらに温かい声が私に呼びかけてきた。不思議なことに、それ以来、姉への恨みは消えてなくなった。

しばらくして私の五年時の担任であった劉添珍先生（後に劉丁衡と改名）と姉の二番目の妹が結婚した。それ以来、私は劉先生との関係にかこつけて、姉の一家と行き来するようになった。劉先生は最も忘れがたい恩師の一人である[100]。先生は生まれながらの音楽家で、歌を教えてくれただけでなく、私を林園国民学校ブラスバンドの総指揮に推薦してくれた。私は今でも自分が指揮をした「国旗歌」[101]、「三民主義は我が党の指針」[102]、「バラよバラ、私はあなたを愛している」[103]などの曲を覚えている。今から思うと、劉先生は確かに、音楽の想像の扉を開いてくれた最初の人であった。その後の日々の中で、私がある種の指導力を発揮できたとすれば、その多くが、あの頃の劉先生の励ましのおかげであろう。先生は私にこう教えてくれた。優秀な指揮者こそが良き指導者なのだ、と。

父が出獄したばかりの一六歳のとき、私たちは一時的に高雄県の草衙という農村に住んでいた。そこにいちばん初めに訪ねて来てくれた親戚は、ほかでもなく一番目の伯母の夫であった。その数日後、姉も草衙に駆けつけてくれた。彼女は家に入るなり、私の母の前で泣き崩れ、許しを請うた。母は深く心を動かされ、ついには彼女を受け入れた。姉はそれからはずっと私たちによくしてくれて、しばしば両親の元を訪れた。

後になって、姉も極めて苦しい経験をしていたことを知った。彼女は進昌兄さんと出会う前に、林という姓の台湾大学の学生と恋愛関係にあり、婚約もしていた。だがその婚約者は一九五三年の初めに突然逮捕され、懲役一五年の判決を言い渡された。父は台北で刑に服していたとき、その林という若者と同じ監房にいたと、後から聞いた。

私はようやく思い至った。姉の性格が変わって、突然母に突っかかるようになったのは、おそらく婚約者が逮捕されたこととも関わっていたのだろう。

私には姉への同情の気持ちが生まれた。彼女は二〇歳を過ぎたばかりのときに、もう残酷な政治的迫害を経験したのだ。本当に気の毒だと思った。特に姉は他人に気安く内心の苦しみを打ち明けるような人ではなかった。長期にわたって心に秘密を抱え込むのは、かなりつらかったに違いない。幸いにも、彼女は進昌兄さんと円満な家庭を築くことができた。これは不幸中の大きな幸いだったであろう。

ところが一九六三年の正月前後のこと、両親の元に思わぬ知らせが届いた。進昌が末期の肝がんで、高雄市内の病院に入院しており、しかもすでに虫の息だという。両親はこの知らせを受けても、すぐには信じられなかった。進昌は誰よりも体が丈夫で、柔道の有段者でもあった。突然倒れるなんてことがあるのだろうか。聞くと、進昌は発症当初、ただの風邪だと思い込み、以前と同じように酒を飲み続けたという。まさか肝がんであったとは。

進昌が世を去る前、父は毎日病院に見舞いに行った。病室に入ると、いつも一家がそろってベッドの周りで号泣しており、悲惨な光景であった。亡くなるまでの数日間、進昌はずっと泣きわめいていた。ある日、彼は突然大きな声で叫び出した。「あちらは暗くて、怖い、怖いんだ……」。父は姉に「彼のために祈らせてもらってもいいか」と尋ねた。姉がうなずいたので、父は枕元に立って数分間、祈りを捧げた。続けて父は尋ねた。牧師を呼んで進昌に洗礼を受けてもらうつもりはないか、と。姉はうなずいてこれにも賛成の意を示した。

父はすぐに左営の高雄石油精製工場に戻り、後勁ルーテル教会の石という姓のアメリカ人牧師を訪ねた。その牧師はすぐに洗礼を引き受け、「今晩すぐに行きましょう」と言ってくれた。

その晩、二人が一緒に病室に足を踏み入れたとき、進昌はすでに半分昏睡状態に陥っていた。石牧師は大きな声で進昌に尋ねた。「イエス様を信じますか」。不思議なことに、昏睡状態であった人間がうなずいたのである。その場に居合わせた家族全員がそれを目にして驚いた。続けて、石牧師は進昌に洗礼の儀を施した。

洗礼を受けた二、三日後、義兄は安らかに息を引き取った。後には三二歳の若い妻と三人の幼な子たちが残された。入院してから世を去るまで、わずか一五日間のできごとであった。

進昌が亡くなったという知らせを受けて、父は病院へ駆けつけ、葬儀の手配に取りかかった。まず父は家族のために火葬場を探した。その火葬場には複数の炉があり、壁に横一列に並んでいた。棺は外側の入り口から一つずつ中に送られる。翌日、進昌が火葬されると、父は姉と三人の子供たちとともに遺骨と遺灰を拾いに行った。そこには何本かの遺骨が遺灰の盛られた大きな皿の上に置かれているだけであり、とても寂しい光景であった……。

しばらくして、港嘴にある姉の家の庭で追悼会が行われた。その日はほぼすべての親戚が出席した。そこには、二番目の伯母の夫、二番目の伯母、母方の伯父たち、そして私の母もいた。その日の偲ぶ会は最初から最後まですべて父が執り行った。庭中に追悼の花輪が置かれ、人でいっぱいであった。テーブルの上に置かれた骨壺に向かい、父は祈祷を捧げ、教えを説き、皆とともに詩を詠じた。その後、村の人たちも数多く来てくれた。それを見た父は、熱い涙があふれてくるのを止められなかった……。

数日後、姉も教会で洗礼を受けた。子供たちも次々にクリスチャンになった。一家全員が信徒となると、時々私たちの石油精製工場の社宅に両親を訪ねに来てくれた。それは年月が経っても変わることなく続いた。

ここで一つ言っておかねばならない。進昌兄さんが亡くなった一〇年後、つまり一九七三年のことである。姉のかつての婚約者であった林氏がついに出獄した（もともと一五年の刑であったが、服役中の態度が協力的ではなかったので、刑期が二〇年に延ばされていた）。林氏は出獄後、姉の夫がすでに世を去ったと聞き、ただちに彼女に結婚を申し込んだ。だが姉はそれを断った。

理由は簡単である。彼女はこう言った。林氏はかつて最も愛した人ではあるが、進昌は彼女に一〇年間の幸せな結婚生活をもたらしてくれた。さらには立派に成長し、親孝行である三人の子供まで残してくれた。彼女は永遠に前夫の恩義を心に留めておきたかったのである。こうして姉は一生涯、寡婦を貫き通した。

姉が「求婚を拒絶した」ことを聞いたのは、私がアメリカに移住してから何年も経ってからのことである。このときのことはよく覚えている。私はついに姉の崇高な人格を目にした気がした。それは苦難を経て、感情が浄化された後に、形作られた崇高さであった（姉は二〇〇四年に世を去った）。

第一〇章　言語のはざまで

半世紀以上前のことである。私は台湾における「省籍矛盾」の被害者であった。当時、私は言語のはざまで生きていた。その時代、言語はエスニックグループや政治的立場を表すものであった。私は通常とは異なる背景（父が外省人、母が台湾人）を持つことから、さらに深刻な苦境に立たされることになった。

私の父は天津の人間だが、早くから北京で育った。オールド北京の風格を身に付けており、いつも北京訛りの言葉を話していた。一九四四年、私は北京で生まれた。小さい頃は父や家族と北京語で話をしていた。だから北京語は私の最初の母語である（母は台湾人で、東京に留学して日本の教育を受けた。その後、努力して北京語を学んだが、さほど標準的な発音にはならなかった）。一九四六年、私たちは台湾に移ったが、その後も一家は北京語を使い続けた。私の話す言葉は、当時の台湾の基準からすると、最も正統な北京語の「国語」であった。

ところが六歳のとき（一九五〇年）、父が捕らえられ、獄に入れられた。ほどなくして状況は一変した。この惨劇の後、母は私たち姉弟三人を連れて、高雄県林園の田舎に避難した。林園に移って間もなく、私は周囲の環境に合わせて、あっという間に北京語を忘れてしまったらしい。それからの一年間、私は一日中ずっと台湾語で話をしていた。だが小学校の二年生になると、学校で「国語」を話すよう強制された。学校の台湾人教師たちはここに至って私たちに「台湾訛り」の国語を教え始めた。つまり、私が今話している「台湾訛りの国語」は、八歳のときに林園の田舎で身に付けたものである。厳密に言うと、それは私の第三の母語に当たる。

当時、林園の国民学校で、先生たちは常に「国語」と台湾語、そして日本語をまぜこぜに使いながら授業をしていた。一九五〇年代初期の台湾では、このような混ざり合った三種類の言語を使うことが、日常的に見られた。台湾が日本統治下に置かれていた五〇年の間、台湾人はずっと学校や公的機関で公式言語として日本語を話してきた。私の台湾人教員たちもそのほとんどが日本の教育を受けて育ってきた。一九四五年になって台湾は中華民国に復帰した。国民政府が台湾を接収すると、今度は北京語が「国語」となった。台湾人は職を得るために、嫌々ながらも、思い切って一から中国語を学び始めた。だがやはり言語はすぐにマスターできるものではない。ある日のこと、二年生の担当教員が授業中に私たちを大声で叱った。「放課後に、椅子の「拐子」で「酸子」を叩いてはいかんぞ、おまえたちはしっかり無理矢理させれば〔原文、勉強〕いいんだ」。私はすでに台湾語をよく知っていたので、「拐子」104が

1952年、著者（前列一番右）8歳、林園国民学校にて

椅子の脚、「酸子」がマンゴーを指すことは分かった。だからすぐに前半の意味は理解できた。先生が言いたかったのは、大体こういうことである。「放課後にやんちゃをしてはいけない。椅子の脚で樹に生っているマンゴーを叩くようなことはしてはいけない」。だが先生の言葉の後半、「しっかり無理矢理させればいい」は、まったく理解できなかった。家に帰って母に尋ねてみて、ようやくそれが日本語の言い方だと知った。何と日本語の「勉強」[105]は努力して懸命に学ぶという意味であったのだ！ そこには「しぶしぶする」あるいは「それを無理矢理させる」という意味はまったく含まれていなかったのだ。

当時、林園の人たちはみな、私にとても良くしてくれた。学校で私は彼らと「台湾訛りの国語」で話した。家では皆と同じで、ずっと台湾語で話した。間もなく、大陸から来た軍人の子弟たちが何人か転校してきた。クラスメートは彼らを「イノシシ」[106]とののしって、しょっちゅういじめた。私はこのときはじめて台湾人が「外省人」を憎んでいたことを知った。だが理屈から言えば、私の父は大陸の人間であり、私のことを「イノシシ」と呼ぶこともできた。だが私は「台湾訛りの国語」を話しており、台湾語も流暢であったため、台湾人だと見なされていたらしい。しかし私はこれまで自分が何であれ、特定のエスニックグループに属していると考えたことはない。また言語を文化のアイデンティティだなどと見なしたこともない。私は台湾人の友人（当時、私がいちばん仲良くしていた台湾人の友人は張簡満里といい、地元で有名な医者の娘であった）と仲が良かっただけでなく、外省人の同級生とも友達だった。私は山東省から来た同級生と気が合い、しょっちゅう彼女の家に遊びに行き、彼女から山東方言まで教えてもらった。彼女もあまり北京語が上手ではないようで、彼女の「国語」もだんだん台湾訛りになっていった。私にとって、言葉を話すのは呼吸をするのと同じであった。私自身は、北京語を忘れてから、台湾語に慣れ、また「台湾訛りの国語」を身に付け、アメリカに行ってからは一日中英語を話したが、このプロセスはごく自然な流れであった。

だが、一一歳のときに私は言語の面で苦境に陥った。それは新たに仕掛けられた挑戦とも言えるものであり、私は次第に自分の「母語」に対する自信を失っていった。

一九五六年のことである。私は小学校六年生の後期に、左営の高雄石油精製工場代用国民学校に転校した。そこは誰からも羨ましがられる学校であった。毎年、中学受験の合格率がほぼ一〇〇パーセントだったからだ。ところが登校した初日に、私は思わぬ問題に突き当たった。授業中、先生が真面目な顔で私に尋ねてきたのである。

「きみは外省人だよね。どうして台湾訛りの国語を話しているんだ」。その口調には嘲笑のニュアンスが込められていた。

「……」私はとっさに答えられず、首をふって、顔を赤らめるばかりであった。涙があふれ、本の上に滴り落ちた。

授業が終わっても、私の気分は一向に晴れなかった。同級生たちとも遊ばず、一人で防空壕のそばまで歩いて行き、そこに呆然と立ち尽くした。私は空を見上げた。辺りにはきらきらとした陽の光が降り注いでいた。私は林園が懐かしかった。林園ではずっと模範的な優等生として認められていた。今日ここでこのような扱いを受けたことが、とても耐えがたかった。こう考えていると、突然小さな石ころが飛んできて、もう少しで私の頭に当たるところだった。

「台湾人、田舎者、恥を知れ……」。

振り返って見ると、外省籍の男子児童だった。彼は防空壕の後ろに隠れると、手にゴムひもをかけて、二発目の石を発射しようとしていた。私は声もあげずに走って逃げ、静かに教室に戻った。私は泣かなかった。そして阿Q[107]のように自分を慰めた。「私の台湾訛りが何だっていうの？　見せてやるわ。台湾訛りの人間でも試験で一番になれるってことを！」

それから、私は日夜勉強に励んだ。一か月も経たずに、私はもうクラスで一、二を争う優等生になっていた。先生は私を励ますために、よく私を黒板の前に立たせて、同級生たちに数学を解説させた。私はまるで「小先生」のようになってきた。少しずつ、みんなは私の台湾訛りにも慣れてきた。三か月後、私は無事、石油精製工場国民学校を卒業した。卒業するまでに、私は何人かの外省人の子と友達になった。私に石を ぶつけようとしたあの同級生の男の子も、しまいには私とおしゃべりするようになった。

しかし、この時期に台湾訛りで気まずい経験をしたことは、その後もずっと私の中に暗い影を落とした。私は自分の「母語」を恐れ、自分のアイデンティティは混乱した。一時、私はどうしたらいいのか分からなかった。あの権力志向にあふれたコミュニティの中では、台湾人であっても標準的な「国語」を話すことができた。私の従兄妹たちがその例である。彼らは生粋の台湾人だったが、幼い頃より石油精製工場の「国語」を話す環境の中で育ったため、よく外省人と間違われた。反対に私は、もともと大陸の人間であったが、訛りのせいで「いもっ子」[108]だと見なされた。事実、私は外省人のはずだが、台湾人でもあった。もともと二つの文化的背景を合わせ持っているのだ。だが当時、台湾の一般的な学校や機関では、正確な北京語である「国語」がハイ・カルチャーを代表しており、ロー・カルチャーを排斥していた。

その後、私は市内の有名な高雄女子中学に合格した。そこの生徒は遠方のさまざまなコミュニティから集まってきており、言語的な背景もわりに雑多であった。しかしその時期、私はできるだけ話をせず、いつもおとなしくして、間違いをしでかさないようにしていた。クラスで最も控えめにしていたはずだが、先生はやはり私を級長に選んだ。おそらく成績が優秀であったからであろう。当時、私はいつも押し黙っていたので、「沈黙の級長」というあだ名がついた。私が口を開くたびに、クラスの何人かは私をあざ笑った。クラスでは、本省籍の同級生たちと仲良くしていた。中でもいちばん気が合ったのが、孫美恵（後に医科大学に進み、薬学を専攻した）である。方瑜（現在、台湾大学中国語学科教授[109]）は、比較的私のことを理解してくれていた外省籍のクラスメートの一人であった。そのほか、別のクラスの外省籍の友人、鍾玲（後に香港浸会大学人文学部部長を務めた）、孫曼麗（後に許倬云[110]夫人となった）などはみな私に親切であった。ただ当時、まだそれほど深い付き合いはなかった。ある朝、私と点数を競っていた同級生が、私に紙切れを手渡してきた。そこには「あなたの台湾訛りがいつの日かきちんと直りますように」と書かれていた。その紙切れを見て、私は午後の間ずっと泣き続けた。浙江籍の同級生、蔣瑪麗は親切心から私を慰めてくれた。「台湾訛りのどこがいけないって言うのよ。あんな人のでたらめなんて聞かなくていいわ。偉大な蔣介石総統だってひどい浙江訛りじゃないの！」。

蔣瑪麗の言うことは確かにその通りであった。だが実情はまた違っていた。あの時代は言語による覇権がすみずみまで行きわたっていた。大陸のどんな省の訛りでも、たとえひどい湖南訛りや四川訛りであっても、すべてが受け入れられていた。ただ台湾訛りだけが、だめだった。一般的に台湾訛りは田舎くさく、後れていて、植民地的であるとさえ思われていた。

こうして、私はますます黙り込んだ。次第に自分の話す能力にも自信を失っていった。そしてまたどんな不愉快な場面に出くわしてしまうのだろうかと恐れた。それ以来学校では、教員に指名されて、どうしても答えなければならないとき以外は、できるだけ口を開かないようにした。現代文化研究の学術用語で言うと、当時私はほとんど「失語症」[111]になっていた。私には自分が母語から逃げていることが分かっていた。そして母語から離れる方法として、日夜むさぼるように英語の勉強をした。高雄女子中学に通った六年の間、私はほぼ毎日のように授業が終わると、学校の向かいにあったカトリック教会の中に逃げ込んだ。そこでは修道女が無料で英語やフランス語を教えてくれていた。私は学校のカリキュラムでも、自分の精力の大部分を英語の授業につぎ込んだ。私は次第に英語圏の中に入り込んでいき、よく人と英語で話す夢を見るほどだった。こうして、私の中では言語を学ぶ喜びが芽生えてきた。

私は高級中学を卒業すると、推薦入学で東海大学[112]に入り、英米文学を専攻した。当時、東海大学の英文科の教師は全員アメリカ人であった。したがって授業は全部英語で行われた。さらに一九六八年にアメリカに移住すると、一日中ずっと英語を話す生活になった。こうしてようやく私は言語の焦燥感から完全に抜け出すことができ、思い通りに思想を表す自由も手に入れたのである。アメリカでは、誰もがいろいろな場所でそれぞれ異なる訛りの英語を話していることに気付いた。東海岸であろうが西海岸であろうが中西部であろうが、私が話すのは、特殊な訛りを帯びた英語である。だがこれまで私は誰からも責められたことがない。夫の欽次に付いてサウスダコタ州に転居したときのことである。私は当地の大学から招聘され、英語学科でアメリカ人の学生に英文法を教えることになった。私の英語の訛りに関して、偏見を持たれたことはまったくなかった。私はアメリカの国務長官であったヘンリー・キッシンジャー[113]の言葉を思い出した。「アメリカ人はある基本的な善良さを備えている（There is some basic goodness in American people.）」。キッシンジャーはこう考えていたのだろう。アメリカを除いて、世界中のどこにも彼のようなひどいドイツ語訛りの人間を国務長官にする国はなかった、と。だが私は、これはアメリカ人の「善良さ」とは関係しないと思う。重要なのは、アメリカがもともと移民の国であることだ。ここでは誰もが言語的な背景の「違い」を強調したがる。「違い」は決して恥ずべきことではなく、一種の文化的な魅力を表しているからだ。

私は以前「母語」を話す場所に住んでいたのだが、いつも自分のことを異邦人のように感じていた。だがアメリカに移民し、異なる世界の言語や多民族の人々の間で長らく生活したことにより、ようやく言語のプレッシャーから逃れることができた[114]。私は水を得た魚のように、英語の世界で、自由に何はばかることなくおしゃべりを楽しんだ。ここで初めて、自分がもともとかなり話し好きな人間であったことに気付いた。あるとき、中国大陸からイェール大学に訪問学者がやってきた。彼は私の話術を称賛し、英語でこう言った。「You are very talkative!」。実は彼のtalkativeという語の使い方は、あまり適切ではない。なぜなら英語の「talkative」は、人を貶めるニュアンスを含んでおり、ひっきりなしにしゃべりまくる人を非難する言葉でもあるからだ。だが話すことにずっと自信がなかった私にとって、この大陸の同胞の「褒め言葉」は、大きな励ましとなった。その日、私はうきうきとした気分でメリーランド州にいた母に電話をかけ、自分が「話し上手」と言われたことを伝えた。母は言った。「あなたは昔から口が達者だったわ。小さい頃は、きれいな北京語を話していた。私たちが上海から船に乗って台湾に来たとき、あなたはたった二歳だったけれど、自分からどんどん船の人たちに話しかけていたのよ。その人たちに犬のお話も語ってみせたから、誰からも可愛がられて、みな争って抱っこしてくれたわ……」。

母の言葉に私は勇気づけられた。それ以来もう「台湾訛りの国語」で華人の友人たちと話をするのも怖くなくなった（それまではできるだけ華人の人たちとも英語で話していた）。一九七九年に私は南京大学を訪問し、比較文学に関する五回の講演を行った。講演の後、私の「普通話」が本格的だと褒めてくれた人がいる。私の中国語は南京に住む多くの人の言葉よりずっときれいだと言うのだ。私にはかなり意外であった。これは大陸の多くの人が方言に対する偏見を持っていないからではないかと思う。後に、西安の人からも同じようなことを言われた。私はついに理解した。言語というものは、もともと思想や感情を運ぶ道具に過ぎないことを。時と場合に応じて、自分にとっていちばん使いやすい言語を話せばいいのだ。

こうした幾度もの励ましに触発され、私には自分のルーツを探りたいという欲望が出てきた。一九九三年以来、私はずっと中国語で書く練習に励んできた。英語はもう唯一の書き言葉ではなくなった。これ以降、私はやっと本当の意味で二つの言語を自由に操るという喜びを会得した。もう自分が言語に囚われていると感じることもなくなった。だが二つの言語で書くのは容易なことではない。かなり忙しい英語を使う毎日の中で、私はいつも生活の合間を縫うようにして、機会を見つけては中国語で物を書いている。そして絶えず自分にこう言い聞かせている。努力し続けないといけない。特に中国語で書くことは絶対に手を抜いてはならない、と。言語は常に使い続けないと、簡単に忘れてしまうことを、私は知っているからだ。それでもこのようなバイリンガルの努力をする中で、時々ある種の焦りを感じることもある。最近、私のようにアメリカで長年教鞭を執っている華人の友人たちも、同じ思いを抱いていることに気付いた。例えば、今コロンビア大学で教鞭を執っている劉禾教授は、『語際書写』という著書の中で、彼女がどうやって「中国語と英語の二つの書き言葉のスタイルや学術的な文体との間で行ったり来たりを繰り返し」、それにとても「疲れている」のかに言及している[115]。彼女はよく中国語で書くのを投げ出したくなるという。幸いなことに彼女は投げ出すことなく、今も変わらず努力し続けている。

言語のはざまで生活するのは確かに容易なことではない。一つの言語をマスターすると、もう一つの言語が後退していることもある。例えば、私はここしばらくずっとアメリカで生活しており、ずっと異なる言語環境の中にいたため、台湾にいたときに苦労して身に付けた「台湾語」を忘れてしまった（これは私の生涯における二度目の失語症である）。ところがこれに対し、アメリカ在住の台湾の親戚たちが私に意見を言い始めた。それだけでなく何度も私を責めた。私が台湾語を話さないのは、台湾人を見下しているからだという。このようなお叱りを聞くたびに、私はいつも悲しくなる。それでもどうしようもないのだ。物は極まれば逆の方向へと動くものだからだ。国民党政府による覇権的な言語政策に対し、現在多くの台湾人は恨みを抱いている。この恨みはアメリカにまで移植された。私の台湾の親戚を例に挙げると、彼らはもともと標準的な「国語」を話すことができた。だがアメリカに移住してからは、「国語」を拒むことによって外省人による国民党政府に抗議の意を示してきた。彼らは自分たちが「国語」を話さないだけでなく、他人が「国語」を話すことも許さない。だが、台湾人が経験してきた言葉の圧力については、私は誰よりも深く理解している。私自身がその深刻な被害を受けてきたからだ。しかし私は、言語による抵抗は言語による圧制と同じくらい理性的ではないと思う。両者はいずれも不自由な表現方法である。しかもずっと抵抗を続けていけば、さらに多くの不自由な事態に取って代わられるだけである。フレデリック・ジェイムソン[116]（Fredric Jameson）の言葉を借りれば、そのような政治的な心理状態は言語を人類の「牢獄（prison-house）」に変えてしまうだけだろう[117]。

私はイェール大学の同僚、ブルーム[118]（Harold Bloom）と雑談した折に、私がこれまで言語のはざまに生きてきたことについて、話を振ってみた。もともとはこれをきっかけに、この文芸批評家の大家と、言語と文化の普遍的な問題について討議してみたかったのであるが、意外なことに彼は笑いながらこう言った。「私もあなたと同じで、似たような言語体験をしました」。彼は六歳になるまで、家の中でイディッシュ語（Yiddish）しか話したことがなかったため、まったく英語が分からなかった。だから彼の英語の読解は独学で学んだものであり、目を通して（耳を通してではなく）ゆっくりと身に付けたものであった。彼は小学校に上がってから、ようやく正式に英語を学んだ。だから英語は本当の意味での母語とは言えない。彼は言った。今でも自分の英語の発音にはいささか奇妙なイディッシュ語訛りがある、と。だが彼はその話をするとき、いくらか自慢気な表情を浮かべていた。言外には、その「奇妙な」訛りこそが、彼の「母語」なのであり、誇っていいものなのだと匂わせていた。

ブルームの話を聞いて、私は一九世紀の詩人、シドニー・トンプソン・ドーベル（Sydney Thompson Dobell、一八二四〜一八七四）の言葉を思い出した。「子供は生まれながらにして偉大な母語の勇敢かつ自由な継承者である」[119]。つまり、ドーベルは「母語」は子供が持っているいちばん貴重な財産だと考えていたのだ。実際、幼い子供にとって、母語は学んで身に付けるものではない。「Mother tongue」はもともと「母の舌」という意味である。それは最も偽りのない、最も自然な文化の特性を代表するものである。人は生活する環境で使われている言語を話すようになる。私はやっとこう思えるようになった。私の「台湾訛りの国語」はもう私の大切な「母語」になっている。それは私が小さい頃、「学ばずとも身に付く」環境の中で、習得したものだからだ。それは私が歩んできた心の道程を表すと同時に、絶えず私にこう呼びかけてくれている。半世紀前、はるか遠い場所で、それは私の「ふるさとの言葉」であったことを（林園は私が小さい頃に避難した場所の名であるが、どういう巡り合わせか、私のアメリカでの母校、プリンストン大学も中国語で「林園」と呼ばれている)[120]。

後に、ブルームが私と話したことを『Time』誌(二〇〇二年七月二二日)の短い文章に書いているのを見つけた。タイトルは「神秘的な文字(Magic Words)」[121]という。文字がテーマであることから、話し言葉ではなく、読解に重きが置かれている。だが私は彼の文章を「神秘的な」プレゼントとして受け取った。私がようやく母語のプレゼントを探し当てた記念として。

第一二章　伯父、陳本江と「台湾一の秀才」呂赫若

一、私の知っている伯父

最後に母方の一番目の伯父に会ったのは、一九六七年六月のことだった。場所は台北の葬儀場である。私が台湾大学のキャンパスから葬儀場に駆けつけた正午には、すでに各地から親戚たちが集まって来ていた。数分後、私は両親に連れられて、伯父と最後の「お別れ」をした。伯父は安らかに棺の中に横たわっていた。母はその傍らで静かに涙を流していた。父は低い声で私に言った。「紅ちゃん、おまえが北京にいたとき、伯父さんはとても可愛がってくれた。伯父さんのことを忘れずに心に留めておきなさい。……これでいいのだ。もう伯父さんは何もかも解決したのだ。こうして安らかに眠ったのだから」。

伯父は五三歳の若さで世を去った。私はこの日初めて亡くなった親族の顔を目にした。伯父は棺の中

でぴくりとも動かず「安らかに眠っていた」。私は心の中で神に祈った。「伯父さんが無事にあなたの御許に帰れますように。神よ、あなたは公平です……」。

私は心の奥底で、ずっと伯父に借りがあると思っている。幼いころからよく、一番目の伯父は私たち一家の大恩人であると聞かされてきた。第二次世界大戦の時期、伯父は北京に住んでいた。当時、北京はインフレによる恐慌がすさまじく、孫の一家（私の父方の叔母や叔父も含め）は窮地に陥った。お金があっても米が買えないのだ。そんな折、伯父はたった一人で危険を冒して遠くまで出かけ、苦労して米を手に入れて帰ってきてくれた。こうして何とか皆が命をつなぐことができた。伯父は一九四八年に台湾に帰った。だがそれ以降、伯父は極めて不遇な生活を送った。政治的な理由で牢獄に入れられ、出獄後もずっと職に就くことができなかった。だが私たち一家も長年生きるのに精いっぱいで、人の面倒を見るどころではない状況にあり、伯父に何の経済的な援助もしてあげられなかった。ましてや、私は自分の勉強や進路のために努力していた時期であり、伯父を気遣う間はほとんどなかった。

伯父が世を去ってからわずか数か月後に、私はアメリカに移住した。私はよく伯父のことを思い出した。そのたびに抑えきれない心の高ぶりに見舞われ、伯父のことを文章に書き残しておきたいという思いに駆られた。私は直感的にこう思った。伯父の一生は二〇世紀に台湾人知識人が直面した政治的な悲劇を代表している、と。だが、私が知っている伯父の姿は、単なる私の主観的な印象でしかない。私が知っていることは本当にごくわずかなのだ。ペンを執るたびに、私は自分の力不足を感じた。その上、年配の親戚たちが、伯父について書くことを許さなかった。伯父が一九五〇年代における台湾の政治犯だったからである。彼らは私が巻き添えになることを心配しており、伯父のことは何であれ語りたがらなかった。私はこう言った。歴史に対する使命感を持つ人間として、上の世代が生きてきた事跡を、書き残しておく責任がある、と。しかしそれでも親戚たちは私に筆を執らせてくれなかった。さらには「もし伯父さんのことを書いたら、きっと後悔する日がくる」と言う人さえいた。

一九九五年になって、私は偶然別の人から、伯父が一九五〇年代初頭に起きた台湾鹿窟事件のリーダーであったことを聞いた。私は「鹿窟」という語すら耳にしたことがなく、その事件が何を表しているのかも知らなかった。私は台湾史の研究者たちに教えを請い、鹿窟というのが地名であり、台北の近くに位置すること、また鹿窟事件は台湾史における最も重大な政治事件の一つであることを知った。それによると、鹿窟の組織は、国民党政府に反対する知識人や地元の人たちで構成されていた。一九五二年の冬、国民党保密局の人員が鹿窟に向かい、この組織のメンバーを逮捕した。その場で数百人もの人間が捕らえられたり、銃殺されたりした。こうして鹿窟の基地は完全に消滅させられた。だが伯父は処刑されなかった（伯父の下にいた中間幹部は全員殺害された）。これは国民党政府が組織の「トップ」に手を下さなかったことを見せつけ、「過去のことはとがめない」という方針を、人々に示すためであったとも言われる。伯父は三年間、刑に服し、一九五五年に釈放された。

「鹿窟事件」はずっと台湾人の中でタブーとされてきた。誰一人として公然とこの事件について語ることは許されなかった。そのため若い人たちの多くは台湾で起こったこの事件のことを知らない。一九九六年から九七年にかけて、台北の新公園の中に「二二八紀念館」が建てられ、一九九七年二月二八日（つまり二・二八事件の五〇周年の日）に正式にオープンした。一九九八年一二月には白色テロのコーナーも正式に設けられた。そこには「一九五二年の鹿窟事件」も含まれている。さらには軍警に監禁され、拷問されている村民の写真も公開された。人々はようやくこの事件のことを知ったのである[122]。しかし、二二八紀念館に展示された鹿窟事件についての解説は、わずかこれだけに過ぎない。

一九五二年一二月二九日早朝、軍警が石碇郷[123]、鹿窟郷、汐止鎮[124]一帯の山間部を包囲し、数百名の村民を逮捕し、「台湾人民武装基地保衛隊」を組織したという名目で、三六名を銃殺した。一年から一五年の判決を下された人は合計九七名に上り、懲役年数は合わせて八七一年間にも及んだ。事件に関わりがあった者のうち、他所から山間部に入った首謀者は、おそらく社会主義者であったと思われる。

欽次、二二八紀念館にて

だが巻き添えになった村民の大多数は、鉱山労働者、農民など、一般の民衆であった。事件発生後、残酷な刑罰を加えられ、自白を強要された結果、親族らが巻き添えになり、一家数人が同時に銃殺されたり、投獄されたりした例は数えきれないほどある。罪なき者たちの悲しみは言葉では言い尽くせない。これは一九五〇年代に台湾で起きた最も重大な政治事件の一つである。

右に述べられている「他所から山間部に入った首謀者」とは、明らかに一番目の伯父のことである。伯父はもとの名を陳大川といい、後に陳本江と改名した。鹿窟の山では、皆から「劉上司〔原文、劉上級〕」と呼ばれていた。当時、よく名の知られた「台湾一の秀才」呂赫若（一九一四〜一九五一）も伯父と一緒に鹿窟山に逃げ込んだ。

伯父が鹿窟事件のリーダーであったと聞いたとき、私は心底驚いた。伯父のような浮き世離れした読書人が、あんな「巨大な」「武装基地」を組織する力があったとはとても思えず、不思議な気がした。伯父がこのような活動に関心があったのかどうかさえ、疑問に思えた。私はずっと、伯父は何か人には言えない苦悩があって、「梁山」[125]に登らざるを得なかったのではないか、と考えていた。いったい伯父は当時どのような窮地に陥っていたのか。伯父はいったいどのような人であったのか。

残念ながら、これらの疑問に答えてくれる資格を持つ人間、つまり私の伯父は、すでにこの世にはいない。

そこで私は世界各地に散らばった親戚や友人たちに電話をして、伯父が台湾にいたときの資料を集めようとした。たとえそれがごくわずかな手がかりに過ぎなかったとしても。だが私はがっかりした。親戚たちは「鹿窟」について、ほとんど知らなかったのである。彼らが知っていたのは、伯父がとある山の中に逃げ込んで、その後に牢獄に入れられたという事実だけだった。ただ母方の別の叔父は、ある程度具体的な情報を教えてくれた。それによると、二・二八事件の後、一番目の伯父は「民主革命聯盟」を組織した。その会員の多くは愛国意識を持つ知識人たちであった。だが政府はそれを謝雪紅[126]が作った「台湾民主自治同盟」と同じ組織だと見なした。実際には、両者はまったく関係がなかった（後に、柏楊が組織した「中国民主同盟」もまた完全に別の団体である）。いずれにせよ、伯父は政府が逮捕しに来ると聞いて、山に逃げ込んだのだ。

私は親戚や友人たちからこれ以上の資料を得るのは難しいことに気づき、電話のついでに、その人自身が伯父という人間をどう思っていたのかをざっくばらんに話してもらうことにした。それからは、彼らも言いたいことを言ってくれるようになった。

ある伯母の夫はこう言う。「良心にかけて誓う。きみの伯父さんはとても愛国的だった。きみのおじいさんの愛国精神を引き継いでいた。日本統治期、おじいさんはかたくなに伯父さんを台湾の学校に通わせようとしなかった。だから伯父さんはまだ小さいうちからコロンス島[127]にあるミッション系の中学に通っていた。伯父さんは期待通り勉強に励み、毎年一番の成績を修めていた。素晴らしい青年だった……」。

別の伯母の夫はこう言った。「私は北京で学校に通っていた一九四〇年代にきみの伯父さんと知り合った。彼は前途ある若者だった。早稲田大学を卒業した後、北京大学で教鞭を執った。彼は当時、北京で名が知られており、台湾学生会の主要メンバーでもあった。また才能があって、詩や詞を詠むのがうまかった。その当時、屈指の知識人だった。ただ残念なことに、その後ずっと才能を発揮する機会に恵まれなかった」。

伯母の一人はこう言う。「伯父さんは感情に重きを置く人で、正義感もとても強かった」。

また別の伯母はこう言う。「あなたの伯父さんは世界で最も善良な人だった。いつも気前よく、他人を助けていた。後に不幸な目に遭ってしまって気の毒だわ」。

少し年上の従兄はこう言う。「伯父さんは理想主義者だった。頭の中はユートピアでいっぱいだった」。

従姉の一人はこう言う。「ありふれた言い方をすると、伯父さんは女性によくもてた。でも結局は女性の犠牲となってしまった。本当に心が痛むわ」。

長い年月が経って、親戚たちはようやく伯父について率直に語ってくれるようになった。このことを私はうれしく思った。伯父が早くに亡くなったので、懐かしむ気持ちが出てきたのかも知れない。あるいはまた時代が変わり、誰しも自由にいろいろな話題を話せるようになったからかも知れない。

興味深いのは、一人一人が語る伯父の印象がずいぶん違っていることだ。それぞれが異なる立場から伯父を見てきたからだろう。蘇東坡の言う「横より看れば嶺と成し、側らよりは峰と成る、遠近高低おのおの同じからず」[128]である。私はようやく気付いた。実は私にも自分なりの「版本」を書くことができるのではないかと。このところ、私はずっと伯父に関する資料を探していたが、いちばんの資料は私の頭の中に蓄積された記憶であったことに思い至った。

ずいぶん前に、聞いたことがある。北京にいた頃、私は伯父と鬼ごっこをするのがとても好きだった。だが当時、私はまだ幼過ぎて、今となってはまったく覚えていない。だが一一歳のときに、左営石油精製工場の社宅で伯父と会ったことは、ずっと記憶に残っている。そのとき私は、二番目の伯母の家に身を寄せており、石油精製工場国民学校の六年生だった。ある日突然、伯父がやって来た。太っていて、天然パーマで、身なりには無頓着であったが、両眼には光が宿っており、読書人の雰囲気を醸し出していた。伯父は私を見ると、「紅ちゃん」と感情のこもった声で呼びかけた。「きみは小さいとき、桃が大好きだったね。今は何が好きなのかな……」。続けて私の頭をなでてくれた。

なぜだか分からないが、私は急に涙があふれてきた。伯父はもう一度私の頭をなでた。伯父が去った後、二番目の伯母から、伯父は「山の上」から帰ってきたところだと聞かされた[129]。私は当時、「山の上」という意味が分からず、日本の富士山のことだと思い込んだ。伯父は日本に留学したことがあったからだ。もしかすると、伯父さんはずっと富士山で暮らしていたのかしら、と思っていた。

その後、伯父はたびたび二番目の伯母の家に現れた。伯父は私のことを特に可愛がってくれて、訪れるたびに私に西洋の小説の話を長い時間語ってくれた。その時期、私の父はまだ台北新店の軍人監獄に入れられていたので、私は一日中気分が塞いでいた。そのため時折伯父が語ってくれる物語に耳を傾けるのが、大きな慰めとなっていた。伯父は博識で何でもよく知っていた。物語の話になると、滔々と語り出し、止まることがなかった。想像力も豊かで、物語のクライマックスになると、身振り手振りを交えて、小説に出てくる登場人物のことをすべて語り尽くしてくれた。実際、伯父の生き生きとした物語を聞くと、もうその小説を読む必要もないほどであった。だが私はすぐにでもその物語の原著が読めないことが恨めしかった。残念ながら当時、私はまだ正式に英語を勉強していなかった。そこで伯父が私にＡＢＣから教えてくれた。さらに『ロビンソン・クルーソー漂流記』の英語版もプレゼントしてくれた。そして中学に入る前に、自分で英語を勉強しておくよう励ましてくれた。だから伯父は私の最初の英語の先生なのである。

その後、伯父は訪れるたびに、世界の名著を一つずつ私に紹介してくれた。伯父はいつも客間の隣にある大きな畳の上で、煙草をふかしながら物語を話してくれた。当時、私がいちばん心を揺さぶられたのは、何と言ってもシェイクスピアの『ロミオとジュリエット』である。その日、伯父は話を始めるときに、口の中で何やらつぶやいていた。伯父はシェイクスピアの出だしを原文で暗唱していたのである。「Two households, both alike in dignity（勢威をきそう二名門[130]）……」。続けて、伯父はまるで舞台に立っているかのような口ぶりで、あの生死をかけたラブストーリーを生き生きと語ってくれた。伯父は

高級中学三年の時（1961年）『ロミオとジュリエット』でロレンス神父を演ずる。二列目の左から二番目が著者

言った。「この愛の悲劇の教訓は極めてシンプルだ。人はお互いに憎み合ってはいけないということだ。ここに描かれているのは、両家の親の敵対感情が罪のない若い男女の死をもたらしてしまったことだ」。こうした悲劇の物語を聞いて、私はもちろん深く感動した。伯父は私にいちばん好きな人物は誰かと尋ねた。私はあのロレンスという神父だと答えた。伯父は意外に思ったようだ。

「きみはヒロインのジュリエットが好きなんだと思ったよ。……どうしてその神父が好きなのか、教えてくれるかい」。伯父は煙草を取り替えながら、低い声で尋ねた。

「ええ、その神父が好きなのは、いい人だからです。本当の英雄でもあります。神父はあの若いカップルを全うさせるために、こっそりと結婚式を挙げてくれました。さらにいろいろな方法で二人を助けようとしました。でも結局、不幸なことにロミオとジュリエットは二人とも死んでしまう。神父は張り裂けんばかりに悲しみ、さらに皆の前ですべての罪は自分にあると宣言する。だから私はあの神父がいちばん偉いと思います」。

「素晴らしい。実に素晴らしい！」。伯父は微笑んでうなずき、同意を示した。

何年も後、高雄女子中学で劇の発表をする機会があった。私はついに『ロミオとジュリエット』のロレンス神父を演じることができた。そのとき、私は気付いた。「神父」の台詞が、劇中でいちばん長いのだ。最後のあの重要な台詞、「容赦なく、きびしい法に照らし、この老いのいのち、寿命にわずか先立ってご処分を受けましょう[131]（Let my old life be sacrificed ... unto the rigour of severest law.）」を声に出しながら、私は伯父のことを思い出していた。

『ロミオとジュリエット』だけでなく、伯父は『イソップ物語』の中のたくさんの寓話も聞かせてくれた。中でも「うさぎとかめ」は特に面白かった。飛ぶように足の速いうさぎが、あの歩みののろいかめに負けてしまうとは、予想もしなかった。怠けることが致命傷だと分かると同時に、諦めずにやり抜けば、最後にはきっと勝てるのだと思った。後に、伯父はオルダス・ハクスリーの『すばらしい新世界（*Brave New World*）』[132]も語って聞かせてくれた。その多くの筋は、分かるようで分からなかった。ただ今後、世界は恐ろしく、そして堕落したものになるだろうと思った。私は伯父に尋ねた。「全部本当のことなの」。伯父は「もちろんさ」と答えた。私にはまったく信じられなかった。

私が高雄女子中学に進学すると、伯父は二番目の伯母の家に、そうひんぱんには来なくなった。私は次第に分かってきた。伯父は物語を語っているときは、とても気楽で楽しそうにしているが、実際の生活はかなり苦しかったのだ。伯父は長い間職に就くことができず、ずっと経済的な困窮の中で、必死にもがいて生活していたと聞いた。

当時、伯父夫妻は高雄に近い鼓山にある親戚の家に身を寄せていた。私は放課後に時々、バスで鼓山まで行き、伯父夫妻を訪ねた。伯父の妻は若い頃には鳳山の三大美人の一人だったという。初めて彼女に会ったとき、そのたおやかな美貌を羨ましく感じたほどだ。彼女は伯父が留守のときに、私に昔のことを教えてくれた。私はとても感動した。伯父と彼女は早くから恋愛関係にあった。二人とも互いに一目惚れし、間もなくひそかに結婚を決めた。それから正式に婚約をした。だが結婚生活に入る前に、伯父は突然姿を消してしまった。伯父の生死も分からない状況の中で、彼女は伯父を一生待つと決め、さらに誓いも立てた。もし伯父がすでにこの世にいないと分かったら、自ら命を絶とう、と。この誓いを実行に移せるように、彼女はいつも持ち歩くトランクに長い縄を入れていた。長い年月が経ち、伯父は「山の上」から帰ってきた。二人はついに結ばれた。このとき、彼女はすでに四〇歳を過ぎていたが、間もなく子供が生まれ、星甫と名付けられた。

ところがほどなくして、彼女はある知らせを聞く。何と「山の上」で生活していた何年かの間に、伯父にはもう一人の女性がいて、さらに三人の子供までもうけていたというのだ。彼女にとっては青天の霹靂であった。彼女は胸が張り裂けんばかりに悲しみ、いっそのこと死のうとすら思った。伯父は手を尽くして必死に謝り、今後は山の上の女性と行き来しないと約束した。こうしてしばらくは穏やかに過ごせたのだが、人というものは結局、弱いものである。これ以来彼女は一日中、鬱々とした気分で過ごすことになった。

私はこのとき悟った。伯父が会うたびに強い焦りの表情を浮かべていたのは、このせいだったのかと。ただこのことに関して、親戚の中で伯父の妻に同情する者はほぼいなかった。彼女は嫉妬心が強すぎて、優しさも足りない、と思われていた。伯父があの相次ぐ逮捕と逃亡生活の中で、何とか生きながらえることができたのは、山の上のあの「女性」によるところが大きいと、親戚たちは考えていた。その女性の父親（鹿窟村の村長でもあった）は伯父に深い同情を寄せ、また伯父の大志と才能を高く評価していたという。だからこそ命の危険を冒してまでも伯父を匿ってくれたのだ（最終的には彼自身も銃殺された）。伯父はその一家に対し、強い恩義を感じていた。このような事情があったため、伯父がその「女性」に別れを告げるのは、事実上不可能であった。

私は伯父にとても同情したが、伯父の妻にも同情した。人生はもとより、ままならないことばかりである。乱世では、そうしたままならないことがさらに残酷な形となって現れる。そして時には人を悲劇的な結末に導く。私はロシアの小説『ドクトル・ジバゴ』[133]を思い出した。そこには人が動乱の中で悲劇の渦に巻き込まれていく顛末が描かれている。その主人公は政治から逃亡する中で惨めな後半生を送った。愛情についても思い悩み、最終的には妻や子と離ればなれになり、悲惨な末路をたどる。そしてついには心臓発作を起こし、大通りの傍らに倒れる。死んだときには誰も彼のことを知る者はいなかった。

私が特に心を痛めたのは、一九六七年六月一〇日に、伯父もまた一人で大通りに「倒れた」からだ。その日の午後、仕事を終えた伯父は会社を出たばかりの路上で突然倒れた。同僚が台湾大学付属病院の救急診療室に運んでくれたが、回復することなく、この世を去った。医師の検死結果によると、脳溢血であったという。翌朝この知らせが伝えられると、友人の劉明は霊安室に駆けつけ、「時代の逸材が亡くなってしまった」とひとしきり嘆いた。ある同僚はこう語った。「英語、日本語、中国語の手紙をこんなにも上手く書きこなし、なおかつ学問にも秀でた人を、私はこれまで見たことがなかった。若くして亡くなられたのは本当に残念だ」。また別の人も言った。「彼ほどの学識と文才があれば、何の問題もなく素晴らしい作品を創り上げられたであろう。だがその心情と環境に問題があった。惜しいことだ」。

確かに、伯父の一生は多くのままならさを体現していた。死に方さえ惜しまれた。私がいちばん悔やまれるのは、大学に入って以来、ほとんど伯父に会う機会がなかったことだ。最後に伯父と出会ったのは、一九六六年の春（伯父が亡くなる一年前）であり、場所は台中市のバス停であった。私がちょうど東海大学行きのバスを待っていると、突然後ろから「紅ちゃん」と大きな声で呼びかける人がいた。振り返ってみると、伯父が私の方に向かってくるところだった。そして「ちまきを二つ買ってくるから、それを食べてからバスに乗りなさい」と言い、身を翻してバス停から出て行き、通りのちまき売りの屋台に早足で向かった。その瞬間、伯父の疲れきった後ろ姿が私の目に映り、心が痛んだ。それでも私は心から感激した。私がちまきを好きなことを、まだ覚えてくれていたとは。

その日、私たちは台中のバスの待合室で、ちまきを食べながらおしゃべりをした。伯父は私に卒業後はどうするつもりかと尋ねた。私は、台湾大学大学院の外国語文学研究所に入って研究を続け、その後に留学して英米文学を学ぶ予定であることを伝えた。伯父は私が文学研究を続けると聞くと、目を輝かせた。伯父はうれしそうに言った。「それはよかった、実によかった。アメリカに行っても、伯父さんのことを忘れないでおくれ……」。

三〇分後、私は大度山[134]行きのバスに乗った。バスに乗ってからふと気付いた。どうして伯父がその日どこへ行くつもりだったのかを聞かなかったのか。どうして自分のことばかり話して、伯父のことを気にかけるのを忘れてしまっていたのか。

結局、それが私にとって、伯父と言葉を交わした最後となった。それは偶然の短い出会いであったが、私は生涯忘れることはないだろう。

二、呂赫若と陳本江

小説家の呂赫若（一九一四〜一九五一）は以前から「台湾一の秀才」として知られていた。彼の生きた時代は、台湾史における苦難に満ちた過渡期であった（現時点で、呂赫若に関する資料はいずれも生没年を「一九一四年から一九五一年」としている。だが当時の目撃者の記憶によると、呂赫弱が亡くなったのは一九五〇年であり、一九五一年ではない。ここでは暫定的に従来の「一九一四年から一九五一年」を用い、後世の検証を待ちたい）。呂氏は戦乱に苦しめられると同時に、自分の政治的なアイデンティティにも戸惑いを感じていた。多くの面で、彼は苦しみもがき続けた台湾知識人の代表であったと言えよう。一九四七年に二・二八事件が起こると、彼は伯父の陳本江とともに鹿窟の山の中に逃げ込み、そこで十数名の左翼知識人と合流した。もともと呂赫若は植民地台湾における「日本の良民」であったが、彼自身は大日本帝国を心底嫌っていた。一九四五年に日本が戦争に敗れると、ようやく公然と文学作品の中で自分の怒りの感情を表わすことができた。このとき、半世紀にも渡る日本の植民地支配が終わり、中国が台湾の主権を取り戻した。台湾人は再び中国に忠誠を尽くすことになった（戦時中、中国は「敵」の陣営に属していた）。このことに関して、呂氏は多くの台湾人と同じように、かなり興奮していた。一九四五年には蘇新と呉新栄が作った三民主義青年団に加入しさえした。だがすぐに彼とその友人たちは国民政府に失望し、青年団を去った。その後、呂赫若は二・二八事件に伴う地下政治運動の大きな流れに身を投じていく。だが思想家としての呂氏の左翼思想の背景を探るには、一九三〇年代にまで遡る必要があるだろう。

ここで述べる呂氏の略歴は、一九八七年に台湾で戒厳令が解除されるまで、一般には知られていなかった。戒厳令解除後に初めて、作家の藍博洲[135]らは、二・二八事件の犠牲者や、あの暴力が吹き荒れた時代における数限りない受難者たちを記念した作品を発表できるようになったのである[136]。だが残念なことに、二・二八事件の余波やそれに関わる政治審査制度によって、この歴史を再構築するための、たくさんの重要なシーンが失われてしまった[137]。その重要な「失われたシーン」の一つが、呂赫若と私の伯父、陳本江とのつながりである。

ただ現存する文献資料が不足しているため、私は多少恣意的なところもある回想録とその場に居合わせた人たちの述懐に頼るよりほかない。またいくつかの観点も、私自身が「探偵」のようにして調べた結果と合理的に導き出した仮説によっている。

まずは呂赫若の伝記の記述を網羅しながら、彼と陳本江との関係、そして鹿窟山へ逃げ込んだ経緯を、ごく簡単に概略する。呂赫若とその友人たちが必死になって潜伏して行方をくらまそうとしたのは、明らかに当時の恐怖政治が原因である[138]。当時の蔣介石国民党政府は「千人を誤って殺害したとしても、一人を取り逃がしてはならない」という方針を取っていた。呂赫若が戦前に書いた日本語の日記帳は、幸いにも現存している。だが白色テロの時期に、呂の親戚や友人たちは彼の手紙や手稿の多くを隠したり焼き捨てたりしてしまった[139]。こうして呂氏についての貴重な史料の多くは、歴史上から姿を消した。

だがこうした最も重要なシーンの喪失は、国民党政府が意図的に作り出したものに違いない。彼らは鹿窟事件の歴史の真相を天下にさらけ出したくなかった。若い世代が早期の左翼急進派の後に続くことだけは避けたかったからである。これにより数十年もの長い年月の間、鹿窟事件は台湾でタブーとされ、誰一人公の場で語ろうとはしなかった。今でも多くの若者は、かつて台湾で本当にこのような迫害が起こったことを知らない。

幸運にも保存されていた呂赫若の戦前の日記

実際には、呂赫若は一九五二年の鹿窟事件が起きる一年前に世を去っていた。呂氏は鹿窟の山間部に入って、下調べを行った左翼グループの一員である。その調査は、身を潜める場所を確保し、準備を整えるためのものであった（道案内をしたのが、現地の陳春慶であり、彼の姪の陳銀が後に私の伯父である陳本江の最初の「妻」となった）。一九四九年、国民党政府の軍警は総力をあげて左翼分子を逮捕しにかかった。その年に四六事件（この事件では、当時わずか一七歳であった張光直も逮捕された）が起きると、その勢いはさらに増した。伯父の陳本江、呂赫若及び数人の左翼知識分子は危険を知らされると、ただちに鹿窟の山中に逃げ込んだ[140]。現存する資料が不足しているため、呂赫若が一九四九年以前に関わっていた地下活動の足跡は、多くの人にとっては依然として謎のままである。現在、呂赫若が鹿窟山の中に姿を消してから、すでに六〇年[141]になる。私は信頼できる一次資料によって、呂赫若が伯父の陳本江と深い友情で結ばれていたことを知った。以下は、鹿窟事件に関わったある人物が自分の手で書いてくれたことである。

陳本江は呂先生と二、三年にわたる交流があった。学問の探究をし、思想的な討論を行い、互いに相手の学問を尊敬し合う中で、篤い信頼関係が結ばれた。陳が「民主聯盟」への参加を求めたとき、呂先生は喜んでこれを受け入れた。

二・二八事件後に呂氏が左翼組織に加わったのは、伯父の影響によるところが大きい。呂赫若の二・二八事件後の記録は不足しているが、最後の小説『冬夜』を発表した後に、呂氏の政治観に急激な変化が起こったことは、確かである。それは明らかに国民党政府統治下のさまざまな苦しみを経験したことによる。私たちが『冬夜』の寓話の意味を読み取るなら、呂赫若は結局のところ社会主義の中に台湾の未来の新しい「希望」を見出していたのだろう。そうした「希望」は今から考えると、理想化されすぎてはいたのだが[142]（『冬夜』の寓話的な解釈によると、女性主人公である彩鳳の一回目の結婚は、台湾が日本の植民地にされたことを象徴している。そして彼女と大陸の人との二回目の結婚は、台湾人民が国民党の統治下で被った災難を象徴している)。ともあれ呂赫若と伯父の左翼活動を見ていくことで、私たちは少なくとも彼らのいた時代の真相にもう少し近づくことができるだろう。特に二・二八事件の後、左翼分子の数が急激に増えたことは注目に値する。事件の前には七〇人ほどしかいなかった左翼組織であるが、事件後にはおよそ九〇〇人にまで激増していた[143]。

重要なのは、まさにこの時代の転換期に、伯父の陳本江が歴史の舞台に現れたことだ。伯父は日本と中国大陸で教育を受けた三二歳の台湾人であり、戦後になって北京から台湾に帰ってきた。伯父は重要な左翼人士となった。彼は真の知識人であり、欧米の書籍を熱心に追い求めた。伯父が熱愛した欧米の著述家には、ゲーテ、ヘーゲル、カーライルやマルクスがいた。伯父はまた独特の教育を受けてきた。日本統治期に、私の母方の祖父母は台湾の大学に進学するのを許さなかったため、伯父は東京に留学した。一九四二年の末に伯父は早稲田大学の学位を取得し（政治経済を専攻した）[144]、それから明治大学の大学院で勉強した。卒業後はすぐに北京に渡った。伯父は北京大学法学部で助教と講師を務め、経済史、経済学史と日本語などの科目を教えた。北京滞在中、陳本江はインフレがもたらした凄まじい恐慌を目の当たりにする。インフレの時期には、お金がある人も米を買えない。伯父はよく冬の早朝に、数多くの死体が北京の路上に散らばっているのを目にした（毎日、国民党の軍隊が型どおりにそれらの死体を回収し、市内のゴミの山に棄てた）[145]。伯父が左翼組織に入ることに決めたのは、まさにそのような時期であった。それは当時の多くの北京の知識人と同様であった。陳本江はすでに東京の大学にいたときから、マルクス主義に興味を持ち始めていた。以上のことから、彼が社会主義に情熱を注いだ理由が見えてくる。それは切実に国民の未来を憂える気持ちから生まれたものであった。

情熱あふれる知識人であった呂赫若は、陳本江との友情を大切にしていた。伯父はユートピア的な理想を持つ正真正銘の理想主義者だったからである。しかも伯父はマルクス・ヘーゲルなどの哲学思想体系を非常によく理解していた。これも呂氏が陳本江に入れ込んだ理由の一つであろう[146]。陳本江の社会主義革命への情熱を目にし、中国で実際に体験した話を耳にしたことで、呂氏はきっと世界観が根本的に変わるという経験をしたに違いない。こうして彼は左翼組織に加わる決意をした。陳本江はまさに当時の台湾左翼運動のリーダーの一人であったのだ。もちろん、伯父と知り合う前から、呂氏はすでに社会主義に関心を持っていた[147]。だが明らかに陳本江と知り合って初めて、地下の左翼組織に入ろうと決めたのである。つまり、二人は意気投合したのだ。二人は同じ台湾生まれで、年はわずか一歳違いであった（呂氏が一九一四年生まれ、陳本江が一九一五年生まれ）。さらにどちらも日本帝国主義の植民地政策に強い不満を抱いていた。台湾人として、二人はともに社会の周縁に追いやられていると感じていた。あの時代の台湾では、優秀な学校は台湾に住む日本人のためのものであった。皇民化政策が進められた時期には、台湾人は日本語を強制され、自分たちの閩南語（台湾語）を棄てなくてはならなかった。つまるところ、あの時代に成長期を送った台湾人は深い心の傷を負ったのである（呂赫若が常に女性が受けた抑圧を描くことで被害者の立場に置かれた台湾人を象徴させていた理由は、ここにあるのかも知れない)[148]。台湾人民が日本統治期に受けたさまざまな心の傷は、戦後に発表された彼の中国語小説の中に一つ一つ体現されていると言える[149]。陳本江のような台湾人読者には、彼の描いた心の傷がはっきりと自分の身に起きたことのように感じられた。陳が青年時代に台湾を離れる道を選択したのは、まさに日本の植民者による虐待と差別から逃れるためであった。二人は台湾で屈辱的な経験をしたのだが、不思議なことに、日本では多くの台湾人知識人が「外国人」学生として尊重された[150]。実際、呂赫若自身も日本で音楽を学び、幸福な二年間を過ごした。日本の学者、藤井省三が指摘するように、呂赫若は傑出した声楽家としての身分で、よく名の通った劇場での劇団公演に参加したこともある[151][152]。呂赫若が日本にやって来たのは一九三九年のことである(同年、陳本江も日本に留学した)。残念なことに、二人がこの時期に出会っていたかどうかは結局分からずじまいである。ただこのことだけははっきりとしている。あの時代に海外に渡った他の台湾人と同様、二人にとって日本での生活は心地よいものであったかも知れないが、彼らは依然として自分のアイデンティティを日本ではなく、中国に重ね合わせていたのだ。

ここで説明しておかねばならない。日本が降伏する一九四五年まで、呂赫若はすべての作品を日本語で創作していた。最初に日本語による文学教育を受けたからである。だが年齢を重ねるにつれ、次第に中国への強い帰属意識が生まれてきた。例えば、第二次世界大戦が終わる前(一九四三年)から、彼には中国語を勉強しようという情熱が芽生えており、中国の古典を懸命に学んでいる。一九四三年六月七日の日記にはこう書かれている。

今日「詩経」「楚辞」「支那史研究」三冊を買ふ。支那《ママ》の勉強は学問ではない。自分の義務だ。自己を知ることだ。東洋に還れ、東洋的自覚に立った作品を書きたい。[153][154]

同様に、一九四三年に完成した中編小説『清秋』の中でも、主人公の耀勛がいかに唐代の詩人、李白や中国の古典詩人たちの作品を味わい楽しんでいるかが描かれている[155]。呂赫若自身も中国の小説に精通しようと努めていた。彼の友人である巫永福によると、呂赫若は特に『金瓶梅』に心酔していたという[156]。注釈がついた『紅楼夢』の貴重な版本も持っており、この偉大な著作について研究していたことは間違いない[157]。以上のことから、日本統治下の台湾で、中国文学がもう流行らなくなっていた時代に、呂氏がどれだけ中国文学に敬意を払っていたかがはっきりと分かる。さらに呂赫若は中国語の文章の成熟度を高めようと、戦後すぐに『人民導報』と『自由報』の記者となった[158]。こうして呂赫若は一九四五年には完全に中国語での執筆に切り替えることができた。彼の中国語はまだいささか生硬で、遅筆ではあったが、合計四作の中国語小説を発表した。『故郷的故事――改姓名〔故郷の物語――姓名を変える〕』（一九四六年）、『故郷的故事――一箇奨〔故郷の物語――ある賞〕』（一九四六年）、『月光光』（一九四六年）と『冬夜』（一九四七年）である。

呂赫若が中国語や中国文学に情熱を注いだことに関しては、中国語の出版界で働く左翼の友人たちからの影響も大きい。台湾の作家、藍博洲が示すように、呂の四作の中国語小説のうち、三作が左翼の友人、蘇新[159]が主編を務めた雑誌、『政経報』と『台湾文化』に発表された[160]。また呂が『人民導報』で働いていた当時の主筆は、ほかでもなく陳文彬[161]であった。蘇新と陳文彬はそれぞれ一九四七年と一九四九年に中国大陸に逃れた[162]。一方、呂赫若と伯父の陳本江は台北で大安印刷工場を創設した。彼らはここで中国語の音楽書籍を刊行しながら、ひそかに社会主義に関わる極めて政治的に敏感なパンフレットや文書を印刷していた（この出版社は一九四九年の初めに設立された。社長は呂赫若であったが、陳本江が影の責任者であったという）。だが現在までのところ、音楽関連のわずかな読み物を除き、大安印刷工場で出された呂氏の作品は何一つ見つかっていない。呂赫若が二・二八事件後に書くのをやめたのはどうしてなのか、あるいは実際には何か書いていたのだが、政治的な捜査を免れるために破棄されてしまったのか。結局、この問題は今も解き明かされないままだ。また伯父の陳本江も左翼的な作風の武侠小説というスタイルで、いくつかの作品を創作したことがあり、「紅豆公主〔紅豆プリンセス〕」というペンネームを使っていたとも聞いた。だが残念なことに、今これらの作品を手にするのはかなり難しい。いずれにせよ、彼と呂赫若が創設した印刷工場は、一種のカムフラージュの役割、つまり彼らの地下活動を隠蔽する役割を果たしていたようだ。二人はあの危険な時代に怖気づいたのではなく、ともにこの新しい事業のために命を犠牲にする覚悟でいた。

報道によると、一九四九年の前半に、呂赫若は台中の故郷、潭子で家財を全部売り払い、台湾での新たな「出版」（あるいは「政治」とも言う）事業のために、持てる物すべてを捧げた[163]。同時に陳本江も極めて清貧な生活を送っていた。印刷工場の資金を何とかやりくりしようと、衣食を切り詰めたからである。陳本江はその後、石炭業で巨額の富を築き上げた劉明氏や豪商の李順法氏などから、大口の寄付を得ることができた。それ以来、大安印刷工場は左翼知識人たちの秘密の集会場所として使われ始めた（主なメンバーはいずれも日本の各大学の卒業生たちであった）。彼らはここで顔を合わせ、思想的な交流を深めていった。

だがこの左翼知識人団体に突然、悪夢が降りかかった。一九四九年秋、政府が彼らを捕まえにくるという情報が伝えられた。陳本江が鹿窟山に入ったのはこのときである。呂赫若もその後に続いた。数多くの左翼知識人たち――数え切れないほどの巻き添えにされた罪のない者を含む――が次々と捕らえられ、数年間、獄に入れられた（劉明氏がその一例である）。さらには処刑された者もいる（李順法氏がその一例である）。李順法はもともと懲役一五年であったが、自首したときに陳本江への資金提供を供述しなかったことから、蔣介石の怒りに触れ、改めて「極刑に処すべし」という指示が出されたという。こうして本来は一五年であった判決が死刑判決に変えられたのである。李順法は一九五四年八月二四日に縛られたまま刑場へと連れて行かれ、銃殺された。同時に高雄にあった李家の五階建ての洋館も没収された。さらに言うと、李順法の弟の李武昌（東京高等工業学校を卒業した）も左翼組織を立ち上げていた

（呂赫若や陳本江の鹿窟事件とは関連していない）。彼は逮捕されたとき、勇敢にもすべての責任を一人でかぶり、特務にその他の罪のない人々を釈放してほしいと哀願した。だがそれにも関わらず一六人が銃殺され、ついには自分も死刑判決を受けた。その死の前、彼は爪を全部はがされ、全身血まみれとなり、体にまともな皮膚が残っているところはなかったという。さらに、李順法の二番目の兄（日本統治期には台中以南で最大規模の製薬株式会社の社員であり、日本に留学した知識人でもあった）も巻き添えになり、懲役一五年の判決を受けた。これ以来、上流社会に属していた李家は、一瞬のうちに没落家庭となってしまったのである。ここからも戒厳令下における政治的な受難の一端がうかがえる。

以上のことは、台湾史における白色テロの始まりに過ぎない。鹿窟山の左翼人士が集まった場所は、荒唐無稽にも国民党によって「鹿窟武装基地」だと発表されていた[164]。だが実際には、信頼できる情報によると、鹿窟地区にはいかなる武器も配備されていなかったという。この団体はわずか十数名の左翼知識人と少数の現地住民で構成されていた。だが国民党の特務が一九五二年一二月に鹿窟山に入って、鹿窟の基地を襲撃したときには、一万人余りの軍隊を引き連れてきた[165]。大軍に包囲攻撃され、当然のことながら、鹿窟村は完全に滅ぼされた。思うに、保密局の人間は左翼知識人への迫害を口実として、蔣介石政府に取り入ろうとしたのではないか。彼らが故意に鹿窟「武装基地」の規模を誇張していた可能性が高い[166]。

しかしながら、呂赫若自身は一九五二年の襲撃に抵抗することはなかった。彼は一九五一年に蛇に咬まれて亡くなっていたからである。彼は夜に基地で毒蛇に咬まれたという。前述したように、一九五〇年にはすでに世を去っていた可能性もある。目撃者は私にこう述べた。

一九五〇年夏の夜中の三時か四時頃に、呂赫若氏が蛇に咬まれた。電話がなかったため、陳春慶がこのことを知らせに来た。すでに黄昏時になっていた。私はすぐに陳春慶とともに呂氏の看病に向かった。私が火の付いた煙草で傷口を焼こうとすると、彼は痛いから嫌だと拒否した。すでに一〇時間以上経っており、呂氏の左腕と胸部はともに腫れ上がっていた。咬まれてすぐに、呂氏は劉学坤に、腕にペニシリンの皮下注射をしてもらっていた。傷口にはペニシリンの膏薬が塗られ、布で巻かれていた。痛みが取れないので、夜が明ける前に、劉学坤は蘇金英に頼み、蛇の毒消し草を取りに行ってもらった。私と陳春慶が到着するまでに、呂氏はもう何度も毒消しのスープを飲んでいた。だが猛毒のタイワンハブ（その蛇は劉学坤に叩き殺された）であったため、毒がすでに心臓にまで回っており、これが致命傷となった。

結局、呂赫若は三日後に息を引き取った。呂の死後、友人たち（陳春慶もその一人である）は彼を後ろの山の陣地にあるやぶの中に埋葬した。遺体はむしろにくるまれ、山積みにされた石の下に葬られた。それは図らずも、ある予言を表していた。彼の元の名は呂石堆（積まれた石の下にいる呂姓の人という意味）といい、このとき、それが証明されたのである。享年、わずか三七であった。

一方、私の伯父、陳本江は一九六七年まで生きた。先述したように、台北市の街の通りで脳溢血によって亡くなった[167]。だが人生最後の一五年間は、つねに国民党の秘密警察に監視されており、まともに行動することはできなかった。彼はもともと自由のために戦おうとしていたのだが、すべてが水の泡になってしまった。結局、五三歳という若さで早世したのも、こうしたことが原因であったのだろう。

鹿窟事件は今に至るも台湾史上もっとも悲劇的な事件の一節である。残念ながら、呂赫若と陳本江はどちらも鹿窟で過ごした歳月に関わる日記や回想録を残していない。彼らが最も大切にしていた理想は、自由と公正であった。だが政治的な迫害の時代に、彼らの霊を慰めてくれるようなものは何一つなかった。二人を記念する文字すらなかった。生きている者はこのことに感傷的にならざるを得ない。ただ一つ喜べるのは、今日台北の街の歩道には、人々の呂赫若への思いが刻まれたタイルが敷かれていることだ。歴史は最終的には公平なのだと言えよう。

台北の歩道にある呂赫若を記念するタイル（黄婉娩撮影）

第一二章　虎口を脱する——両親のアメリカ移住

生涯で最もやり遂げるのが難しかったことは何かと尋ねられたら、私はきっと少しもためらうことなく、こう答えるだろう。「両親をアメリカに連れてくることほど難しかったことはない」と。歳月を経た今でも、このことを思い出すたびに胸がドキドキしてくる。

私は一九六八年にアメリカに移住した。続けて二人の弟も前後してアメリカに留学にきた。その時期、私はずっと大学院の授業を受けながら、学位取得に向けて勉強に励んでいた。日夜心の中で気になっていたのは、遠く離れた台湾にいる両親のことであった。私は二人が相次いで病に倒れてしまわないかと心配していた。特に世話をしてくれる子供たちがそばにいないので、いつ大変な事態が起こってもおかしくはなかった[168]。

一九七七年一月、プリンストン大学で間もなく博士論文が完成するというときに、私は両親に頼み、台湾の僑務委員会に出国申請を出して、親族訪問の手続きを取ってもらった。申請後すぐに、母はすんなりと出国証明を取得することができた。ただ父の申請は出国管理局に却下された。これは間違いなく一〇年間牢獄にいたという政治的な理由によるものだと分かった。

その年の四月の初め、突然家から電話があった。父の病が悪化し、台湾大学付属病院に入院しているという。医師の見立てでは、七割の確率で肺がんであるという。この知らせを受けると、私と下の弟はただちに万難を排して台湾に戻り、療養中の父を見舞った。父は手術後に肺結核瘤であったことが分かり、皆はようやく安心した。だが医者は何度も私たちに言い聞かせた。少なくとも一年間は治療に専念して休養する必要がある。さもなくば完全に健康を回復することはできない、と。このとき、母もまだ体調が悪く、何度も倒れていた。私たち姉弟はいずれもアメリカに住んでおり、台湾で長期にわたって付き添うことはできない。みな心配のあまり、居ても立ってもいられなかった。

そこで私は二人の弟と相談し、六月にアメリカへ帰る前に、再度両親の出国手続きの申請をすることにした。だが私はアメリカに戻るとすぐに、両親が僑務委員会からの返信を受け取ったと知らされた。そこには「一年経たないうちに、再度出国の申請をすることはできない」とあり、すべての申請書類が送り返されてきた。

私たちはよくよく考え直すことにした。七月、上の弟がもっと効果的な対処方法を相談しようと、ウィスコンシン州からプリンストン大学まで車を走らせてやってきた。このとき、私たちの頭に、蔣経国台湾行政院長のことが思い浮かんだ。彼は海外で学ぶ人たちに、特に親切だと聞いていた。もしかすると異例の措置を取って、私たちを助けてくれるかも知れない。

そこで、私たちは力を合わせて蔣院長に手紙を書いた。私が署名をし、航空速達便で送った。送った日付は七月一六日であった。手紙の中で、私は事情を説明した。「父の病が重く危篤状態であり、また母も何度も病に倒れ、事情を知る者たちはみな涙を流している」と。そして前例を破り、「子供たちの親を思う孝行心にご配慮いただき、両親が出国して治療を受けることを特別に許してほしい」と請うた。

だが手紙は出したものの、長い間何の返信もなかった。蔣院長の配下が手紙を握りつぶしてしまったに違いないと、私は思った。そこで、蔣経国本人に私の手紙を受け取ってもらえる何かいい方法はないものかと考えた。

私はシカゴ大学に就任された余国藩教授のことを思い出した。彼なら政府の要人と面識があるに違いない。電話をすると、余教授は私に台湾の文化大学学長である張其昀教授に手紙を書くよう勧めてくれた。張其昀教授はまさに蔣経国一家の真向かいに住んでいる。張教授に手紙を蔣院長に渡していただくようお願いすれば、事は簡単だ、と[169]。

私はすぐに張其昀教授に手紙を出した。そして私が蔣経国に宛てたあの手紙のコピーをご自分の手で蔣院長に渡してほしい、と懇願した。一週間余り経った後、張其昀先生から返事があった。「蔣院長に手紙をお渡しするというご依頼を無事に完了しました。遠方でのご心配が晴れることを祈っております」云々と書かれていた。

ほどなくして、父はついに九月八日、出国管理局が送ってきた出国証明書とその他の書類を受け取った。蔣経国がひそかに助けてくださったに違いない。だが興奮冷めやらぬうちに、父は突然、僑務委員会が発行した「出国許可証」（つまり出国管理局が送ってきた付属書類の一つ）の期限がすでに切れていることに気付いた。これでは外交部〔日本の外務省に相当〕にパスポートの受け取り申請ができなくなってしまう。父は何度も考えて、九月二二日に出国管理局に宛て、すべての書類を同封した上で、出国許可証の期限を変更し、パスポートの申請ができるようにしてほしいと頼んだ。だが一〇月五日に僑務委員会から受け取った返事には、「出国許可証の期日が過ぎているので、規定に従って再度申請しなければならない」と書かれ、すべての書類が送り返されてきた。

そこで父は一〇月五日に出国管理局に再び手紙を送った。しばらくすると、出国管理局から一〇月一七日付けの文書が送られてきた。そこには「あなたが以前受け取った審査済みの出国書類（人民出国許可証）は期限が切れています。写真三枚、戸籍謄本一部を、期限切れの人民出国許可証とともに、ただちに本局サービスセンターの二番カウンター（つまり、僑務委員会のカウンター）に提出し、交換の申請を行ってください」と書かれていた。

この文書を受け取ると、父はすぐに列車で北上し、一〇月二六日の午前中に、出国管理局に到着した。そして持ってきた証明書と受領書を、すべて提出し、審査に回してもらった。三〇分以上待たされたところで、「上の者が手続きを行っていますので、少しお待ち下さい」と言われた。

このとき、父は希望に満ちあふれていた。ところがさらに三〇分経つと、中から人が出てきた。手には先ほど審査に出したばかりの証明書を持っている。その人は「もう一度、二番カウンターに行って尋ねてみて下さい。あなたの関連文書はたぶんまだこちらに送られてきていません」。そこで父はまた二番カウンターに走った。すると窓口の人は言った。「あなたの関連文書はまだ中山北路[170]の僑務委員会のところにあります。電話番号をお渡ししますので、ご自分で問い合わせてみてください」。

父はすぐに僑務委員会に電話をかけた。しばらくしてから、相手はこう答えた。「あなたのご申請はすでに却下されています。こちらでは規定により差し替えることはできません。こちらの通知はもう出されています。二一日に決定されました」。父は少し気分を落ち着かせてから、手に証明書類を持って、再度二番カウンターに尋ねてみた。だが受付の係の者は「私たちは書類を受け取るだけです。ご自分で僑務委員会にお尋ねください！」と言う。そこで、父はさらに少し地位が上の出国管理スタッフに尋ねてみた。そのスタッフは「私はあなた方の書類に基づいて交換の手続きをさせていただく者です。……書類はあなたにお渡しし、ご自分で僑務委員会に行って手続きするように、ということでした。僑務委員会が許可しないのなら、私たちに何ができるでしょう」。彼の答えは決定的であった。それでも父はすぐにバスに乗り、中山北路の僑務委員会に急ぎ、直接責任者を探した。だが調査してもらったところ、先ほど電話で聞いたこととまったく同じ返事が返ってきただけであった。

その日、父は仕方なく台北駅で切符を買う行列に並び、翌日、高雄に帰った。父は病み上がりで非常に衰弱していた。道中、何度も気を失いそうになった。帰宅してから、僑務委員会の公文書を受け取ったが、そこには「ご申請は規定に沿っておりませんので、許可することはできません」と書かれていた。しかも今回は期限切れの人民出国許可証まで没収されてしまっていた。

ここに至って、望みは完全に断たれた。その日、父はちょうど五八歳の誕生日を迎えたところだった。父は深い感慨を込めて私たちに手紙を書き、こう促した。これについてはもう諦めなさい。これ以上自分のことでおまえたちの心を煩わすことは許さない、と。

だが父の手紙を受け取っても、私はまだ諦めきれなかった。私は常に完璧主義者であった。両親の渡米が実現できないのは、どうしても受け入れがたかった。私はすぐにでも台湾に帰りたかった。たとえ蔣経国本人に会わなければならなかったとしても、あらゆる手立てを試みたかった。

ちょうどこのとき、夫の張欽次が会社から緊急の通知を受け取った。タイに行って海底トンネルについての問題を解決するように、という通達であった。そこで夫に出張のついでに台湾に寄ってもらい、まずは状況を見て、それから次のことを考えることにした。

数日後の午後、欽次はようやく左営にある私の両親の家に着いた。母は私の夫を見て、夢の中にいるのかと思った。だがよくよく見直してみても、やはり欽次である。どうして突然台湾に帰って来たのだろう、と内心思った。

「あなた方には、もう出国のことで気を遣わないよう伝えたはずですが……」。母は夫を迎え入れながら言った。

応接間に入ると、父が机に向かって静かに本を読んでいるのが目に入った。その顔は憔悴していた。夫はつもる話をしようと思っていたのだが、一言も言葉が出てこなかった。ようやく父が顔を上げて欽次を見た。その顔には驚きの表情が浮かんだ。

「え、どうして帰ってきたんだい。出国のことは、もう考えないことにしたんだ。これ以上続けると、二人ともくたばってしまうから。きみもこれ以上、つてを探して奔走することはない。その上、申請証書はもう全部没収されてしまった。望みはなくなったんだ……」。

父はきっぱりとした口調で言った。

その日、欽次は何とかやりくりして私の両親と団欒の時間を持った。左営の家を離れたのは、すでに晩の八時であった。夫はその日のうちに快速列車で台北に向かうことにした。自分の両親の家に寄ったのは、たった一時間足らずであった。

翌朝、欽次は台北の博愛路一七二号に急ぎ、僑務委員会サービスセンターの馬行公主任を訪ねた。夫は馬主任に会うなり、自分の名刺を差し出し、単刀直入に訪問の理由を説明した。さらに台北には七二時間しか滞在できないことも伝え、この短い時間内に事情をはっきりさせたいと述べた。意外にも、馬主任はとても穏やかな人柄で、積極的に手を貸してくれた。

「大丈夫ですよ。出国管理局に「異議申し立て」の手続きをしてください。私のところでも、配下の者に頼んで檔案を取り寄せ、できる限り協力するようにしますから……」。

それを聞き、欽次の心に希望の光が差し込んできた。そこで夫はすぐバスに乗り、出国管理局へ行き、父のためにその場で「異議申し立て」の書類を書いた。それでも夫はやはり出国管理局と僑務委員会の間を数え切れないほど走り回った。さらに台北に住んでいる長兄や末の妹にも協力を頼み、何かと手伝ってもらった（例えば、写真を高速で現像してもらったり、証明書のコピーを取ってもらったりするなど）。そしてようやく父の出国許可証を手に入れることができた。その間、もちろん馬主任も大いに手を貸してくれた。後に判明したのだが、数か月の間、出国許可証が下りなかったのは、僑務委員会のある事務員が父の檔案をずっといちばん下にしまい込んでいたことが原因であった。現在では、すべての檔案が明らかにされているため、手続きもすぐに終わるようになっている。

アメリカに戻る前に、欽次は自ら外交部へ出向き、父のパスポートの申請手続きを無事に済ませた。この突然降ってわいたうれしい知らせに、両親がこの上なく喜んだのは言うまでもない。

こうして、逆境は一八〇度好転した。ところが私は数か月間にわたって続いた興奮と焦りがたたって、ついに寝込んでしまった。病床で、私は蔣経国、張其昀、余国藩、馬行公などに手紙を書いて感謝の意を伝えた。さらにはここまでのさまざまな経験を振り返り、そこから少しでも教訓を汲み取りたいと考えた。このたびの経験は私に以下のことを教えてくれた。中国人が作った制度の中では、上部の指導者たちは慈悲の心を持ち、人情にも通じているようだが、その下にいる役人たちは往々にして協力的ではない。それどころか虎の威を借る狐となり、いたずらに庶民の苦痛と負担を増やしている。こうした中、本来は良いことだったものが、しばしば悪いことに変わってしまう。私はまたこうも考えた。これは現代の中国人が今でもまだ、本当の意味での自由や民主を実現できていないことによるのではないか。同時にこう思い至った。長年私たちの身の上に科せられた一連の「戸口調査」や監視、たんすや引き出しをひっくり返して行われた家宅捜索などの行為は、全部が全部上からの指示であったわけではないだろう。実際、上部の人間がこれらの詳しい状況を知っていたとは限らない。だが残念なことに、多くの中下層の役人たちは、民を威嚇して詐取することに慣れてしまっており、自分の任務は人々に尽くすことだとは考えていない。これはきっと中国の数千年にわたる官僚制度が残した悪習によるものだと思われる。中国人が広く博愛と寛容の精神を持てるようになるのはいつの日だろうか。恨みの気持ちから抜け出せるのはいつの日だろうか。

疲労困憊したある日の夕暮れ、私は一人でプリンストン大学のカーネギー湖のほとりを歩いていた。心の中では繰り返しこうした文化と政治の問題を考えていた。故郷を離れて長い年月が経ったので、ようやく客観的にこういった問題を考えられるようになったのかも知れない。

この時期、私は親友、イーディス・チェンバーリン（Edith Chamberlin）の紹介で、ニュージャージー州の上院議員代表であるセナター・クリフォード・フィリップ・ケース氏（Senator Clifford Philip Case）と面識を得ることができた。ケース氏は豊かな経歴を持つアメリカの議員であり（彼は一九五五年から一九七九年に退職するまでずっと上院議員を務めてきた）、親切で正義感にあふれていた。彼は私の父の不幸な境遇に同情してくれて、自分から台北のアメリカ大使館に連絡を取って、両親がいち早くアメリカ行きのビザを取得できるよう動いてくれた。

1978年2月、渡米した頃の両親

忘れられないのは、一九七八年一月一二日に両親がビザを取得すると、ケース氏の秘書がいち早くワシントンからプリンストンに電話をかけてきて、祝いの言葉を伝えてくれたことだ。そのときには感激で涙があふれた。上院議員がまさか一介の公民にこのように誠実な心配りをしてくれるとは。本当に感動させられた。

一九七八年二月三日に、両親はついにアメリカ大陸に降り立った。ロサンゼルス空港で入国手続きをしたところで、父はさっそく私に電話をくれた。「このたびは本当に虎口を脱したようなものだ。おまえと欽次が私たちを救ってくれたことに感謝しているよ」。

その後、両親はアメリカで穏やかな後半生を送った。一九七九年、病が癒えた父は、アリゾナ州フェニック

1981年6月、サンダーバード国際経営大学院から「卓越教授」の表彰を受ける父

スの「サンダーバード国際経営大学院（American Graduate School of International Management）」、つまりあの有名なサンダーバードキャンパス（Thunderbird Campus）で教鞭を執った。一九八一年には当校の「卓越教授（Outstanding Professor）」の栄誉を獲得した。一九八四年四月二八日にはアメリカ国籍を取得した。同年、自ら退職を願い出て、『新約聖書』の研究とキリストの福音を伝えることに専念した。

一九八八年二月三日、父はメリーランド州から、短い手紙を添えた美しいカードを送ってきた。手紙にはこう書かれていた。

今日は私たちがアメリカにやって来た一〇周年記念の日だ。私たちは二人とも主の恩義に感謝している。おまえたち二人が力を尽くして駆け回り、波瀾を何度も乗り越えてくれたおかげで、やっと活路が開けたことも忘れてはいない。私たちは主に導かれてきたのだ！『旧約聖書』の詩篇、一二四篇七節にはこう書かれている。「われらは野鳥を捕えるわなをのがれる鳥のようにのがれた……」[171]（おまえたちの思慮深い思いやりは言葉では言い表せないよ（Your thoughtfulness meant so much more than words can ever say!)）。

またそこには一九七九年二月三日に書かれた「渡米一周年」という打油詩[172]も同封されていた。その中には以下のような一段がある。

二月初三怎能忘
飛出天羅与地網
有女孝心感天地
免我葬身汚泥塘
台島屈辱成軼話
祖国河山夢飄香
一生際遇何足計
唯慶中華国運昌

二月三日はどうして忘れられようか
天と地に張り巡らされた厳重な警戒網から飛び出した
娘の孝行心が天地に届いたのだろう
私は身を滅ぼして泥沼にまみれることを免れた
台湾での屈辱は逸話となり
祖国の山河が香を漂わせるのを夢見る
生涯の巡り合わせはどうして予測できよう
ただ中華の国運が盛んになったことを祝すのみである

私は長年ずっと、父が私にくれた手紙と詩を大切に保管してきた。そしてそれを生涯で得た賞の中で

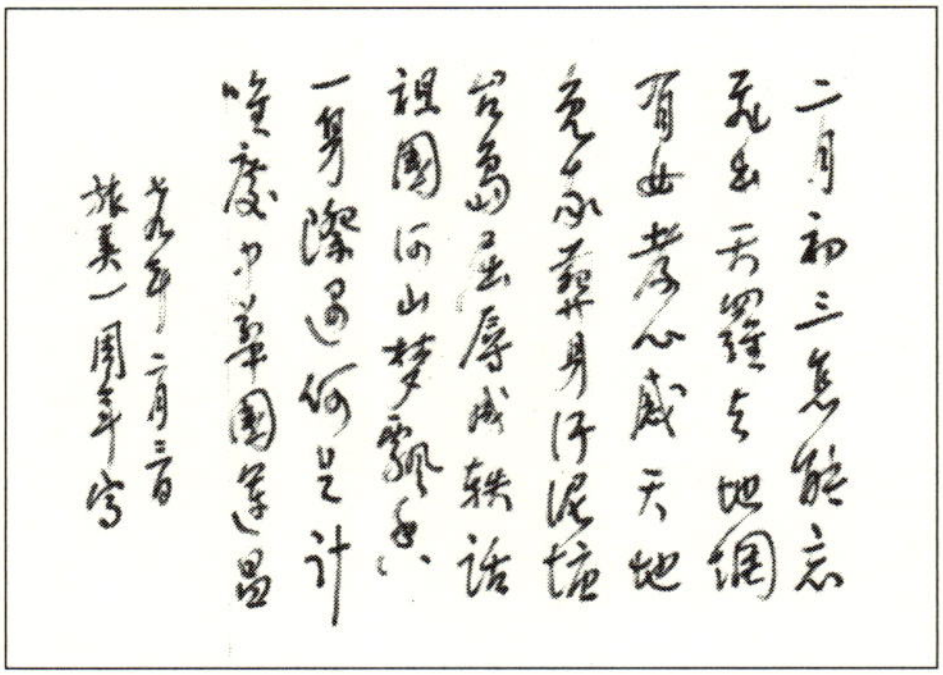

父が書いた打油詩

も、最高のものだと思っている。

第一三章　紅豆の啓示

台湾の初級中学時代、いちばん好んで暗唱した唐詩が、王維のあの「相思」という絶句である。

紅豆生南国
春来発幾枝
願君多采擷
此物最相思

紅豆　南国に　生じ
春　来りて　幾枝か発く
願わくば　君多く　采擷せよ
此の物　最も相い思わす

先生は言った。紅豆の木は台湾、広東、広西などの熱帯の地に育つ。その実は赤色で楕円形をしており、「相思子」と呼ぶ人もいる。慕い合う人の気持ちをよく慰めてくれるからだ、と。当時、私はいつもこう思っていた。いつかきっと紅豆を摘んで、遠い監獄の中にいる父に送ろう。

だがなぜか台湾では、一度も紅豆の木を目にしたことがなく、紅豆を摘んだこともなかった。だからこの思いは結局実現できないままだった。アメリカに渡ってからは、時とともに、このこと自体を忘れてしまっていた。

初めて紅豆を目にしたのは、一九七八年の春のことである。両親がアメリカに来たばかりの頃で、私もプリンストン大学の大学院をまもなく卒業するところだった。二人はわざわざメリーランド州から列車に乗って私に会いに来てくれた。この機にプリンストン大学のキャンパスの散策もしたいようだった。この日は両親がアメリカにやって来てから、初めて顔を合わせる日であった。

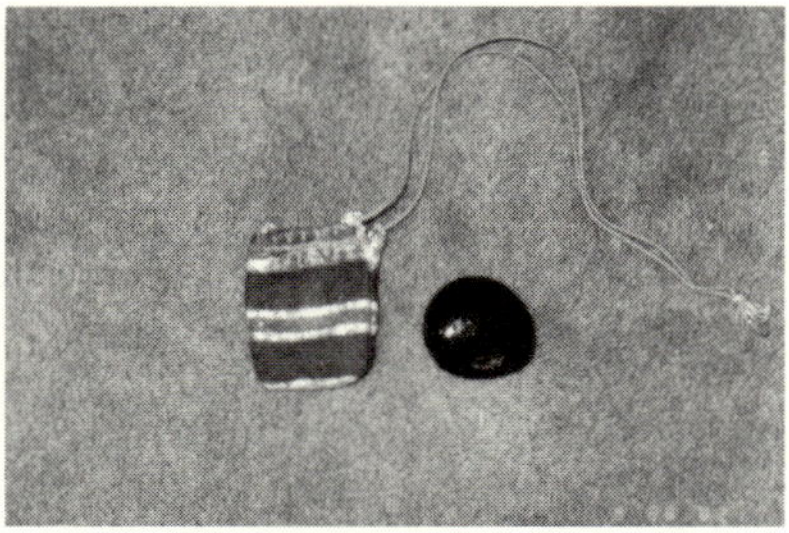
1952年に父が緑島で拾った紅豆

父は私のプリンストン大学の宿舎に入るなり、待ちきれない様子でポケットから小さな袋を取り出した。そしてほほえみながら言った。

「紅ちゃん、この中に入っているのは、二六年前に私が緑島で拾った紅豆だ。これまでずっと身に付けてきたが、今、おまえに記念として贈ろう……」。

私はその小さな袋を受け取り、中から紅豆を取り出した。一瞬、自分の目が信じられなかった。長い年月が経ったというのに、この紅豆は何と美しく明るい光沢を発していることか。灯りに照らされて、まばゆいばかりである。その紅豆は茜色をしており、私が思っていたよりずっと大きかった。赤地と白地が交互になった小さな袋も貴重な物であった。それは明らかに父が緑島にいたとき、自分で手間暇かけて縫い上げたものだった。正面には青色で「1952, V23, 孫裕光」と書かれており、裏には「緑島記念」の四文字が見えた。「V23」とは、「五月二三日」の略であり、両親の結婚九周年を記念して書かれたものであった。母が言うには、父はその日、緑島のため池のほとりでその紅豆を拾ったという。父は当初緑島での牢獄生活に適応できず、思い悩んでため池に跳び込み自殺を図ったこともある。幸いにも死なずに済んだが……。

私は長い間、その紅豆をじっと見つめていた。涙が出そうになるのを何とかこらえて言った。「お父さん、二人はもうアメリカに来て、新しい人生が始まったのよ。過去のあの不愉快なことは二度と思い出さなくていいから。この紅豆は私がしっかりとしまっておく。今日からは私のものよ」。私はわざと軽い調子で言った。

「そうだ。紅ちゃん、この紅豆はもともとおまえにあげようと思っていたんだ」。紅豆は「紅ちゃんの豆っていう意味よ……」。母がそばから口をはさんだ。その言葉に私たちは思わず笑みがこぼれた。

その日、私たちは紅豆の話題で盛り上がった。私は両親に言った。台湾にいた頃、私は紅豆の木を見たことがないし、紅豆を拾ったこともない。それでも私は、紅豆の木が恋しい気持ちを表すことを知っていた。だからアメリカに来てからは、「恋しい」思いに関連する木をひとまとめにして、「紅豆の木」、または「相思う木」と呼んでいた。例えば、近くのプリンストン高等研究所（Institute of Advanced Studies）には、アインシュタインを記念した二列の「相思う並木」がある。そこは私がよく好んで行く場所でもあった。

アインシュタインの名前を聞くと、両親の目が輝いた。特に、父は以前から「相対性理論」に興味を持っており、その方面に関する文章を書いたこともあった。しかもあと一年すると、アインシュタインの生誕一〇〇周年であり、プリンストン高等研究所（アインシュタインは生涯の最後の二二年間をここで過ごした）では記念式典が開かれることになっていた。[174] 私は両親の好奇心をかなえるために、すぐに車を出して、二人をマーサー（Mercer）街に連れて行った。途中、大学院（Graduate College）の敷地を抜けて、角を曲がると、あの静かで美しい高等研究所の中に入っていった。

駐車場に着くと、もう遠くにある整然と並んだ二列の並木が目に入ってきた。母は興奮して、駆け出さんばかりだった。母は木の前に立ち、父に写真を撮ってもらっていた。本当に、二人がこんなにのびのびとリラックスできたのは、いつ以来であっただろうか。母は笑いながら言った。「私たちが生きているうちにアインシュタインがいた場所に来られるなんて、思ってもみなかった……」。

「ほら、あの白い建物を見て！　あれが、アインシュタインが住んでいた家よ」。私は母の話を遮って言った。「ね、彼の家はちょうど研究所の正門の方向を向いているの。毎日、アインシュタインは朝に家から研究所まで歩いて行って、夕方にはまた歩いて帰ってきた。これが唯一の運動だったのよ。彼が

母を連れてプリンストン大学のキャンパスを案内する著者、1978年春

亡くなった後、人々がアインシュタインを記念してこの二列の並木を植えたの……」。私は遠くにある白い建物を指さした。そのとき突然、私にはあるインスピレーションがわいた。あの二列の並木はいずれも向かい合わせに立っており、木の大きさも高さも全部そろっていた。この情景は、中国人のあの「対を好む」自然観を想起させた。劉勰が『文心雕龍』[175]の中で述べている、いわゆる「造物者が人に肉体を賦与したとき、四肢は必ず対をなすように作られた」[176]〔造化賦形、支体必双〕という趣である。私は父に言った。「お父さん、ご覧になりました？　この二列の並木はまるで一幅の長い対聯[177]のようだわ。片方はアインシュタインの生誕を記念して、もう片方はその

死を哀悼している」。

「素晴らしい。これこそ名実伴う「相思う並木」だ。木の高さを見れば、アインシュタインが亡くなってからどれだけ経ったのかも分かる」。父は手で木の高さを測ってみた。

私は両親に説明した。プリンストン高等研究所がわざわざアインシュタインの家を研究所の正門の真向かいに建てたのは、彼が道を間違えてしまうのを心配したからだった。アインシュタインは一日中、ずっと思索にふけっていたので、歩くときにはいつも何の注意も払わず、道をきちんと見たためしがなかった。こうした一直線の道なら、彼が行き来するのにぴったりだった。私は言った。「だから相思う並木はこんなにもきちんと並んでいるの。人々は彼を偲び、また研究に没頭した彼の能力についても記念しようとした。アインシュタインは時々思索に没頭し過ぎて、靴下も履かずに家から出てきたのよ……」。

（何年も経ってから、私は突然あることを思い出した。あの有名な数学者、ジョン・フォーブス・ナッシュ・ジュニア[178]（John Forbes Nash, Jr.）は一九七〇年から九〇年という二〇年もの歳月をかけて、ゆっくりと統合失調症から抜け出し、一九九四年にはついにノーベル賞受賞という栄誉に輝いた。これは当時、プリンストンのキャンパスと高等研究所が彼に自由に思索に没頭できる理想的な環境を提供してくれたことが大きい。ナッシュ自身もこう言っていた。「私はここ（プリンストンを指す）で庇護を受けたので、路頭に迷わずに済んだ」[179]、と。後にシルヴィア・ネイサー（Sylvia Nasar）がナッシュの伝記を書いたときに、『ビューティフル・マインド

（*A beautiful Mind*）』（中国語では『美麗境界』）と名付けたのも肯ける。プリンストンの美しく静かな環境がナッシュの「美しい心」を育んだからだ。私が一九七〇年代にプリンストン大学の博士課程で学んでいたとき、よくナッシュが一人で学内にあるファイアーストーン図書館の閲覧室に出入りしているのを目にした。彼の振舞いはいささか変わっており、突然立ち上がって動き回ったり、窓枠のへりに腰掛けたりした。だが誰も彼の邪魔をする者はいなかった。彼の目はいつも遠いところを見ており、現実を越えた何かを思考しているようであった）。

実は「思考すること」を通して超越した心の空間を作り出すことも、アイビー・リーグ[180]が掲げた教養教育の最終目標である。「教養教育」の主旨は、専門的な人材の育成だけにあるのではない。より重要なのは、自由で独立した考え方のできる青年を育成することにある。つまり教養教育には、理解する力と深く考える習慣を訓練で身に付けることによって、現実の環境がもたらす束縛を精神的に乗り越えられるようにするという効果があるのだ。

父の紅豆も一種の「実用的な価値のない」思い出を代表するものだろう。その紅豆は自省の気持ちと想像力を意味している。現実的には、父が緑島でその紅豆を拾ったことに、ほとんど実用的な価値はない。だがその紅豆は父に大きな啓示をもたらした。父は逆境の中でもなお人の世の温かさがあることを感じ取り、生きていく勇気を与えられたのである。父にとって、紅豆は本当にかけがえのない宝物であった。

私はこのことを父に伝えた。この紅豆がそんなに多くのインスピレーションをもたらすとは、と父は驚いた。それから私の進学したプリンストン大学がまさに教養教育によって世に知られていることが分かり、とてもうれしい、とも言った。その日の午後、私はプリンストンのキャンパスを両親に案内した。残念なことにその数日間、夫の欽次はちょうどセントルイスに出張中であった。欽次はプリンストン大学の博士課程で学んでいたとき、よくキャンパスガイドを務めていた。そのため彼の方がキャンパスを案内するにはふさわしかったのであるが。

翌日の午後四時、私たちは時間通りに親友のイーディス・チェンバーリンの家に着いた。彼女の家は有名なカーネギー湖のほとりにあった。一九六八年に欽次と私はまさにこの彼女の家で結婚披露宴を行った。私の両親にとって、プリンストンのチェンバーリン夫人にお目にかかることは、人生の重要なイベントの一つであった。いわんやチェンバーリンは、両親のアメリカ移住の際にもかなり手を貸してくれた人である。その日、私たちはみなチェンバーリンに再度、心からの感謝を伝えた。

実は両親は数年前にもチェンバーリン夫人にお会いしたことがあった。話は長くなるが、一九六六年に欽次がまず台湾からアメリカにやって来た。彼はプリンストン大学のキャンパスに着いたその日に、当時すでに八〇歳近くになっていたチェンバーリン夫人と知り合ったのである。チェンバーリンはその年の新入生を歓迎するために、学校から特に遣わされて来たのだった。欽次は初対面のときから、もう彼女に尊敬の念を抱いていた。あの年代の女性（彼女は一八九九年生まれ）でありながら、彼女は二つの大学の学位（そのうちの一つは有名なスミス・カレッジである）を持っていた。しかも哲学専攻であり、普通ではなかなかできないことであった。チェンバーリンは落ち着いた物腰の女性で、初めて会ったときから欽次は非常に親しみを感じていた。彼女も欽次のことを気に入ってくれており、ずっと「私のことはGramと呼んで下さいね（Call me Gram.）」と言っていた。GramとはGrandma（祖母）の親しみを込めた呼び方である。彼女は欽次を自分の孫のように思ってくれていた。彼女は以前「子供たちがあなたを「Gram」と呼ぶとき（When Children Call you "Gram"）」という詩を書いたことがあった。後にその詩はよく知られるようになり、『ロングビュー・ワシントン・デイリー・ニュース（*Longview Washington Daily News*）』が、評論家のリチャード・スピロ（Richard Spiro）による書評を載せたこともある。そのGramの詩は、まさに私が生まれた年（一九四四年）に書かれたものであったため、私がアメリカにやって来ると、彼女はよくこの偶然を口にした。私たちの間には深く通じ合うものがあると彼女は考えていた。確かに私たちは文学の趣味も共通していた。また彼女は私と欽次が本当の意味でアメリカの民主や自由を理解できるよう導いてくれた。実際、プリンストンの小さな街で、Gramは早くから世界平和（World peace）のさまざまな活動の支援者としても知られていた。彼女は毎年、世界の恵まれない人たちに相当額の寄付をしていた。彼女の熱心で誠実な態度には感動させられた。彼女はよく私たちをペンシルバニア州のワシントン・クロッシング（Washington Crossing）公園にキャンプに連れて行ってくれた。そして私たちに、二〇〇年以上前にワシントン大統領がその地でイギリス軍に対し勇敢に抵抗したことを語ってくれた。彼女はまた何度も私たちにジェファーソン大統領の次の言葉を朗読して聞かせてくれた。「人の心を支配するいかなる形式の専政に対しても、永遠に反対することを、私は神の祭壇の前で誓う（I have sworn upon the altar of God eternal hostility against every form of tyranny over the mind of man.）（我向上帝宣誓：我憎恨和反対任何形式的対於人類心霊的専政）」181。要するに私たちはGramとありとあらゆることについて語り合った。ほどなく、私の二人の弟も相次いでアメリカ留学にやって来た。Gramは彼らも家族として扱ってくれた。後に、彼女は私の父が台湾で牢獄に入れられた経験があると聞き、深い同情を示した。そして一九七〇年の春（彼女が八一歳の年）、父に直接会うために台湾まで出向いてくれた。そのときの台湾滞在は短期間ではあったが意義深いものであったらしく、彼女はずっと心に留めてくれていた。

Gramは台湾から帰ると、すぐに父と手紙のやり取りを始めた。彼女はしょっちゅう私に「お父様からのお便りをとても楽しみにしているのよ（How I enjoyed receiving your father's letters.）」と話していた。Gramに宛てた手紙の中で、父もこう書いていた。「あなたの書かれた字を拝読するのが、私の最大の喜びとなっております（It's always my greatest pleasure to read your handwriting.）」。後にGramは、お父様が書く英語の文字は不思議なくらい私の字体とよく似ている、と言った。あるとき、彼女は受け取った手紙を見て、自分で自分に宛てて書いた手紙かと思い、奇妙な思いにとらわれたという。しかしすぐに私の父からの手紙だと気付いた。彼女は矢も楯もたまらずただちに手紙を広げ、その手紙を何度も読ん

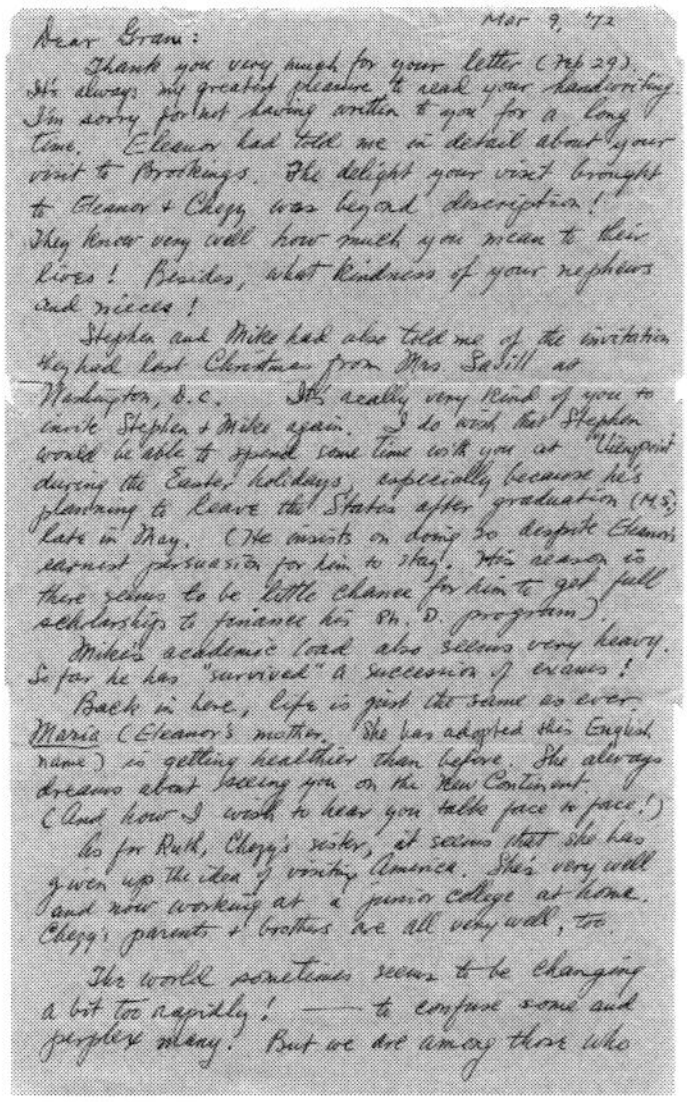

Mar 9, '72

Dear Gram:

Thank you very much for your letter (Feb 29). It's always my greatest pleasure to read your handwriting. I'm sorry for not having written to you for a long time. Eleanor had told me in detail about your visit to Brookings. The delight your visit brought to Eleanor + Chegy was beyond description! They know very well how much you mean to their lives! Besides, what kindness of your nephews and nieces!

Stephen and Mike had also told me of the invitation they had last Christmas from Mrs. Sahill at Washington, D.C. It's really very kind of you to invite Stephen + Mike again. I do wish that Stephen would be able to spend some time with you at "Viewpoint" during the Easter holidays, especially because he's planning to leave the States after graduation (M.S.) late in May. (He insists on doing so despite Eleanor's earnest persuasion for him to stay. His reason is there seems to be little chance for him to get full scholarship to finance his Ph. D. program.)

Mike's academic load also seems very heavy. So far he has "survived" a succession of exams!

Back in here, life is just the same as ever. Maria (Eleanor's mother. She has adopted this English name) is getting healthier than before. She always dreams about seeing you on the New Continent. (And how I wish to hear you talk face to face!)

As for Ruth, Chegy's sister, it seems that she has given up the idea of visiting America. She's very well and now working at a junior college at home. Chegy's parents + brothers are all very well, too.

The world sometimes seems to be changing a bit too rapidly! —— to confuse some and perplex many. But we are among those who

父がGramに送った手紙

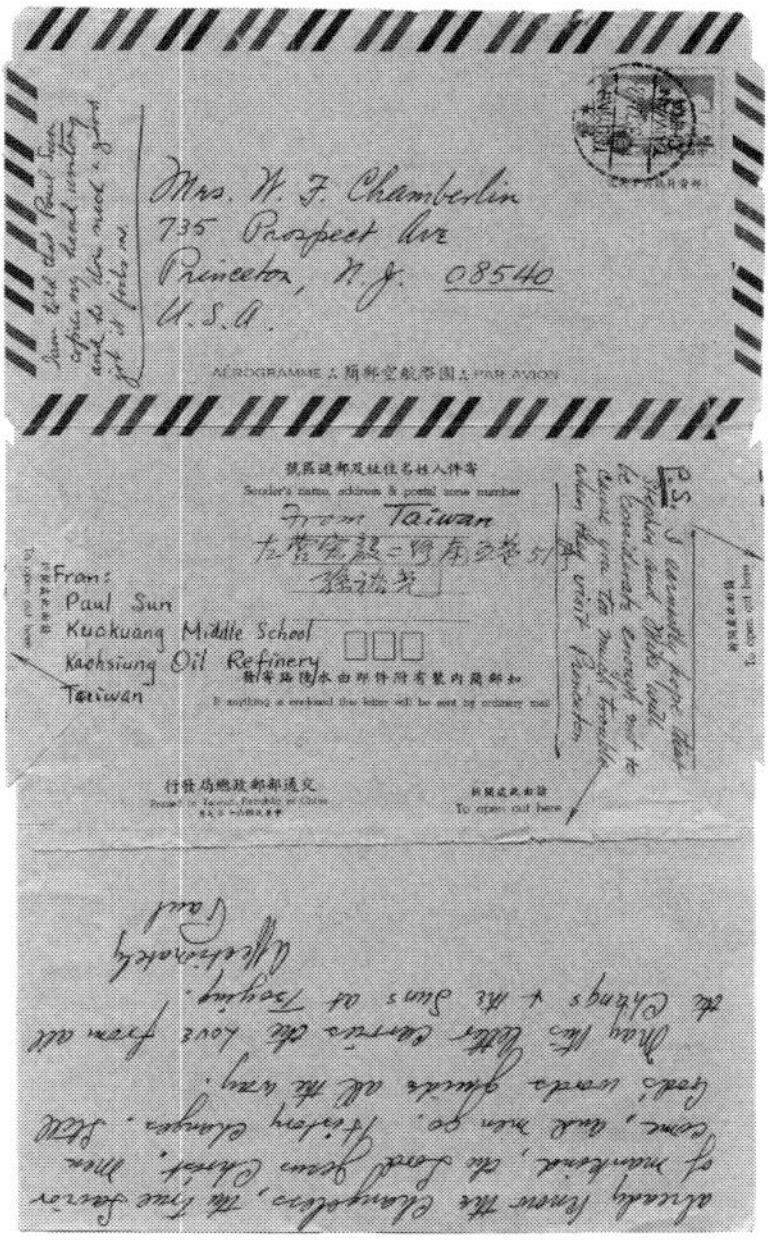

Mrs. W. F. Chamberlin
735 Prospect Ave
Princeton, N.J. 08540
U.S.A.

AÉROGRAMME 中華民國航空郵簡 PAR AVION

寄件人姓名住址及郵遞區號
Sender's name, address & postal zone number

From Taiwan

From:
Paul Sun
Kuokuang Middle School
Kaohsiung Oil Refinery
Taiwan

父の字と酷似したGramのコメント（封書左端）

だ。その後、こらえきれずに手紙にこう書いた。「孫保羅〔孫パウロ〕さんが私の字体を好んで模倣してくれていたことはお聞きしておりましたが、本当にそっくりで、私自身が騙されてしまいました（I am told that Paul Sun copies my handwriting and he does such a good job it fools me.）」。

興味深いことに、ある日偶然私はGramが父の手紙の上に書いたコメントを目にした。何とその字体は父の字とほとんど同じであった。

両親とともにGramを訪ねた日の午後、私たちはGramの家のベランダに座り、お茶を飲みながら、父が長年Gramと続けてきた手紙のやり取りについて語り合った。また、美しいカーネギー湖を前にして、Gram が湖にまつわる興味深い話を聞かせてくれた。彼女が言うには、もともとカーネギー湖は存在しなかったと言う。あるとき、プリンストン大学の学長が有名な実業家であるカーネギー氏を同校に招いた。カーネギー氏はプリンストン大学のキャンパスにはとてもいい印象を抱いたようだが、「ただ校内に湖がないのが惜しい」と述べた。そして帰宅するとすぐに「人工湖」を作るための寄付金をプリンストン大学に送った。後にその湖は「カーネギー湖（Lake Carnegie）」と名付けられた。両親はこの話がおもしろかったらしく、長い間、その静かで広い湖面をじっと見つめていた。母は、Gram がいつでもこのカーネギー湖の景色を堪能できることを羨ましがった。Gram はこの湖があるからこそ、自分の家を「Viewpoint（眺望ポイント）」と名付けたのだと話した。つまり一日中、さまざまな角度から湖を眺めることができる、という意味である。その日の午後、両親は湖のほとりで写真をたくさん撮った。

その日、私は Gram に父の紅豆にまつわる話もした。彼女は非常に感動してこう言った。実はご両親

母と Gram

は私にも美しい「相思う豆」をくれたことがある、と。私たちがいぶかしく思っていると、彼女はすぐに立ち上がり、応接間の引き出しから、小さなカードを取り出してきた。それは両親が以前彼女に送ったクリスマスカードであった。カードの表には白い一粒の真珠が描かれており、金色のクリスマスホーリーの葉がそれを引き立たせている。彼女は指でその白く輝く真珠をなで、ほほえみながら言った。「これは「相思う豆」でしょ。私はこのカードがいちばんお気に入りなの」。

Gram は天生の詩人であり、想像力も非常に豊かであった。彼女は言った。その緑島の紅豆は、きっと神が私の父に与えたある種の思し召しに違いない。神はこれから父に重要な任務を担ってもらおうと、苦難の中でまずは紅豆を贈ったのだろう、と。そして、この紅豆の啓示によって、女性詩人、ルイーズ・イモージェン・ギニー（Louise Imogen Guiney、一八六一～一九二〇年）[182]の詩の二行を思い出したと言った。

神よ、徳義のために私を使い、私をいつくしんでください　Use me in honor, cherish me
神聖な木の上のツタのように……　As Ivy from a sacred tree…

この比喩に私は驚嘆させられた。紅豆を「ツタ（ivy）」に例えるのは、かなり独創的な発想だと思った。しかし **Gram** はこう説明した。紅豆のイメージからは父が送ってくれたカードの真珠だけでなく、

カーネギー湖でボートを楽しむ著者と上の弟

プリンストン大学のツタも連想させられた。ツタの上の方にはよく緑色の小さな実が生っており、これは紅豆の実とほぼ同じ大きさだという。これらのイメージはどれも永久に変わらないという意味を象徴しているように思う、そう彼女は言った。

その日、Gram の家で語り合ったことは、生涯忘れないであろう。Gram のことを思い出すたびに、あの真珠のついたクリスマスカードが目に浮かんでくる。

一九八二年の秋より、私はイェール大学で教鞭を執り始めた。その年、欽次と私はともにプリンストンの街を離れた。当時、両親はすでにアリゾナ州のフェニックスに移り住んでいた。ほどなくして、九〇歳を過ぎたGram は少しずつ衰え、ついには目がほとんど見えなくなった。一九八四年四月、父はフェニックスで正式にアメリカ国籍を取得した。Gramはそれを知って、とても喜んだ。彼女はもう手紙を書けなくなっていたので、電話で私にこう言った。「お父様にお伝えくださいね。私がお父様のことを誇りに思っていること、そしてご両親が私に与えてくださった心からの愛を、いつもありがたく思っていることを（You're your dad that I am very proud of him, and that your parents' outpouring of love to me has always been very precious.）」。

その年のクリスマスに、私たちはそれぞれGramから最後のクリスマスカードを受け取った。そのカードには彼女の短い詩が印刷されていた。

私の目には湖の向こう岸は見えない
だがその影は
静かな湖の上に映り
私にその存在を知らせている

My eyes cannot reach the opposite shore
But its reflection
in the quiet lake
Tells me that it is there.

その詩は「確信（Assurance）」と題され、Gramの生涯における最後の詩となった。その詩は家の窓から見たカーネギー湖の眺めを描写したものであるが、彼女の生涯にわたる堅い信仰心を象徴的に表したものでもあった。そのクリスマスカードにはカーネギー湖の風景だけでなく、Gramが一人で映っている写真も印刷されていた。二か月後の一九八五年二月二三日に、Gramは実り豊かな一生を終えた。享年九六であった。亡くなる前に、彼女は家族と私たちに、自分の骨と灰は彼女が心から愛したカーネギー湖にまいてほしいと頼んでいた。追悼式で、私はGramが一九七七年に書いた詩を皆の前で朗読した。

私たちを奮い立たせる精神　　It is the Spirit that quickens
命を与えてくれる心　　It is the Heart that gives life,
それは弱き者の鼓動を蘇らせ　　That wakens the pulse of the feeble,
ナイフの傷を癒す　　That heals the wounds of the knife...

その一年後、コネティカット州のニューヘブンで娘が誕生した。私たちはGramの正式な名前を取って、イーディス（Edith、愛称はエディー（Edie））と名付けた。ここには一家のGramへの思いが込められている。

私はよくGramの「確信（Assurance）」という詩を思い出す。それが永久に変わらぬ信仰を表しているからだ。私はあの詩と父の紅豆（紅豆を入れていたあの小さな袋も含めて）を書類ケースの中にしまい、一生の記念とした。

二〇〇二年、書類を整理していると、あの紅豆とGramの詩が突然、私の目の前に現れ、急にさまざまな感情が押し寄せてきた。私はすぐに父に電話をかけた。

「お父さん、二四年前のことを覚えているかしら。お父さんとお母さんがアメリカに来たばかりの頃、私に紅豆を贈ってくれましたよね。Gramの家でも紅豆について語ったけど、それも覚えているかしら」。

「忘れるわけがない。よく思い出すよ。おまえは何度も引っ越しをしたから、もうあの紅豆も失くしてしまっただろうな……」。父は笑いながら言った。

「そんなことないわ。あんなに大事な紅豆を、どうして失くすものですか」。私は先手を打って答えた。

私はあの紅豆をとても大事にしており、永遠にしまっておくつもりだということも、父に説明した。ところが父はこう言うのだ。このところ自分の信仰はさらに深まっており、あの紅豆についても新たな見解を持つようになった、と。父はあの紅豆も『聖書』に出てくる一粒の麦と同じだと考えた。だから私たちは決して紅豆をしまい込んでしまってはいけない、土に植えてこそ、大きな実を結ぶのだから、と言った。『新約聖書』には「一粒の麦が地に落ちて死ななければ、それはただ一粒のままである。しかし、もし死んだなら、豊かに実

父が著した『一粒麦子』

を結ぶようになる」[183]と書かれている。それはクリスチャンのたどる生涯が、死から再生へと向かう一筋の道だという意味である。つまり人は土の中に植えられた麦の一粒のように、土の中で腐り、砕け、懸命にもがく過程を経て、ようやく最後に「再生」することができるのである。

私は突然悟った。父が母の思い出を記した本の書名が『一粒麦子〔一粒の麦〕』であったのは、こういうわけであったのか、と。父は渡米後、「孫保羅〔孫パウロ〕」と改名した。それは明らかに聖パウロに倣ったもので、パウロのように死地を経て生まれ変わり、全面的にキリストに仕えたいと考えたためである。父は親友の湯麟武教授に宛てた手紙の中で、こう述べている。

神が私の後半生を救って下さった！　死の淵から、私を連れ戻し、また台無しにされた過去の歳月を私に返して下さった。私の罪、失敗、そして頑固で強情な性格を、帳消しにして下さり、すべての「借り方」を「貸し方」に改めて下さった！　神は私の命を改めて下さり、私と私の一家全員の運命を変えて下さった……。

退職後（亡くなる数年前までずっと）、父はアメリカ各地の教会で働き、よく講演も行った。そして若者を助け、信仰の問題に答えた。一九九六年七月、両親はメリーランド州を離れ、カリフォルニア州に居を移した。その前夜、現地の教会（ゲイサースバーグ中国人信徒同盟教会〔Congregation of the Gaithersburg

Chinese Alliance Church〕）の仲間たちが、特別に父に記念の金メダルを贈ってくれた。そこにはこう刻まれていた。

　我々の教会初の長老である孫保羅〔孫パウロ〕長老に捧げる。我々の模範となって教え導いてくださったこと、全心、全霊、全力で神を愛したことに感謝の意を表する（Presented in gratitude to PAUL SUN, our first Elder, for teaching us by example, in loving God with all your heart, with all your mind, and with all your strength.）。

　これはまさに父が紅豆の命を活かして活動した証である。私はやっと、なぜ父が私にあの紅豆を土に植えるよう言ったのかが理解できた。

　だが、やはり私には「物をしまい込む癖」がある。それに実際、あの大事な紅豆を土に埋めてしまうのも忍びない。そこで私は趣味のよいガラスの小物入れを買い、あの紅豆と父が縫った小さな袋を中に入れて、一緒に書斎に並べることにした。私は今もよく、あの紅豆を見て楽しんでいる。あの明るい光沢とガラスの反射でできた影を見るたびに、不思議なほど心が落ち着いてくる。まるであの永遠に忘れがたいカーネギー湖のように。

第一四章　中国と台湾、両岸の受難者

一九四六年の春、両親は上の弟と私を連れて大陸を離れた。父方の祖父は私たちとの別れが耐え難かったようだ。私たちが乗船するときには、天津の塘沽港の埠頭で、私を長い間堅く抱きしめて離さなかったという。両親は天津からまず船で上海へと向かい、上海で張我軍先生らと合流し、そこで船の切符を購入してから、船で台湾に行く計画であった。両親が台湾行きを決めた最大の理由は、いい仕事を探すためであった。一方、祖父は当時五三歳で、まだ若いとも言える年齢であった。祖父は天津のイギリス租界で働いていた。両親はあと何年かしたら自分たちも天津に戻り、祖父たちと一家団欒のときを過ごせるとずっと信じていた。まさか、この別れが私たちと祖父との永遠の別れになろうとは、誰が予想したであろう。

私たちの天津の家には、祖父のほかに「祖父の後妻」、叔父と叔母がいた。当時、叔父は二〇歳、叔母はまだ一七歳であった。数十年後、私たちが叔母と叔父を訪ねたときには、もう二人とも白髪が混ざり始める年齢になっていた……。

このような物語は、特に珍しいことではない。おそらく幾千万もあるうちの一例に過ぎないだろう。なぜなら半世紀前には、台湾に向かったほぼすべての大陸出身者が、親族と離ればなれになるという悲劇を経験しているからだ。

だが私たちの家族には、そこにもう一つの悲劇が加わった。大陸にいた私たちの親族が右派とされ、果てしなく痛めつけられていたとき、父は台湾で無実の罪によって政治犯とされ、むざむざ一〇年もの歳月を牢獄で過ごしていた。一九四九年一二月中旬に、国民党政府が台湾に撤退した直後から、「千人を誤って殺害したとしても、一人を取り逃がしてはならない」という政策が取られ、父も不幸なことに一か月後には捕らえられて獄につながれた。もちろんこの時期、大陸にいた親族は、私たちが台湾でどのような目に遭っていたのかを、知るよしもなかった。

こうした悲劇は時代によって引き起こされた悲劇であり、不幸な政治情勢によって作り出されたものであった。

だが、私たちが台湾に着いた当初は、両親も大陸にいた親族とひんぱんに手紙のやり取りができていた。一九四八年の初め、下の弟、観圻が台北で生まれた。弟の名は祖父がつけた（手紙の中で、祖父はこう説明していた。「観圻」の二文字は枚乗[184]の詩に由来するものであり、国境に立って遠方を望むという意味だ、と。ここからも台湾という向こう岸にいた私たちへの深い思いが伝わってくる）。だが一九四九年の末に、国民党政府が台湾に移ってくると、ほどなくして両岸のやり取りは途絶えた。

両親はよく私に祖父の一家のことを話してくれた。祖父は私をいちばん可愛がっていたという。私が一九四四年に北京で生まれると、祖父は週末になるとしょっちゅう天津から列車で北京にやって来ては、私を抱いて遊びに出かけた。祖父はよく私を中南海の石の獅子の近くに連れて行って遊ばせていた。私たちは当時、中南海の向かいの北新華街に住んでおり、中南海にほど近いところにいた（数年後、中南海にあった石の獅子は天安門に移された）。祖父はまた私を連れて故宮を見学するのも好きだった。母はそれまで、台湾でも日本でも、あれほど大きくて雄大な宮殿は見たことがなかった。母にとっていちばん印象的だったのは、「正大光明」殿といったところに玉座や屏風が並べられていたことらしい。数十年経った後も母ははっきりと覚えており、飽きもせずに語ってくれた。母は私や弟の康成がお腹にいたときには、毎日のように故宮へ散歩に出かけたという。美しいものを鑑賞すれば、聡明で利発な子供が生まれると信じていたためである。

父が牢獄にいた長い期間、母はことのほか大陸の親戚たちを懐かしんだ。あの善良で優しく、賢かった「祖父の後妻」のことも。母は、「祖父の後妻」ほど善良な人は生涯に一度も出会ったことがない、と話していた。私の父は一九歳のときに、実の母親を亡くした。当時、叔父は一二歳、叔母はまだわずか九歳であった。次の年、祖父は父に庚款[185]の試験を受けるように言った。父は一番の成績で合格して、日本に留学した。当時祖父は天津租界地区の工部局（Municipal Council）で電気部門の主任を務めており、かなり仕事が忙しかった。毎日、仕事を終えて帰宅してから一〇歳あまりの二人の子供の面倒を見るのは、本当に大変だった。見かねた親戚が祖父に再婚を勧めたが、祖父は受け入れようとしなかった。だが後にあまりの忙しさに耐え切れなくなり、再婚を考えるようになった。そこである人が、李という姓の家の娘を紹介してくれた。彼女は容貌こそ平凡であったが、温和で善良な人であった。祖父は会うなりすぐに結婚を決めた。その人こそが私たちの祖父の後妻である。祖父の後妻は裕福な家の生まれではあったが、孫家と苦しみを共にする道を選んだ。彼女は自分の子供は持たないことに決め、祖父の二人の幼い子供たちを懸命に世話した。

その後、日本から帰った父は、ほどなくして母と天津で結婚した。祖父の後妻は生活面においても両親を支えてくれた。ちょうどその頃母のもとに、台湾にいる両親が重い病にかかったという知らせが届いた。だが戦争が続いていたため、故郷に帰って両親を見舞うことができないまま、焦りをつのらせていた。そしてあろうことか、わずか数か月のうちに、母の両親は相次いでこの世を去ってしまった。言うまでもなく母はこの知らせを聞いて、身も絶えんばかりに悲しんだ。祖父の後妻は母のことをとりわけ気にかけ、面倒を見てくれた。母は祖父の後妻の話をするたびに、思わず涙をこぼすのだった。

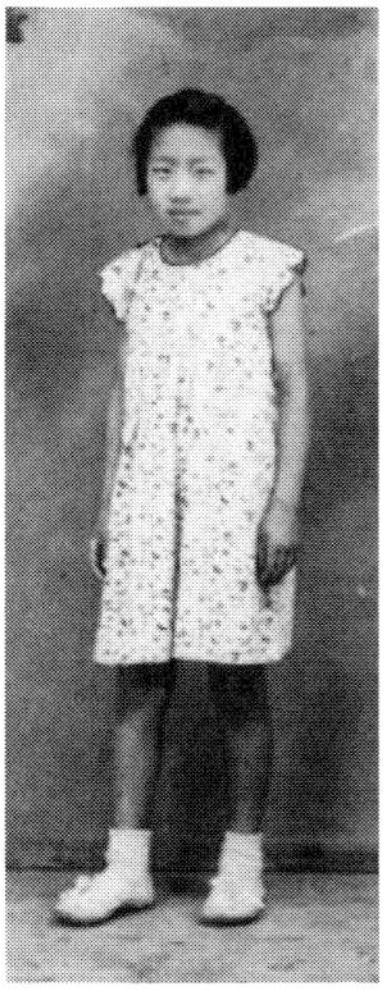
中学時代の叔母

中学時代の叔父、1940年

母は叔母と過ごした日々についても、よく語ってくれた。私の両親が結婚したとき、叔母はまだ一四歳だった。叔母は私の母が大好きだったので、しばらくすると天津から北京の学校に転校して、私の両親と一緒に生活するようになった。叔母は母の勇敢な行動を特に尊敬していた。あの戦争の時代に、母（当時わずか二二歳だった）は命の危険を顧みず、たった一人で日本から船で朝鮮半島に行き、さらには中国の東北部から列車で南下した[186]。道中、何度も困難に直面したが、ついには天津まで無事にたどり着くことができた。叔母は母のことを「現代の女英雄」と呼んだ。叔母は母の幅広い中国や欧米の文学知識についても尊敬していた（母は台湾人だったが、厦門で小学校教育を受け、コロンス島のミッションスクールに進学した。そしてそのまま日本に留学したため、文学の知識はなかなかのものだった）。叔母は毎日放課後になると、早く早くと母に話をせがんだ。あるとき、母はシェイクスピアの『リヤ王』を話して聞かせた。叔母は感動のあまり涙を流して、しきりにこう言った。「私は将来大きくなっても、決してリヤ王の上の娘たちのようにはならないわ。どうして年老いたお父さんを虐待なんてできるのかしら……」。母によると、叔母は子供の頃から感受性豊かで、飛び抜けて聡明であり、試験の成績はいつも一番だった。台湾で叔母のことを思い出すたびに、母はため息をついてこう嘆いた。「あぁ、あのとき彼女を一緒に連れて来ればよかった。きっと北一女[187]にトップの成績で合格したでしょうに」。

天津を離れたとき、私はまだたったの二歳であったため、大陸の親族についてははっきりとしたことは覚えていない。だが母が長年語って聞かせてくれた話は、心の中にしっかりと刻み込まれている。殊に祖父に対しては、特別な感情を抱いていた。母によると、私が生まれる前、祖父は良い名前をつけてあげようと、何日もまともに眠らず考えたという。祖父は女の子が生まれるのを望んでいた。孫家では叔母を除けば、何代も男の子ばかりが続いたからである。生まれたのが女の子の私であったため、祖父はむろん殊のほか喜んだ。祖父は私に対し特に甘かったという。私は母に、祖父の写真はないかと尋ねたことがある。母は、あのときは大慌てで大陸を離れたので、祖父の写真は一枚も持ってこなかった、本当に残念なことをした、と言っていた。幸いにも叔母と叔父、そして祖父の後妻の古い写真だけはあった。母はいつも写真の中の叔父を指さしながらこう言った。「あなたの叔父ちゃんは本当におじいちゃんとそっくりだわ。よく見

祖父と中央公園に行った7か月半の著者、1944年

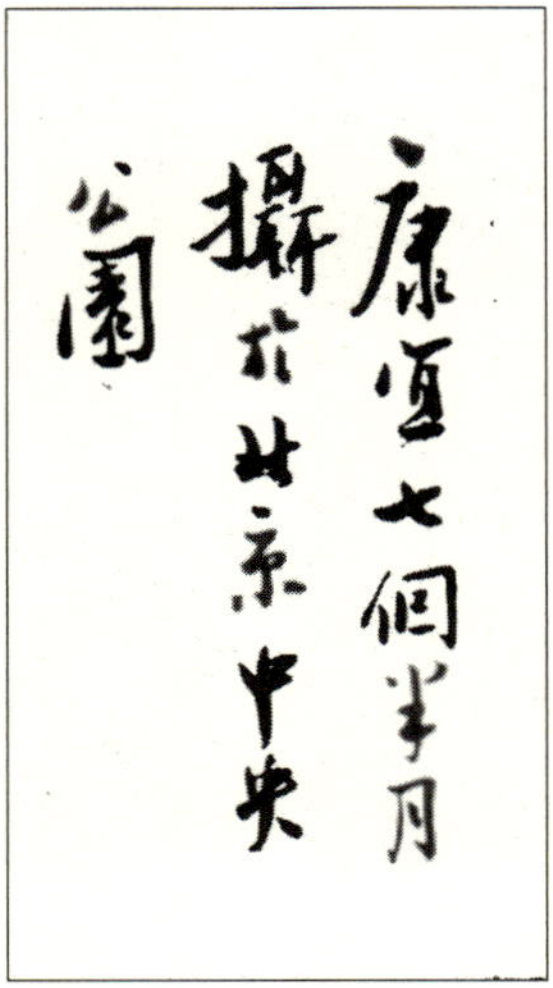

写真の裏に祖父が書いた文字

てごらん。おじいちゃんの顔の輪郭はだいたいこんな感じだった……」。

私は祖父の写真は見たことがなかったが、祖父の書いた字なら持っていた。祖父が私の古い写真の裏側に毛筆で、「康宜七か月半。北京の中央公園にて」と書いてくれたものだ。その写真はとても価値のあるものであった。祖父が私を連れて中央公園〔現、北京中山公園〕に遊びに行ったとき、わざわざ人に頼んで撮ってもらった私一人の写真だからだ。ただ私にとっては、写真そのものよりも、祖父が書いた毛筆の字の方が大切であった。だから私は小さい頃から、その字を宝物のように扱い、書道のお手本にもしてきた。数十年来、どこへ引っ越すときにも、その写真を必ず持っていったのは、祖父のためにほかならない。

私は幼い頃から、自分に言い聞かせてきた。「いつの日かきっとおじいちゃんを訪ねに行く」。

父が釈放されたばかりの頃、私は「おじいちゃんは今年で六六歳になるんだよね」と話を向けてみた。父はそれを聞いて悲しんだようだが、一方で私が大陸の親族を忘れていなかったことを知り、慰められもしたようだ。

だが私は心配になってきた。報道によると、大陸はひどい飢饉に見舞われているらしい[188]。祖父たちも悲惨な目に遭っているのではないか。

一九六〇年代末、私はアメリカに居を移したが、大陸ではすでに文化大革命が始まっていた。時が経つにつれて、私は祖父に会うという夢はきっとかなわないだろうと思うようになった。

一九七六年に文化大革命が終わり、一九七八年に両親がアメリカに渡って来ると、私たちはすぐに大陸の親族を訪ねる計画に取りかかった。しかしずいぶん長い間、私たちは大陸の親族と連絡を取ることができなかった。だが弟の観圻が香港中国銀行を通して探してもらったところ、一〇月に入ってようやく消息がつかめた。それによると、叔父は南京第一六中学で教鞭を執っており、叔母は上海の「上医」[189]で働いているという。祖父については、「該当者は見つかりませんでした」と書かれていた。

知らせを受け、私たちはただちに叔父と叔母に連絡を取った。サンクスギビングデー[190]の前に、叔父から一通目の手紙が届き、一家はみな跳び上がって喜んだ。その後は長年の思いが一気につのり、収拾がつかないほどであった。わずか数週間のうちに、私たちは叔父と叔母にそれぞれ数え切れないほどの手紙を送った。同時に彼らからもひっきりなしに返事が来た。手紙はいつも分厚く折りたたまれていた。みな過去の空白を補おうと必死であった。まるで埋もれた三〇年余りの歴史が全部出土したかのようであった。私たちはどちらもその時点では、互いにできるだけ喜ばしいことを報告して、悪いことは伝えないようにしていた。ただ叔父からの手紙で、祖父が一九五三年にすでにこの世を去っていたことを知り、私たちは何日も嘆き悲しんだ。

それから、叔父には孫綱と孫永という二人の息子がいることも伝えられた。叔母にも志明という息子がいた。わずかな間に、自分には叔父の妻と叔母の夫という親戚ができたばかりか、従弟たちがいたことまで分かった。彼らもみな親切で、ひんぱんに写真を送ってくれた。

一九七九年の元旦、突如としてアメリカは中華人民共和国と正式に国交を樹立すると宣言した[191]。この知らせを聞くと、父はただちにその年の秋には大陸に帰って親族を訪ねることに決めた。だが私はそれまで待ちきれず、すぐにでも動き出したかった。こうしてわずか数か月の間に、私は早々とビザの手続きを済ませ、荷造りをして、出発の準備を整えた。思いがけず私が父の帰郷の「先導役」を務めることになったのである。

一九七九年六月二〇日、私はニューヨークから飛行機に乗り、香港に向かった。香港からは列車に乗って、広州に向かい、そこで何日間か留まった。私はその時間を利用して、観光スポットを参観してまわった。また世界各地から親族に会うために帰ってきたたくさんの華僑たちにも出会った。華僑ビルでは、マレーシアから来た中年の女性が泣きながら私に語ってくれた。このたびは先祖の墓参りをするために来たのだという。彼女の一家は両親や兄弟を含め、全員が亡くなったと知らされていた。

六月二四日の夕方、私はついに上海の虹橋空港に到着した。当時、虹橋空港はひっそりとしており、旅客もまばらで、現在のように混みあってはいなかった。飛行機を降りると、すぐにタクシーをつかまえることができ、三〇分ほどで和平飯店にたどり着いた。ホテルに入り、荷物を片付けると、ただちに叔母に電話をかけた。

三〇分足らずで、叔母と叔母の夫がホテルの応接室に現れた。私たちはすぐにタクシーを呼んで、叔母の家に向かった。その家はかなりごちゃごちゃした小さな路地の一角にあったが、きれいに掃除されていた。叔母の夫がわけを話してくれた。「あなたのおかげです。海外から親戚が訪ねてくるというので、上の人たちが特別にこの部屋への移転を許可してくれたのです……」。

部屋に入ると、叔母はこらえきれずに私を抱きしめて大泣きした。数分が経過しても、私たちは互いに向き合ったまま無言で涙を流し続けた。どれだけ時が経ったのだろうか。私たちはようやく語り始めた。私は叔母に尋ねた。祖父はどうして一九五三年に亡くなったの、と。叔母は首を横に振って、言いたくないというそぶりを見せたが、ようやく重い口を開いてくれた。一九五〇年代の初めに、災難が次々と天津の彼女たち一家に降りかかってきた。初めはある親戚が公衆の面前で彼女たちのことを無視するようになった。続いて祖父が数十年勤めてきた職場を首になった。そんなある晩、祖父が突然姿を消した。叔母は深夜まで待ったが、祖父は帰ってこなかった。叔母は祖父の後妻に後のことを頼むと、駆け出していき、街の隅々まで足を運んで、夜が明けるまで探し回った。翌日の明け方になって帰宅した叔母は、そのときようやくゴミ箱の中から、祖父が書いた小さなメモを見つけ出した。そこには「天津駅へ行く」と書かれていた。叔母は再び駅へと向かい、何時間も待ったが、やはり祖父の姿は見つからなかった。その後も祖父が食糧切符を受け取りに来る気配がなかったため、一家は、きっと祖父は自殺したのだろうと判断を下した。もしかすると、天津駅の向かいにある海河[192]に跳び込んだのかも知れない。

「あぁ、そうだったのですか……。だからお墓もないのですね」。私は低い声で尋ねた。そして自分の冷静さに少し驚いた。

「でもね、父がそのとき、たとえ普通の死に方をしたとしても、お墓を目にすることはできなかったわ。私たちのご先祖様のお墓はとっくになくなってしまっている……」。言いながら、叔母はまた嗚咽し始めた。私はふいに、広州で出会った華僑のことを思い出した。彼女は先祖の墓参りをすると言っていた。

叔母によると、祖父の失踪後しばらくして、先祖の墓に災いが振りかかった。隣近所の人たちも同じ運命を免れることはできなかった。これについて、叔母は多くを語りたがらなかった。ただとても心を痛めていることだけは分かった。祖父はずっと先祖の墓を大事にしていたからである。もともと、私たちの先祖の墓は天津近郊にあった。その周辺は広々とした土地であり、林もなく、草地が広がっているだけであった。日本軍が天津を占領していたときに、ひどい洪水で水に浸かってしまったことはあるが、祖父が急いで盛り土をして、やっとのことで先祖の墓を元通りにしたのだった。「でも今では何もかもなくなってしまった……」。叔母はまた嘆いた。

しばらくすると、家系図も焼失してしまったという。どうして燃やされたのか、誰が、どこで燃やしたのか、叔母はこれについても話したがらなかった。

叔母は言った。自分はあまりにもつらい生活を送ってきた。二度ほど強制的に精神病院に入れられたことさえある。幸いなことにその後、心根の優しい夫に出会い、結婚後は二人で苦楽をともにしてきた。可愛い息子の志明も生まれた。それでようやく「起死回生」できたのだという。叔母は自分の過去のことを話そうとすると、無意識のうちに全身が震えてくると言った。

叔母との会話の中で、私は生まれて初めて「裙帯風〔閨閥がはびこる風潮〕」「穿小鞋〔人に小さい靴を履かせる、つまり人に仕返しをする。嫌がらせをする〕」といった言葉を耳にした。いずれも叔母自身が経験したことであった。

「もういいわ。今はもう何もかも良くなった。四人組も打倒された。今、国家の新しい政策は「安定団結」だから……」。叔母はまるでスローガンを口にするかのように言った。

私はこう伝えた。「叔母さん、もう心配しなくていいですよ。今、私たちはアメリカに移民しているから、いつでも叔母さんたちの助けになれます」。私には父が台湾で捕らえられたことを口に出す勇気はなかった。もうこれ以上、叔母の精神を刺激したくなかったからだ。

翌朝、従弟の志明が黄埔江公園に連れて行ってくれた。彼は公園の入り口を指さして、言った。「ほら、あそこに当時「中国人と犬は入るべからず」という看板があったんだよ」。私は笑いながら言った。時代は変わったわ。中国人はもう全世界の人たちから尊重されている。何と言っても今は全世界の五人に一人は中国人なのだから、誰が中国人の存在を無視できるというの。私がこう言うと、志明は目を大きく見開いて、納得したように微笑んだ。

その日の昼、私は志明を連れて和平飯店の最上階で昼食を取った。高所から見下ろすと、黄埔江に浮かぶ船が余すところなく目に入った。私はそのうちの一艘を指さして言った。「ほら、あそこを見て。私たちが台湾に行くときには、あんな感じの船に乗ったらしいわ。当時私はまだ二歳だった……」。志明はそれを聞くと、口を開いたが、すぐには言葉が出てこないようだった。一九六三年生まれの子供には、昔のことは想像しづらかったのだろう。

その二日後の六月二七日の午後、私は予定通りの時刻に南京駅に着いた。列車から降りると、すぐに叔父を見つけることができた。叔父は一家全員で来てくれていた。叔父の妻は写真の印象とまったく同じであったが、二人の従弟はかなり違っていた。上の綱は眼鏡の色が薄く、アメリカ人のようであった。体つきは思ったより、小柄だった。下の永はがっしりとした体つきで、スポーツ選手のように見えた。

タクシーに乗ると、叔父は後部座席にいる私の方を振り返りながら、ひっきりなしにしゃべり続けた。「私たちが生きているうちにまた会えるなんて、信じられないよ。まったく夢のようだ」。私もずっと叔父を見つめながら、何度も言った。「叔父さんは本当に私の父とそっくりですね！」。話しているうちに、あっという間にタクシーは着いた。

叔父たちはちょうど秦淮河のほとりにある路地の一角に住んでいた。古典の詩歌によく読まれた秦淮河が目の前に見えるとは思ってもみなかった。私たちが狭い路地を通って家に向かっているとき、ふいに「孫先生、孫先生」と呼ぶ声がした。その言い方には聞き覚えがあったので、私は足を止めた。一瞬、誰かが私の父を呼んでいるのかと思ったが、すぐに気付いた。叔父も南京で「孫先生」と呼ばれているのだ。

私は南京に向かうときから、もう心の中で決めていた。たとえどんなことがあっても、叔父たちに私たちが台湾で不幸な目に遭ったことを知らせてはならない。将来このことが伝わってしまったら、叔母はきっと耐えきれないだろう、と。

だがどうしたことか、その日の午後、叔父の家に到着して、腰を下ろすとすぐに、私は滔々と父が台湾で一〇年間牢獄につながれていたことを語り出してしまった。ずっと自制していたプレッシャーが、言葉となってあふれ出してしまったからかも知れない。

叔父にとっては青天の霹靂だったらしく、最後まで話を聞き終わっても、すぐには本当のこととは信じられないようであった。彼は立ち上がると、ゆっくりと大股で歩きながら、口の中でつぶやき続けた。「あり得ない……。これまで私は何度も右派分子にされ、反革命修正主義[193]分子だとされてきた。私の名前は幾度となく大字報[194]にも載せられた。どれもこれも台湾と関係があったからだ。あぁ、なんでこんなことになっていたのだ。まったく思いもしなかったよ」。

当時、叔父をひどい目に遭わせた人たちはいつも叔父にこう言っていたという。おまえの兄貴（私の父のこと）は台湾政府の高官になった。「蔣介石の飛行機を操縦していたこともある」、と。過酷を極めた何度もの批判闘争の中で、叔父は自殺寸前にまで追い詰められた。幸いにも長男の綱（当時まだ一二、三歳だった）が懸命に叔父を説得し、道理を説いてくれたので、叔父はやっとのことでこの苦難を耐え抜いたのだった。

「そうなのね。綱はまだ若かったのに、お父さんのために動いてくれたなんて、すごいわ」。私は驚嘆して言った。

その日私たちは夕飯のときも、過去の不幸な境遇について話し続けた。私は叔父のことを頭の切れる人だと思った。さまざまな事情を分析する際にも、非常に理性的であった。叔父は言った。きみのお父さんは大陸に留まらなくて正解だった。そうでなければ、あのように率直で権勢に屈しない性格の人間は、一九五七年の反右派闘争で、やられてしまったに違いない。例え生き残ったとしても、文化大革命の一〇年間を無事に過ごせたとは思えない、と。私はそれを聞いて何度もうなずいた。つらい話ではあったが、幸いだったとも思った。

私は続けて祖父の自殺について尋ねた。叔父はまさか私がこのことを知っているとは思わなかったようだ。私は言った。「知っていることは知っていますが、その原因についてはよく分かっていません。もう少し詳しいことを教えていただきたいのですが」。叔父はちょっと考えたようだが、すぐに言った。「分かった。明日は外出して、いい景色を見に行こう。そのときにチャンスがあれば、お伝えしよう。

ただ決してきみのご両親には知らせないでほしい。お二人はもうじゅうぶん苦しみを味わったのだから。心穏やかな晩年を送らせてあげなさい」。

翌日、叔父は私を案内して莫愁湖[195]、勝棋楼[196]、中山陵[197]、霊谷寺[198]、明孝陵[199]などの名所旧跡だけでなく、有名な廖仲愷[200]、何香凝[201]夫妻の墓にも連れて行ってくれた。夕飯後、叔父は玄武湖[202]のほとりを散歩しようと提案した。その日はいつになく爽やかな気候で、私たちは静かな湖畔を歩き、柳の枝がかすかに揺れ動くのを眺めた。詩心がわいてくるようであった。しばらくすると歩き疲れたので、私たちは長い石段に腰掛けた。

叔父は単刀直入に、祖父の話の続きをしよう、と切り出した。叔父は湖上を眺め、軽く咳払いをして話し出した。

「養母が言うには、父の自殺の原因は複雑で、少なくとも一〇くらいは理由があった。その一つは現実の生活問題だ。あの年、父は突然仕事を失い、それまでのように生活することができなくなった。父は私のいる南京に来て、一緒に住みたがっていたようだが、当時の私にはそれができる状況にはなかった。父は八方ふさがりだと感じたようだ。それから、父は自分がふだん怒りっぽい性格であったことも後悔していた。それが原因で私の実母が早くに亡くなってしまったのだと思い込み、かなりふさぎ込んでいた。だが私は思うんだ。きみたちが台湾に行ってしまい、この世でもう会える見込みがなくなってしまったことが、父には大きな打撃だったに違いない、とね。私たちは父の失踪後に気付いたんだ。あの日、父はきみのご両親、康成、それからきみが写った写真を持って出たらしい。父は河に身を投げたのだろう。知っての通り、あの河は海に通じている。父はきみたちの写真と一緒に海に消えてしまったんだ……」。

私はもうこれ以上、聞いていられなかった。気づくと顔中が涙でぐしょぬれになっていた。ほの暗い街灯の下で、叔父も眼鏡をはずして、涙を拭いているのが見えた。

しばらく経った後、叔父は話題を変えた。叔父は、私の母にはずっと感謝の念を抱いていると言った。叔父は私の母が世界でいちばん善良な人だと思っていた。叔父はこうも言った。私の母と伯父〔母の一番目の兄、陳本江〕から受けた恩義は一生忘れない、二人は命の恩人である、と。叔父は十何歳かのとき、突然、盲腸炎の発作を起こした。私の両親はすぐに叔父を病院に連れて行き、検査を受けさせた。診断の結果、医師は、盲腸はすでに重い腹膜炎になってしまっており、もう望みはないかも知れないと告げた。母は聞くなりその場で泣き崩れ、医師にすぐに手術をしてほしいと懇願した。だが病院側は、手術費用はかなり高く、まず数千元の保険料を収めてからでないと医師は執刀しない、と言った。母はただちに自分の兄〔当時、私の伯父は北京大学で教鞭を執っていた〕に連絡を取った。伯父は知らせを受けると、病院に駆けつけ、その場で彼の預金の大部分を下ろし、保証金として支払った。こうして叔父は一命を取り留めたのである。だが一回の手術だけではうまくいかず、二回も手術を行った。この苦しい日々の中、私の母はずっと彼に付き添って面倒を見てくれた。本当に行き届いた心遣いであり、生涯忘れられないという。

私はこの南京と上海滞在中に、何度か南京大学でアメリカ文学についての講演を行った。さらに詞の専門家、唐圭璋[203]教授を訪ねた。

（アメリカに帰った後、私は上海の施蟄存[204]先生と手紙のやり取りを始めた。そこで初めて彼が長きにわたって詞を研究してきただけでなく、『詞学』という雑誌まで創刊していたことを知った。一九九六年になって、私はようやく施蟄存先生にお会いすることができた。そのときのことはよく覚えている。彼は何度も私にこう言った。「一九七九年に上海にいらしたときに、知り合うチャンスがあれば、私たちはもっと早くから協力できていたのですが」。）

一九七九年七月五日、私は自分が生まれた北京の地を訪れた。このときのことは永遠に忘れないであろう。和平賓館で少し休むと、私は一時間もしないうちにもう地図を手にして、足早に故宮の方向へ向かって歩き出した。母が長年私に語って聞かせてくれたあの北京の「旧居」を探すつもりであった。アメリカを発つ前に、父は私に何度も言い聞かせた。当時のお隣さんで親友でもあった周金科医師にご挨拶するのを決して忘れてはいけないよ、と。私は歩きながら、「北新華街、周先生、北新華街、周先生」とつぶやいていた。道を尋ねながら中南海までたどり着き、そこからはすぐ北新華街に入ることができた。私は通りの奥へと向かい、北京音楽ホールの前で立ち止まった。そして、これがたぶん両親が当時よく映画を見に行ったという中央電影院なのだろう、と考えた。通りにいる通行人は少なかったが、その視線のほぼすべてが、他所から来た私の方にじっと注がれていた。このとき、背が高く痩せた老人が

ようやく見つけた北新華街の旧居。右は周金科医師。向かいには1940年代に張我軍夫妻がよく映画を見に来た中央電影院（現、北京音楽ホール）がある

向かい側の家から出てきて、やはり私の方に目を向けたことに気が付いた。

私はすばやく通りを横切り、礼儀正しく尋ねた。「恐れ入ります。お尋ねしますが、このあたりに周金科先生というお医者さんはおられませんか。私はアメリカから帰って来たもので……」。

何と私がまだ言い終わらぬうちに、彼はうれしそうに私の両手を握って言った。「私ですよ、私です……」。

あまりの奇遇に私は驚いた。彼は私が当時の親友、孫の娘だと聞くと、感激のあまり涙を流した。そしてこう言った。この三〇年余り、よく私たち一家のことを思い出していた。私たちが去っていったときの名残り惜しい気持ちは、今でもはっきりと覚えている、と。周先生は私の幼名が小紅〔紅ちゃん〕であったことも覚えていた。彼は私を可愛がってくれていたという。私が北京を離れたのは、まだ二歳の誕生日を迎えたばかりの頃であった。私はとても社交的で、北京訛りの言葉で滔々と話していたという。今、私の訛りはもう完全に違うものになってしまっており、容貌も小柄で愛くるしかった私の母親

とは少しも似ていない。……彼は話しながらむせび泣いた。数分後、周先生は少し気が落ち着いたようで、すぐに私を私たちが以前住んでいた家に案内してくれた。だが続けてこう言った。実はもう「ふるさと」でも何でもなくなってしまっている。文化大革命のとき、多くの人が迫害され、この地域の人たちはみな早々と引っ越して行ってしまった。ただ彼の一家だけが残った。孫一家がもともと住んでいた家の住所は、北新華街二三号乙である。だがその広い家はずいぶん前から二つに分けられ、片方はアイスクリーム屋、もう片方は大勢の人が住むアパートになってしまっている。そう言いながらも、彼はそのアパートに私を連れて行って見せてくれた。私は自分が小さい頃に寝ていた部屋の写真をたくさん撮らせてもらった。その日の晩、三〇年ぶりの大団円を祝して、私は周先生のご一家をホテルにお招きしてご馳走し、録音も残した。深夜になってようやく、みな名残を惜しみながら別れを告げた。

翌日、私は前々から約束をしていた沈従文[205]先生ご夫妻と会うことになっていた。そのため気持ちが高ぶっていた。何より驚いたのは、中国へ向かう直前に叔母から、沈従文先生は私たち一家の親戚であると聞かされていたことだ（叔母が言うには、叔母の夫は沈従文の遠い親戚に当たるので、私も沈従文先生の遠い親戚の一人になるらしい）[206]。その日は沈従文ご夫妻にお会いし、続けて蕭乾[207]ご夫妻、王力[208]教授などにもお会いした。

北京でお会いした中で、もっとも忘れがたいのが、楊憲益[209]とそのイギリス人の妻、グラディス・ヤン（Gladys Yang）[210]である。楊憲益とは、彼の妹で、南京で教授をしていた楊苡[211]の紹介を通して知

楊憲益（右）とグラディス・ヤン（左）夫妻、その孫（中央）とともに

り合った（楊苡女史は南京大学外国語文学科の教授で、夫は著名な比較文学の教授、趙瑞蕻[212]先生であった）。楊憲益のご一家は天津出身であり、私が天津にルーツを持つと聞くと、特に親切にしてくれ、私の叔父のことも友人として迎えてくれた。このときはアメリカにおける中国学の状況について語り合っただけでなく、二人のつらい過去についても語ってくれた。楊夫妻は、文化大革命の時期に同時に逮捕され、ともに四年間牢獄につながれていた。その間、二人は互いに相手がどうなったのかを知らされないままであった。息子の一人は大きなショックを受け、ついには精神を病んだ。後に、この息子はイギリスに行ったが、あろうことか私が彼らを訪ねるわずか数週間前に、イギリスで自ら命を絶ってしまっていた。

楊憲益とグラディスは息子の悲劇を語るときにも、ずっと表情を変えないままであり、それが却って私に深い印象をもたらした。当時、多くの大陸の人は感情を激しく表した。彼らはそれとはまったく異なり、穏やかであった。私が一九七九年に見た限りでは、ほとんどの人は文化大革命の話題に触れると、悲しみのあまり激しく泣き叫んで涙を流した。私はこの情景を見て、杜甫の「春望」の詩の二句を思い起こした。「時に感じては花にも涙を濺《そそ》ぎ、別れを恨んでは鳥にも心を驚かす」。詩の意味はこうである。嫌というほど戦乱を経験した後には、人々の感情は特にもろくなり、花が鮮やかに咲き乱れているのを見ても、涙が流れる。もし家族と長い間離れ離れになっていれば、鳥の鳴き声を聞いても、驚いてしまう。楊憲益とその夫人は穏やかに見えたが、実際には悲しみが極限にまで達した後の、一種の理性的な超越状態であったのだろう。この「超越」状態になれば、もう涙は尽きてしまい、これ以上出てくることはない。

だが私はと言えば、やはり感情に突き動かされるタイプの人間である。数日後、広州から香港に帰る列車の中で、涙がずっと止まらず、優に三時間もの間、涙を流し続けた。私の向かいに座った男性は、好奇心を隠しきれない様子で何度も私の方を見た。彼にどう思われていたのかは分からない。

アメリカに帰った後も、私はずっと祖父の自殺のことは胸に秘めたままにしておき、両親には知らせなかった。二〇年近く経ってから、母がこの世を去った。私はようやくこのことを父に打ち明けた。

等んぞ是家有れども帰ること未だ得ざる　杜鵑耳辺に向かいて啼くを休めよ[213][214]

第一五章　実直に道を切り開いた伯父、張緑水

二〇〇二年、美しい秋の日の午後、私はイェール大学研究室の秘書から大きな包みを受け取った。開いてみると、よく磨かれた木製のメダルが目に飛び込んできた。表面には金でできた四つの文字、「傑出校友」が刻まれている。その下にはこう書かれていた。「贈呈、高雄石油精製工場国光油校子弟学校校友総会より」。添えられた手紙から、これは高雄石油精製工場の校友会が初めて贈った「傑出校友」の栄誉の証であることも分かった。一九九二年に贈られたはずのこのメダルは、なぜかはるか長い年月を経て、ようやく私の手元に届いたのだった。

メダルを前にして、私はひとしきり考えた。このメダルは私の二番目の伯母の夫、張緑水にこそ捧げられるべきものだ、と。半世紀前、もし伯父の助けがなければ、私は絶対に石油精製工場国民学校に転校することはなかったからだ。

長年私は自分の半生を振り返るたびに、あのとき石油精製工場国民学校に転校できたことが、どれだ

け重要であったかを考えざるを得ない。その転校こそが私の運命を決定づけたからだ。

実は高雄石油精製工場国民学校とのご縁は、偶然から生まれたものであった。私はもともと林園の田舎の小学校に通っていた。ところが一二歳のときである。小学校を卒業する三か月前（つまり一九五六年二月）になって、突然悪い知らせが飛び込んできた。教育部（日本の文部科学省に相当）が出した臨時通達によると、これから初級中学の入試は、県と市で分けなければならないという。つまり、高雄県の国民学校の児童は当地の県立初級中学しか受験することができず、高雄市の管轄下にある省立高雄中学（男子校）と省立高雄女子中学は受験することができなくなったのだ。

ほとんどの児童にとって、このことはおそらく大した問題ではなかった。当時、林園の田舎では進学を重要視する人はほとんどいなかった。小学校を卒業できれば、あるいはどうにかこうにか県立鳳山中学に進むことができれば、それでじゅうぶんであった。だがこれは母にとっては、青天の霹靂であった。母はずっと私が高雄女子中学に進学するのを待ち望んでいた（二人の弟にも高雄中学への進学を望んでいた）。将来大学あるいはさらに高い学位を取得させるためである。父が獄中であれほど長期間、堪え忍ぶことができたのは、私たち姉弟三人の成績がそれなりに良かったためであることを、母は知っていた。

そのためこの教育部の通達を耳にすると、母は慌てふためき、いったいどうしたらよいのか分からなくなった。幸いにもこの大事な時機に、左営の高雄石油精製工場にいた二番目の伯母の夫が助け船を出してくれた。伯父は、私の戸籍をすぐに伯父たちの家に移すよう言ってくれた。そして何としてでも私

日本統治期の二番目の伯父

のために転校の交渉をすると請け負った。母はすべての点で自立した人間であり、人に頼りたがらない性格であった。だがこのやむを得ない状況においては、自分の姉と姉の夫の手を借りるよりほかなかった。

　ところが石油精製工場国民学校の規定では、石油精製工場で働く者の子女にしか入学を許していなかった。私は石油精製工場に勤める者の子弟ではないので、学校側は当然のことながら許可を渋った。だが伯父が何度も当時の王琇校長に助けてもらえないかと懇願し、また教員たちもみな我が家の境遇に同情してくれたため、ついに学校側も前例を破って私の転校を受け入れてくれた（その後、弟の康成も続けて石油精製工場に移ってきた）。

　私は卒業までたった三か月しかなかったため、数日のうちに石油精製工場の二番目の伯母の家に移り住んだ。転校初日に編入試験を受け、二日目からは授業に出た。伯父は当初から私の面倒をよく見てくれた。伯父は毎日、私を自転車に乗せて学校まで連れて行ってくれた。一人で通学させるのは危ないと思ったからだ（自分の子供たちはみな歩いて登校させていた）。私が膀胱炎になったときには、仕事を休んで左営市街にある病院に連れて行ってくれた。伯父はたくさんの時間を費やしてくれただけでなく、少なからぬ費用も払ってくれた。私は心から伯父に感謝している。

だが、当時の私には突然転校したプレッシャーが重くのしかかっており、その上私はもともと完璧主義者であるため、試験の成績が思うようにいかないたびに、伯母の家で大騒ぎした。しかも私は神経が過敏で、試験の前にはいつも眠れなかった。あれは中学入試の前日のことだった。私は一晩中眠れず、眠れないことで余計に追い詰められた。ついには騒ぎ出して皆を起こしてしまい、結果的に一家全員の眠りを妨げてしまった。私は自分でも分かっていた。あれ以来、きっと皆は私に愛想を尽かしてしまったに違いない、と。だが予想に反して、伯父は相変わらず私に親切にしてくれた。私が眠れなかったり、騒ぎ出したりすると、伯父はいつも温かいお湯を入れた洗面器を持ってきて、私の顔を拭いてくれた。そして私の額をなでながら、こう言うのだった。「目を閉じて祈りなさい。きっと眠れるよ。ほら、一緒に祈ろう……」。不思議なことに、伯父と一緒に祈ると、私はすぐに落ち着いて眠りに就くことができた。

数年が経ち、一五歳になったときに、私は小港教会で洗礼を受けた。これも伯父の導きであった。後に、私は順調に高雄女子中学を卒業し、続けて大学に進学し、さらに国を出て留学した。こうした道のりをたどり、最終的には憧れていた学術生活に入った。また私は伯父の次男である欽次と結婚した。今の私があるのは、欽次の長年にわたる思いやりとサポートのおかげである。だが私には分かっている。あのとき、もし石油精製工場国民学校への転校が間に合わなければ、これらはみな実現できなかった、ということを。

今でもよく覚えているが、二番目の伯父夫妻は寛容で度量が広く、惜しむことなく何でも人に分け与えていた。彼らにはすでに八人の子供がいたが、私と弟の康成を「受け入れ」てくれただけでなく、多くの親戚や友人にも援助をしていた。私と上の弟がいた時期に、さらに数人の親戚の子供たちが一緒に住んでいたこともある。例えば、私の従兄の蔣勇一は当時、高雄中学に進学したが、毎日遠方の岡山（現、高雄市岡山区）から高雄まで通うことができず、伯父夫妻の家に住まわせてもらっていた（蔣勇一は後に職業小学校の校長となり、その後カナダに移り住んだ。二〇〇一年七月五日に病気で亡くなった）。二番目の伯父は家に「子供たち」がたくさんいたので、週末になるたびに高雄市からかなり遠く離れた草衙へ行き、一袋ずつ米を担いで持って帰っていた。伯父のことを思い出すたびに、私の脳裏には米を担いで帰ってきたときの姿が蘇る。伯父は全身汗だくで、かなり疲れ切っていた。伯父はいつも息子たちに言っていた。「おまえたちが大きくなったら、私の代わりに米を担いでおくれ……」、と。

伯父夫妻の優しさは多くの人に知られていた。石油精製工場に着いたその日から、近所の人々が口々に伯父を称賛するのを耳にした。「あの張緑水は、本当に善人の模範のような人物だ、この世に二人といないだろう……」。伯父はつねに親戚や友人を助けていただけでなく、教会でも長年長老を務めていた。伯父の人柄は教会仲間からも広く尊敬されていた。

一九五〇年代の台湾南部において、高雄石油精製工場は一、二を争う高級住宅街であった。その工場は日本統治期における日本海軍第六燃料廠を引き継いだものだった。その地区は職場も社宅も設備が完璧に整っていることで知られていた[215]。そこには現代的なショッピング施設（中にはカフェやアイスクリーム屋などがあった）が備わっていただけでなく、新式のプールまであった。伯父夫妻の社宅はまさにこのプールの真向かいにあった。だから私たち「居候中」の子供たちも、伯父とのつながりで、工場地区の外の人間には享受できなかった多くのことを楽しむことができた。私にとって、高雄石油精製工場はまるでユートピアのようであった。

しかし私は子供ながらも、石油精製工場地区に存在するある種の省籍矛盾をうすうす感じ取っていた。まず第一に外省人の大多数が、比較的地位の高い「職員」であった。住んでいる社宅も高級な「宏毅里」であった。台湾人の多くは「工員」で、住んでいる場所は「後勁区」であった。二番目の伯父は数少ない例外であり、職員の中のごくわずかな「台湾人」の一人であった。

当時の台湾人の中で、伯父は群を抜いて優秀であった。日本統治時代、伯父は有名なミッションスクール、「長栄中学」[216]で学んだ。卒業後は草衙の石油精製工場で高いポストに就いた。家庭環境もかなり恵まれていた。養父の張金梯氏が地元で名の知れた大地主であり、また議員でもあったからだ。私の母方の祖父母は、早くからこの伯父のことが気に入っていたという。こうした理由から、二番目の伯母はわずか一二歳のときに伯父と婚約した。当時日本の公民であった台湾人の中で、伯父は一、二を争うエリートであったと言えよう。

地主兼議員であった伯父の養父、張金梯（右から二番目）。張金梯の左隣で娘を前に抱えているのが伯父

一九四五年に第二次世界大戦が終わり、台湾は中華民国の統治下に入った。当初、台湾人はみな、祖国に復帰できるのだと興奮した。だが突然「日本人」から「中国人」に変えられた台湾人が、その環境に適応していくのは容易ではなかった。まず短期間のうちに、日本語を棄て、中国語を学ばなければならなかった。やがて台湾人の間に少しずつ失望感が漂い始めた。国民政府の下で、自分たちが二等公民にされてしまったことに気付いたからである。当時、ほぼすべての機関において、高いポストはいずれも「国語」が話せる「外省人」に占領されてしまっていた。大多数の台湾人はただたどしい中国語で何とかさまざまな仕事をこなしていくしかなかった。この時期にはむろん、多くの台湾人が屈辱を受け、失望を味わった。じっと内心

の怒りを抑えて黙り込まねばならない状況の下で、台湾人は耐え忍ぶ力を育んできた[217]。

二番目の伯父夫妻とその家族は、文化面、言語面での挫折を味わっただけでなく、経済面でも大きな挫折を味わった。伯父の家はもともと数百甲[218]もの田畑を有していた。だが一九五〇年代に国民党政府が「三七五減租」[219]や「耕す者にその土地を」[220]という政策を実行すると、伯父の家の田畑は最終的にはわずか三甲を残すのみとなった。もともと伯父は資金のやりくりが得意ではなかったため、さらに深刻な経済的損失を被った。このことについて、伯父はほとんど口にしたことはなかったが、ずっと忘れることはなかったであろう。

だが皆は口をそろえて言う。伯父は台湾人でありながら、長期にわたって高雄石油精製工場で「職員」として働くことができた。もうこれでじゅうぶんではないか、と。伯父自身も自分は運が良かったと認めていた。だが私は知っている。伯父よりも実力のない「外省人」が昇進するたびに、伯父は納得のいかない思いをしていたことを。伯父の昇進はいつだって忘れられていた。一九七九年に伯父は家族とともに無事にアメリカに移住することができた。そして、ようやく差別的な環境から逃れられたのである。

以前、私にはずっと理解できなかった。伯父のような裕福な人間であれば、台湾でじゅうぶん快適な生活が送れただろうに、どうしてあの手この手を尽くしてまで一家揃ってアメリカに移住してくる必要があったのだろうか、と。

後に、伯父の一家がボストンに引っ越してきた。私はそこでついに彼らの真の姿を目にした。彼らは新しい生活のためにはどれだけ苦労し、苦しみや犠牲を払ってもいい、ただ、もと来た道のりを戻ることだけはしたくない、という思いにあふれていた。それ以降、私にははっきりと理解できた。三〇〇年前に福建から海を渡って台湾に移住してきた祖先たちと同じように、二番目の伯父も（ひとたび自分の現状に不満を抱いたからには）新しい空間を切り開こうと、喜んで異郷の地に赴いたのだろう。彼の奮闘する姿を見て、私は連横[221]の『台湾通史』[222]の中の言葉を思い浮かべた。「深く我らの祖先を思うと、大海を渡り、辺境の地に入ってこの土地を開拓し、子孫万年のなりわいを為した、その功績はすばらしいものである」[223]。ちょうど伯父がいたボストンも、アメリカ人が「大海を渡り」いちばん初めに上陸した移民の基地であった。そこでは三〇〇年前にイギリスから荒野を開拓しにやってきた人々が残した、たくさんの遺跡を目にすることができる。

二番目の伯父は「実行を重んじた〔原文は務実〕」開拓者であると思う[224]。現時点で、伯父の二〇名を越える子孫たちは全員、アメリカで自分たちの生活と仕事を持つことに成功している。最終的に伯父の願いはかなったのだ。

だが私にはとても残念に思っていることがある。伯父たちがアメリカに来たばかりで、生活が苦しかった頃、私と欽次は二人ともちょうど自分たちの仕事に必死になって取り組んでいたところで、彼らをサポートできる状況にはなかった。ようやく環境が整い、彼らに親孝行したいと思い始めた頃、彼らの方ではもう私たちのサポートは必要なくなっていた。

ほかにも心が痛むことがある。伯父は最後の一〇年間を、ずっと寝たきりで過ごした。一九八六年に四男の張道成（音楽家で医学生でもあった）が病気で早世してからというもの、伯父の体は見る見るうちに衰えていった。後にはほぼ半身不随となり、寝返りを打つことも難しくなった。これまでずっと誰より勤勉に働いてきた人が突然、障害者となってしまったのだ。私が最後に伯父と会ったのは、一九九四年一〇月のコロンブス・デー（Columbus Day）[225]の日で、場所はハーバード大学にほど近い療養施設、ユーヴィル・ウェルネス・センター〔Youville Wellness Center〕であった。数日後、伯父はその療養センターで亡くなった。二〇〇〇年五月、私はハーバード大学の張鳳女史とともに、同じ療養センターに入っていた張光直教授を見舞った（張光直教授は生前から、ボストンにいた伯父の家族と親しく行き来していた）。

私の一生は伯父に借りを作り過ぎたと思う。どうやって努力してみたところで、埋め合わせできるものではない。せめて石油精製工場の校友会が私に贈ってくれた、あのかけがいのないメダルを伯父に捧げようと思う。

第一六章　最後のカード

母はカードがとても好きであった。母が言うには、カードは相手の思いにピンポイントで応えることができる。それに心からの祝福や恋しい気持ちを代弁することができ、いちばん優れた愛の表現方法でもある。しかも、カードはみなデザインが異なっており、この「違い」もまた貴いのだ、と。

一九九四年三月二五日、母がアメリカ国籍を取得したその日に、私はアメリカの国旗が描かれたカードを母に送った。そして大きな文字でこう書いた。「カードを愛するアメリカ人のお母さんへ」。

私が母に最後のカードを送ったのは、一九九七年九月八日のことであった。だがカードが届いたときには、母はもうこの世からいなくなっていた。母は九月一〇日の午後五時（カリフォルニア時間）、穏やかに世を去った。泰然と命の終着点にたどり着いたのである。

その「最後」のカードには五つの赤いバラの花が印刷されていた。バラはよく茂った緑の葉に取り囲まれていた。画面全体が美しく、まるで本物のバラのようであった。私はボールペンでこう書いた。

「親愛なるお母さん、このカードが気に入ってくれることを願っています。お母さんのことを片時も忘れず気にかけていますよ」。実際、母が世を去る一週間前まで、私はカリフォルニア州フリーモント（Fremont）の病院で母に付き添っていた。だが新学期が始まったので、東海岸に戻らなくてはならなかったのだ。まさか自宅に戻ったわずか数日後に、母が逝ってしまうとは。

葬儀で遺体と対面したとき、私はそっとあの「最後」のカードを棺の中に入れ、母の細くて長い一〇本の指のそばに置いた。そして心の中で祈った。「神よ、母に豊かで栄光にあふれる生涯を授けてくださったことを、感謝いたします……」。

著者が母に送った最後のカード

本当に母の一生は「栄光」に満ちていた。母は世を去る数週間前からすでに、「天の家」に帰る準備をしていた。母は言った。「天上の雲は本当にきれいだわ。私は飛んでいるの。何もかもが心を軽くしてくれる……」。そのときにはもう、医者が定期的に母に痛み止めの注射をしていた。だが私にはそれでもまだ母が痛がっていることが分かっていた。しかし不思議なことに、母は恨みごとを言わず、苦しげな表情を見せることもなかった。母は、自分の病状が悪化して、子供たちに心配をかけてしまうことだけを気にかけていた。私と弟の観圻が飛行機に乗って見舞いに来ると聞くたびに、母は落ち着かない様子を見せた。私たちの仕事に差し障りが出ることを恐れていたのである。

病室で、母はいつもゆったりとした表情をしており、ほほえみを周りの人にも分け与えようとしていた。孫たちは彼女のほほえむ姿を愛してやまなかった。母が亡くなる数日前に、私は姪のビビアン（Vivian、康成の娘）がこう言うのを聞いた。「おばあちゃんは天使だわ！　神様からの贈り物よ（Grandma is an angel! She is God's gift to us.）」。

私はアメリカの一九世紀の作家、エマーソン（Ralph Waldo Emerson）[226]の詩を思い出した。

美しいものを鑑賞し、　… to appreciate beauty,
他人の長所を見つけ、　to find the best in others,
自身を捧げる、　to give one's self
それができたら成功したと言えるだろう　this is to have succeeded.

母が「成功」したのはまさにこの点だと思う。誰しも自分の母は偉大だと思っているに違いない。だが私の母のように過去にひどい苦しみを味わい、その後、自分の人生に対しここまで積極的な態度を取ることができた人間は、実際ごくわずかである。世間からすれば、私の母は平凡な女性に過ぎない。だが母は終始一貫して、並々ならぬ品格と志を保ち続けた。父が牢獄にいた一〇年間、母は乱世の荒れ狂う暴風と荒波の中、その細い腕で一家を支えた。母は苦しみに耐えながら、私たち姉弟三人を育て上げた。母が払った代価は、自分を犠牲にすることであった。その想像を絶する三六五〇日の孤独と絶望の中で、母は黙々と自分の命を燃やし、子供たちに、血も涙もかよった、光も熱もある人生の手本を示し続けた。それはかけがえのない命の遺産であった。

それでも母は生涯、自分に何かしてほしいと要求したことはなかった。だからこそ、結果的にはより多くのものを得ていたのかも知れない。例えば、二人の嫁はいずれも無条件に母に孝行を尽くした。上の弟の妻である黄麗娜は、長年自分を犠牲にして、完全に母の介護に重点を置いた生活を送った。下の弟の妻である蔡真は、ひんぱんに深夜便の飛行機に乗ってメリーランド州から母に会いに来てくれた。誰もが口をそろえて、私の母は世界でいちばん幸せな姑だと言った。だが母は誠実な愛によって、うまくいっていたのだと思う。母は嫁を自分の娘のように可愛がっていた。だからこそ嫁たちも自然に自分の母親に対するように孝行を尽くしたのだろう。

母の愛は親戚や友人たちの心を動かしただけではない。母は病院で働くスタッフたちからも、好かれていた。母が亡くなった後、透析センターの看護師がわざわざ父に手紙をくれた。スタッフたちは母と過ごしたあの時間をとても懐かしんでいる、と書かれていた。母は透析を受けていた間、常にそこ

母の喜び。1983年、イェール大学卒業式にて

で働くスタッフの人たちへの感謝を忘れず、時には感謝の気持ちを表す小さなカード（Thank-you notes）を送っていた。

母は若いときからずっと死の淵でもがいているかのような健康状態であった。七五歳まで生きられたのは、本当に奇跡的である。母はいつも言っていた。「生きていることそのものが奇跡なのよ」、と。もとより母は毎日を奇跡だと思って生きていた。母の一生はまさにキリスト教信仰に支えられて歩んだ奇跡であった。

このように偉大で忘れがたい母のことを、どうやって記念に残そう。

私は母の思い出として、母がいちばん気に入っていた写真をカードにし、毎日それを眺めている。その写真は父が「母の喜び」と名付けたもので、一九八三年五月のイェール大学卒業式の日に撮影された。その日はちょうど両親の結婚四〇周年記念の日でもあった。卒業式の午前中、私は各専攻の同僚たちと礼服を着て礼帽をかぶり、キャンパスを練り歩いていた。私たちがダヴェンポートカレッジ（Davenport College）まで来たとき、母が突然人混みの中から私を見つけ、うれしそうに笑った。まさにその瞬間をとらえた写真であった。

1997年、イェール大学を訪れた父

母が亡くなってから一か月後、父はイェール大学にほど近い中国教会に呼ばれて講演をした。父はカリフォルニア州から来ていたため、時間的にはとても慌ただしかった。だが私たちは母が写真に収まった場所を再訪するのを忘れなかった。私たちはその場所で母のあの永遠のほほえみを思い起こしていた。

『聖書』の「箴言」にはこう書かれている。「りっぱに事をなし遂げる女は多いけれども、あなたはそのすべてにまさっている」[227]（三一章二九節）。だが私は母にこう伝えたい。「りっぱに事をなし遂げる母親は多いけれども、あなたはそのすべてにまさっている」。

第一七章　台湾女性の鑑、陳玉鑾

私の姑は陳玉鑾という。私はずっと「二番目の伯母さん」と呼んでいた。母の二番目の姉であるからだ。私は親戚同士で結婚したが、結婚後も「お義母さん」と改めて呼ぶことはしなかった。私にとって彼女は永遠に私の伯母さんであり、一九五〇年代の白色テロの時期にいつも私たち一家を助けてくれた、あの「二番目の伯母さん」なのだ。

伯母は傑出した良妻賢母であり、多くの人から尊敬される女性の鑑でもあった。台湾に政治的なリスクがあふれていた時代に、伯母は勇敢に立ち働き、一家全員の命を守った。伯母は合わせて八人の子供を育て上げ、さらに困難な境遇にいた親戚の子供たちの面倒も長年にわたって見てきた。何事においても全力を尽くして援助し、恨みもせず後悔もしなかった。彼女はどんな困難や災難に出遭っても、いつも泰然としており、常に言行が一致していた。そのため親族たちは彼女のことを頼れる「磐石（rock）」のような存在だと見なして、何かにつけ彼女を頼った。彼女の生きた時代が、ちょうど中国現代史上の非常時に当たっていたことも重要である。彼女の生涯をたどれば、時代の移り変わりを見て取ることができるだろう。彼女は日本の植民統治下で育ち、戦後すぐに二・二八事件に遭遇した。一九四九年からは、常に白色テロの巻き添えになる危険にさらされていた。彼女が戦々恐々とした気持ちで毎日を送っていたことは想像に難くない。だが伯母は特殊な生命力とある種の強靭な生存力を持ち合わせていたようである。どんなに困難な状況に置かれても、彼女はその堅い意志で自分の大家族を守り抜くことができた。周りの人たちは口をそろえて伯母の並々ならぬ品行と能力を褒め称えた。伯母はアメリカの学者、李弘祺（H. C. Lee）が言う「台湾人の粘り強さ」[228]を多方面にわたって持ち合わせていたように思う。

私は伯母の話、特に第二次世界大戦期の台湾の話を聞くのが何より楽しみだった。彼女の一次資料はいわゆる「正史」の二次資料より信頼できた。伯母はよくため息まじりに言っていた。台湾人の最大の悲劇は、絶え間なく「国家」アイデンティティの転換を迫られたことだと。日本統治下で台湾人は日本の植民者から嫌というほど圧迫されてきた。それなのに、第二次世界大戦期には自分たちの息子を日本軍の前線に送り、日本のために戦うことを余儀なくされた。彼らの多くは心中ひそかに祖国（中国）にアイデンティティを感じていたのだが。伯母の三番目の弟（つまり私の三番目の叔父、陳通和）もこう嘆いていたという。「まだ中学も卒業していないのに、日本人は「志願兵」になれと迫ってくる。ぼくには民族意識があるから、日本兵となって自分たちの同胞を殺したくない。だから学校をやめて、東京郊外へ逃げ、製鉄所の労働者になるんだ」。ほかにも、当時台湾は日本の植民地であったことから、ひんぱんにアメリカ軍による爆撃を受けた。これにはまったくなすすべがなかった。伯母によると、一家はアメリカ軍の爆撃によって、本当に数え切れないほど危険な目に遭った。アメリカ軍が高雄の草衙石油精製工場を爆撃したときには、ちょうど二人の息子（長男の正太と次男の欽次。当時まだ五歳と三歳であった）が外で遊んでいた。幸いにも二人はすぐに橋脚のたもとまで走って行って身を隠すことができたので、命を落とさずに済んだ。

一九四五年、台湾は中国に返還された。本来は喜ばしいことであるはずだが、台湾人にとっては（彼らは五〇年もの間、日本の植民統治下に置かれていたのだ！）、社会の変化に適応していくのも決して容易なことではなかった。それまで日本の天皇に敬礼することを強いられていたのが、突如として蔣介石の肖像に敬意を表さなくてはならなくなったのだ。いちばんの不幸は、一九四七年の二・二八事件によって、国民政府が多くの台湾人からの信頼を失ったことであろう。だが伯母が言うには、その後の蔣介石政府による「白色テロ」がいちばん恐ろしかったという。言うまでもなく、彼女の一番目の兄（陳本江）が鹿窟事件に関わっていたからだ（さらに私の父が巻き添えになるという前例もあった）。伯母とその一家は長期にわたって恐怖にさらされながら生活してきた。実際、一九五〇年一月には、私の父が逮捕されただけでなく、多くの親戚たちも保密局の人員に捕らえられ、数日にわたって拷問を受けていた。その間に受けた苦痛は、言を俟たない。これ以来、伯母とその家族もまた、ひたすら沈黙を守るという習慣を身に付けた。

伯母は自分が若いときに経験した日本統治期の話もよくしてくれた。伯母とその兄弟たち（私の母も含め、合わせて八人の子供がいた）はいずれも台湾（高雄の鳳山）生まれであるが、一家は一時厦門に転居したため、学齢期にはほとんどが厦門の学校に通った。伯母は厦門の学校で、毎年一番の成績を取っていた（そして一九三六年に台湾に帰って結婚した）。私の母や家族は伯母の結婚後も厦門に残った。私の母もまた成績優秀で、いつも上位に入っていた。だが一九三七年に盧溝橋事件が起きると、一家は日本領事館からただちに台湾に帰るよう命じられた。台湾に帰ると、教育の問題に突き当たった。当時の台湾家庭では、子供を台湾の学校に進学させられる者はごくわずかであった[229]。そこで私の祖父母は息子たちを東京で勉強させることにした。娘たち（私の母と四番目の叔母を含む）には、家計の事情から進学を諦めさせるしかなかった。四番目の叔母は逆境に甘んじるタイプであったが、母は立ち上がって両親の決定に逆らった。すでに一九三九年の初頭には一番目の伯父の陳本江が早稲田大学の政治経済学部に合格して、東京に留学していた。ほどなくして、三番目の叔父も東京へ出発して、日本の中学の勉強に備えることになった。母はこのときとばかりに、何としてでも弟（つまり三番目の叔

陳玉鑾と張緑水の結婚写真。日本統治期の1936年撮影

早稲田大学の校歌が書かれた記念の扇子

父）とともに東京へ行きたいと言い張った。母は、嫁入り道具は要らないから、日本で教育を受けたいと主張した。こうして母と弟の陳通和（三番目の叔父）は、鳳山駅で「東京行き」の切符（当時の価格は一枚三〇元であった）を二枚購入した。二人は鳳山駅から夜行列車に乗り、高雄駅で「縦貫線」の夜行快速列車に乗り換え、数時間かけて基隆駅に着いた。そこから港に向かい、「高千穂丸」（八千トン以上ある汽船）[230]に乗って日本を目指した。翌朝早くに二人は九州の門司港に着き、夜にはもう本州の神戸港に到着した。その日、一番目の伯父は妹と弟を迎えるために、東京からわざわざ汽車に乗って神戸まで来てくれていた。

当時、母は一七歳であった。まず「研数学館」[231]に籍を置き、必死になって英語と数学を勉強し、東京女子高等師範学校に入学した。ほどなくして、一番目の伯父を通して、私の父と知り合った（父は当時、中国大陸から日本にやってきた公費留学生であった。早稲田大学の政治経済学部で学んでおり、伯父の同級生であった）。一九四二年の末に、父は卒業して帰国した。その翌年の初めに、母は天津にやってきて、父と結婚した。

これ以降、母は姉妹たちとは別の人生を歩むことになった。例えば、二番目の伯母は一二歳のときにはもう、草衙村の裕福な家庭の子弟であった張緑水と婚約し、一八歳で結婚した。張家の建物は美しく、庭も変化に富んで趣があり、人々から「大観園」と呼ばれていた。伯母の嫁入り道具は見たこともないほど立派であったという（一方、私の母は自分から嫁入り道具を放棄した。だが結果的に天津で私の父と結婚したため、何の嫁入り道具も要らなかったのである）。伯母はすぐに草衙村で、賢くて美しい女性であると評判になった。その地にいた日本人にまで知られていた。伯母の舅（張緑水の養父である張金梯）が土地の名士であったからだろう。伯母は総じて、日本人が台湾の近代化に貢献したことを感謝しており、「日本人が台湾に質の良い下水道、電力、道路や鉄道を建設してくれたおかげで、今の台湾がある」と言っていた。伯母自身もかなりの清潔好きであった。家の設備はつねに最新のものにしており、早くから水洗トイレの設備を取り入れていた。こうした点においても、彼女は村民たちから特別な目で見られていた。

その上、伯母は針仕事が特に上手であった。彼女は生きている間に精巧で美しい手芸作品をたくさん作り上げた。私はいつも思う。これらもまた一種の「女書」[232]と言えるのではないか、と。もちろん「女書」というのは、一般的には湖南省江永一帯で用いられていた女性の文字のことを指す。だが私は、「女書」という言葉は、女性たちの心の声を象徴する創作活動として用いられるべきだと思う。研究者たちによると、女書を使って創作することが好きな女性は、その多くが童心を忘れず、想像力にあふれ、いつも朝から晩までひたすら書き続けていたという。彼女たちはつねに自分の心の声を扇子に書きつけ、衣服に縫い付け、ハンカチの上に刺繍していた。だから「女書」は確かに女性特有の命の証なのだ。

長い年月を経た後、伯母はアメリカに移住した。彼女はボストンの家でも、常に自分の生きてきた体験を、さまざまな衣服、クロスカバー、果ては人々の心の中にまで縫い込んでいた。大勢の子供や孫ができても、さらには何人かのひ孫が生まれても、彼女は相変わらず愛の心で生活を切り盛りし続けた。実際、生活そのものが彼女の「女書」であった。彼女の女書には、一言一句にみな誠実な思いやりが込められている。彼女は自分がいちばん得意であった芸術という「言葉」で、直接感情を表したのである。彼女の手の動きはスピーディーかつ正確で、暇を持て余してのんびりしているのは性に合わないようだった。重い病にかかり、ベッドの上にいたときも、彼女は休むことなく手を動かし、現地の教会のために、美しく実用的なカーテンを作っていた。伯母が私に作ってくれたさまざまな色やデザインの服やスカートを、私はいつまでも忘れないだろう。伯母が作った服は周りの友人たちからどれだけ羨ましがられたことか。夫の欽次のために作った蝶ネクタイの数々は、どれも芸術作品と言ってもいいほどの出来映えで、母の愛の偉大さを感じさせた。彼女は私の娘（さらには娘のお人形にも）にもさまざまな模様が編み込まれた毛糸の服をたくさん編んでくれた。その出来映えもデザインも本格的であった。ここに彼女が親戚や友人たちに作ったものを加えると、その数は数え切れないほどになる。一度、泊まりに来た客がパジャマを持ってくるのを忘れたことがあったが、伯母はわずか一時間足らずで縫い上げて彼女にプレゼントしたという。

実は、私の母も伯母と同じくらい、想像力豊かな芸術家であった。母は日本留学時に、東京女子高等師範学校に通っただけでなく、服飾デザインも学んでいた。この専門技術が後に役立つとは思いもしなかったであろう。父が牢獄につながれたときに、母は人に裁縫を教えながら私たちを養ったのだった。母もまた名実ともに「女書」の作者であった。

一九九七年九月、母は亡くなる前に、何度も私にこう言い聞かせた。「決して伯母さんの御恩を忘れてはいけないよ。もし伯母さんが小さい頃にあなたの面倒を見てくれていなかったら、今のあなたは存在しなかったのだから」。

今、時が移り変わり、この多方面の才能にあふれた台湾の姉妹は、二人ともこの世を去った（二番目の伯母は二〇〇一年八月に亡くなった）。だが彼女たちの「女書」は、永遠に女性特有の愛の心と芸術の証として残されている。

第一八章　恩師、モーゼズ・シューとその妻シャルロット

許牧世（英語名、モーゼズ・シュー、Moses Hsu）教授は、台湾の東海大学時代の恩師である。彼とその妻の譚天鈞医師（英語名、シャルロット、Charlotte）は早くからアメリカに定住していたアメリカ国籍の華人であった。譚医師はよく知られたがんの専門家であり、長年ニューヨークのスローン・ケタリング（Sloan-Kettering）がんセンターで働いていた。一九五〇年の初めには、大ブッシュ大統領（当時はまだ大統領になっていなかった）の娘の主治医を務めたこともある。許牧世と譚天鈞夫妻は二人とも数年前にボストンで亡くなっている。

許牧世夫妻は私の恩師であるだけでなく、恩人でもあった。私が台湾にいたとき、彼らは多方面にわたって私の面倒を見てくれた。アメリカ移住後も何かにつけ、彼らは助けてくれた。これらのことはすべて私の心に刻み込まれている。恩師夫人のシャルロットは、いつも真心と思いやりに満ちた態度で人に接していた。彼女の気質を赤いバラに例えるなら、恩師、許牧世教授の一生はまさに白バラのような

気高さと純粋さを象徴していたと言えるだろう。

中でも印象深いのが、一九六六年の東海大学卒業式の日である。まばゆい六月の日差しの中、卒業式は建てられたばかりのルイス礼拝堂で行われた。その日、キャンパス内にはいたるところに黒い礼服を着た卒業生があふれかえっており、私と私の母は二人とも胸に赤いバラの花をつけていた。許牧世教授は卒業式の司会進行役であった。彼の司会は終始腰が低く穏やかで、親しみがこめられていた。講演の後、許教授はわざわざ私の母のところに来て挨拶をしてくれた。特に忘れがたいのが、その日、彼の一家と一緒に記念写真を撮ったことである。写真の中の許教授はほほえみを浮かべており、肩の部分に白いフード（hood）のついた礼服のガウンを着ていた。帽子にも純白のタッセル（房飾り）がついており、その白く輝くタッセルは、風になびいていた。傍らには夫人のシャルロットと娘のアリシア（Alicia）がうれしそうに立ってい

1966年、東海大学の卒業式、許牧世教授一家と大度山にて

卒業式当日、礼服に赤いバラをつけた著者と母

る。あの風になびく白いタッセルは、広がっていく白い雲のようで、茫々とした空の果てを越え、静かな大度山に行きわたっているかのようだった。

だが今から思うと、許牧世教授自身が発していた気品こそが、より白バラの印象に近かった。詩人、ジョン・ボイル・オライリー（John Boyle O'Reilly、一八四四〜一八九〇）[233]は「白バラ（A White Rose）」という詩の中で、「白バラは愛の息吹……白バラは鳩のごとし（the white rose breathes of love...the white rose is a dove）」と書いている。許教授の崇高な人格は、この詩の言葉に表されているだろう。ヨーロッパでは伝統的に、白バラは人間の美しい資質を象徴するものであった。例えば、純潔、謙虚、そして聖職者に対する畏敬の念などである。これらの資質は、まさに許教授がずっと私たちに教えようとしていたことでもある。

私が初めて許教授の授業を受講したのは、一九六六年のことである。そのとき私はすでに大学四年生になっており、アメリカの小説『白鯨（*Moby Dick*）』に関する卒業論文の追い込みにかかっているところだった。卒論のテーマは多数の『聖書』の引用とも関わっていたことから、私はその方面の資料を探すべく努力していた。まさにこのタイミングで、許牧世教授がアメリカから客員教授として台湾に招かれ、東海大学で「キリスト教文学」の講義を担当することになったのである。私は、許教授がキリスト教文学研究の分野で、早くから優れた成果を出していたことを聞いていた。彼はアメリカニュージャージー州のドルー（Drew）大学で『キリスト教歴代名著集成』の翻訳プロジェクトに関わっていた。その約一〇年がかりのプロジェクトでは、フランシス・ジョーンズ[234]（Francis Jones、中国名、章文新）や謝扶雅[235]らと協力し、合わせて三二冊の名著の翻訳を完成させた。つまり、東海大学が許先生のような大家を招聘するのは、容易なことではなかったのである。その年、許教授が授業で使った教材は、『聖書』、ミルトンの『失楽園』、トルストイの『復活』などであった。その多くはすでに読んだことがあったが、彼の宗教と文学を用いた探究方法はとても斬新であった。私はすぐに彼の授業のとりこになってしまった。私の中間（Mid-term）論文はドストエフスキーの『罪と罰』を題材としたものであった。許教授は私の英語の論文をとても褒めてくださり、さらにはその文章を教室で回覧して皆に見せてくれた。

以来、私はまたたく間に許教授と仲良くなった。彼は私に、自分をモーゼズ（Moses）と呼んでほしいと言った。アメリカの学生は自分たちの教授を、親しみを込めて名前で呼ぶからである（その後、クラスの学生たちの多くも、私に倣って許教授をモーゼズと呼ぶようになった）。ある日、モーゼズは人づてに偶然、私の父が過去に投獄されていたことを耳にした。それからは私の家族のことも気にかけてくれるようになった（何年も後、私の父はアメリカでモーゼズを手伝い、『黙示録』の中国語訳を校正した）。当時の台湾の政治的迫害については、モーゼズ自身も知っていた。ただ彼はアメリカ国籍なので、直接の被害を受けなかっただけだ。だがこのようなことはあった。一九六五年にモーゼズは東海大学で教鞭を執ると同時に、台南の神学院でも授業を担当していた。ある日の夜更け、突然神学院の宿舎のドアを叩く音がした。ドアを開けると、二人の人間が押し入ってきて、何度もこう尋ねた。「ここに劉という姓の人間はいないか……」。そして机の上の書籍をひっくり返し、部屋の捜索を始めた。モーゼズは何が何やらさっぱり分からなかった。ただ穏やかに二人に腰掛けを勧め、こう言った。「私の苗字は許と申します。ここには劉という人はおりません。あなた方は特務の仕事をされておられるようですが、人違いですよ」。そしてこう続けた。自分はアメリカから東海大学の客員教授として招かれた者で、この機に神学院でも授業を担当しているだけだ、と。二人の特務はそれを聞きながらメモをしていた。そのうちの一人は何と「東海大学」の「東」の字が分からないようだった。モーゼズは冗談でこう言った。「「東」は「冬瓜」の「冬」ですよ……」。

モーゼズはそのときの特務の「来訪」を、まったく気にかけていなかった。純粋な誤解だと信じていたからだ。だが後になって、再度忘れることができない経験をした。彼がアメリカに帰って何年も経ってからのことだ。『聖書』の新しい翻訳を出すため、モーゼズは台北で周聯華[236]牧師と打ち合わせをする必要があった。ついでに『基督教論壇報』（モーゼズは『基督教論壇報』の創刊者であった）に関する仕事も片付けておきたかった。ところが台北空港で飛行機から降りると、あろうことか入国を拒否されてしまった。モーゼズは本当にわけが分からず、スタッフに理由を尋ねたが、答えは得られなかった。彼は焦った。周聯華氏が空港の外で彼を待ってくれていたからである。そこで彼は責任者に言った。「なぜ私が台湾で歓迎されないのか知りませんが、私には周聯華氏とご相談しなければならない大事な用があるのです……」。数分後、周聯華氏が客室に呼ばれて、モーゼズと面会することができた。だがモーゼズはやはり入国できずに、飛行機でアメリカに帰らされた。

それ以来、モーゼズはめったに台湾に行かなくなった。彼はなぜ自分が国民党政府から疑いの目を向けられたのか、またいかなる人物が背後で彼を陥れようとしたのか、最後まで理解できなかった。ただ、自分の一生は神にお仕えするのみであり、何事においても心の平安を求めればそれでよいのだ、と思っていた。

私はモーゼズの教え子として、学業の面でも精神的な面でも、たくさんの援助を受けてきた。それらは永遠に心の中に刻み込まれている。だが東海大学にいた頃には、まだ若すぎて、モーゼズが教室で話した内容を完全に消化することはできなかった。せいぜい精読の技術や文学の分析方法について、初歩的なことを理解したに過ぎない。だが三十数年が経ち、人生経験を積んできたことで、ようやく先生が苦心して私たちに教えようとしてくれた人生の課題が少しずつ理解できるようになってきた。モーゼズの教学方法は、一貫して文学の解読を通して、人生の意義を分かりやすく示すことであった。彼は『聖書』は人類史上最も重要なテキストであると考えていた。なぜならそれは神が啓示によって人間に書かせた文学の傑作だからである。彼は私たちに『聖書』を熟読するよう勧めた（その後、一九七〇年代にモーゼズは全力を尽くして『聖書』の新しい翻訳に取り組み、ついに『現代中文訳本聖経（現代中国語訳聖書）』を完成させた。この訳本は今でもかなり売れているという）。注目に値するのは、アメリカの学術界では、一九八〇年代後期になってからようやく『聖書』が文学として研究されるようになったことだ。ロバート・オルター（Robert Alter）とフランク・カーモード（Frank Kermode）の『*The Literary Guide to the Bible*（聖書の文学案内）』[237]がその代表である。だがすでに述べたように、モーゼズは早くも一九六〇年代初めから『聖書』を文学作品として分析していた。例えば、私たちの授業では、一篇一篇の『聖書』「詩篇」を抒情文学の角度から読み解いていき、さらには私たちにひたすら詩人の真実の声を探るよう求めた。彼が「わたしたちはひと夜の夢のごとく、あしたにもえでる青草のようです。あしたにもえでて、栄えるが、夕べには、しおれて枯れるのです」（詩篇、九〇篇五・六節）[238]といった章節を読み上げるたびに、私は感動のあまり心が震え、目もうるんできた。

私はモーゼズの授業がとても好きだった。中でも『聖書』の解釈は物語を聞いているかのようであった。いちばん印象に残っているのは、ダビデ王の「罪」と「罰」の物語である。『聖書』では、英明なダビデ王が姦淫を犯して、他人の妻に執着しただけでなく、さらには剣で人を殺め、神の怒りを買ってしまう。私は中学のときに初めて『聖書』のこの部分（サムエル記下、第一二章）を読み、疑問を抱いた。どうして神はダビデ王のような「罪人」を好んだのだろうと。だがモーゼズのテキスト分析を聞き、やっと霧が晴れたかのように理解できた。そもそも『聖書』の物語は、罪そのものの大小ではなく、その人が心から懺悔しているかどうかに重点が置かれている。だからダビデ王が最終的に救われたのは、心から誠意を込めて悔い改めたからなのだ。確かに、私たちは「詩篇」の中で、ダビデ王が繰り返し神に許しを請う声を聞くことができる。その心を打つ美しい詩句の数々は、いずれも詩人が心の奥底から発した祈りの言葉である。「あなたは真実を心のうちに求められます。それゆえ、わたしの隠れた心に知恵を教えてください。ヒソプをもって、わたしを清めてください、わたしは清くなるでしょう。わたしを洗ってください、わたしは雪よりも白くなるでしょう」[239]（「詩篇、五一篇六・七節）。モーゼズの解釈によると、誠意を込めた懺悔が人の心を動かすのは、それが苦しみの心から出たものだからだという。深い苦しみがあったときのみ、懺悔は積極的な効果をもたらすのである。同時に、懺悔は謙虚な心から発せられなければならない。謙虚であるからこそ、神はそれを尊ばれるのである。

「ヨブ記」に関する討論でも、モーゼズは何度も私たちに苦しみに満ちた人生の積極的な意義について学び考えるよう教えた。例えば、ヨブという人間はこの世のすべての災いをことごとく受けたと言ってよい。だが神は何度も「神は苦しむ者をその苦しみによって救い、彼らの耳を逆境によって開かれる」[240]（ヨブ記、三六章一五節）。よってヨブのような清廉潔白な人間であっても、ありとあらゆる苦しみをことごとく受けた後に、ついに自分の「口より出た禍」の罪を懺悔するのである。彼は最後に神にこう懺悔した。「神よ、私の述べたことは軽薄でした。……私はこれまで述べてきたことに慚愧の念を覚えます」[241]（四二章三、六節）。つまりモーゼズはこれらの物語を借りて、私たちに次のことを理解させようとしたのである。それは、心からの懺悔こそが救いを得るためにまず必要な条件であることだ。だがいちばん重要なのはやはり、人は謙虚な心を持たなければならないことだろう。アウグスティヌスの『告白録』[242]がヨーロッパにおける数少ない経典となっている理由の一つがここにある。

私はモーゼズの教訓を、ずっと心に留め、忘れることはなかった。私は過ちを犯すたびに、無意識のうちに彼の話を思い出す。そして当時の教えが永久に心に刻まれていることに気付くのである。

梁敏夫[243]氏は私の大学時代からの友人で、モーゼズの著書『人世与天国之間〔この世と天国との間〕』[244]の序を書いたこともある。彼は序の中で「許先生のすべてが彼の実直で慈愛にあふれた心を表わしている」と述べた。これは極めて正確な言葉だと思う。現に、モーゼズのあの実直で慈愛にあふれた心こそが、生涯、教育と宗教に多大な心血を注いだ彼の原動力であった。彼は東アジアの宗教教育と出版事業に身を捧げ、自分自身の健康状態をも顧みず、長年家を離れて単身で黙々と仕事に精を出した。そして恨み言も言わず、後悔もしなかった。その間、彼は何度か過労のため気を失った。後に、七歳になる娘のアリシア（Alicia、許多雯）が寂しさを訴え、さらに自分でも心臓の手術をしなければならない状態であることに気付いたため、ようやく職を辞してアメリカに帰ることにした。

　それでも彼は著述の手を止めることはなかった。妻のシャルロットによると、モーゼズが最後に書いた原稿のタイトルは、「私たちの結婚」であった。三ページ書いたところで、病院に運び込まれてしまったため、それは記念すべき「未完の原稿」となった。

　モーゼズは生涯、若者たちを可愛がった。若者たちも彼のことが大好きだった。彼の最後の講演は、放蕩息子が改心する話であった。それは二〇〇二年一月二七日のことで、亡くなる二週間前であった。

　ブルックリンで開かれた追悼会では、教会中に人があふれていた。その多くがモーゼズの人柄を慕ってやって来た青年たちであった。みな黒い服を着て、目には純粋で美しい輝きをたたえていた。私は思わず何年も前にあの東海大学の大度山で先生と記念写真を撮った若き日の「私」を思い出した。ここまで思い出すと、私はこらえきれずに、自分の身に付けていた白バラに手をやり、そっとなでた……。

第一九章　娘が一六歳になって

娘は
この世界が与えた
もっとも美しい贈り物の一つである

A daughter is
One of the most beautiful gifts
this world has to give.

ローレル・アサートン（Laurel Atherton）

二〇〇二年五月、娘のエディ（Edie）は一六歳になった。誕生日の何日か前に、私は娘に聞いてみた。

「私はあなたくらい年齢のときに、ようやく自分のお父さんが牢獄から帰ってきたのよ。当時はお父さんが無事に帰ってきたことが、何よりの誕生日プレゼントだった。あなたももうすぐ一六歳になるのね。どんなプレゼントがほしいの？」。

「車の仮免許証（A learner's permit）！」。娘は迷わず答えた。そして車を運転する格好をしてみせた。

246

「あ、そうなのね。それは簡単だわ」。私はほっとした。娘がまた高くて「へんてこな」服を買ってほしいと言い出すのではないかと心配していたからだ。

だが思いがけず、私はその後数週間にわたって「車の仮免許証」にあれこれと振り回された。そして執筆に当てるはずだった夏休みのわずかな時間を、ほぼ台無しにしてしまった。

まず「車の仮免許証」そのものは決して取得しづらいものではない。コネティカット州では、一六歳の誕生日を迎えれば、誰でも車両関連部局（Department of Motor Vehicle、略称DMV）センターへ行き、筆記試験を受けることができる。その試験は決して易しくはないが、合格すればただちに「仮免」を取得できる。娘は一六歳になった途端、朝から晩までＤＭＶに試験を受けに行きたいと騒ぎ出した。「クラスメートのシャウナ（Shawna）はとっくに「仮免」を取った。親友のカット（Kat）ももう運転できるようになった」と言う。そこで私は急いで近くのハムデン（Hamden）にあるＤＭＶセンターまで娘を連れて行き、筆記試験を受けさせた。内心では、おそらく受からないだろうと思っていた。娘が試験勉強に時間をかけているようには見えなかったうえ、彼女はずっと選択式の試験が大の苦手だったからである。

ところが意外にも、娘はあっという間に合格してしまい、おまけに満点であった。これにはびっくりさせられた。娘はこれまで決して勉強熱心ではなかったからだ。学校の成績（音楽、美術、その他数少ない特に好きな科目を除いて）もごく普通であった。娘は言った。「ＤＭＶの試験は簡単すぎたわ。数分も経たないうちに全部できちゃった……」。娘はＤＭＶでもらった小さな「仮免許証」を手にして、にこにこしながら出てきた。

ところがそれからやっかいなことが次々に降りかかってきた。まず、娘は最短で正式な免許証を取りたがった。コネティカット州の規定では、仮免許証を取得してから少なくとも六か月は待たないと、正式な運転免許試験は受けられない。だが六か月後はちょうど北米東海岸の厳冬期に当たる。一六歳の娘に雪の上で免許試験を受けさせることなど、とうていできそうにもない。私と夫の欽次は悩みながら、あれこれとない知恵をしぼって考えた。どうしたら雪が降る前に実地試験を受けさせられるだろう。

何日かかけて方々に問い合わせてみた結果、私たちはついに確かな情報を得ることができた。一六歳の子が「仮免」を取得してから四か月で正式な免許証を取りたいのであれば、Driver's Aid〔運転援助〕の運転訓練クラスに参加させるのがいちばんいい、と。訓練クラスの内容はおおむね厳しい。生徒は三〇時間の集中（intensive）課程を修了しなければならない。それだけでなく、合わせて四時間もあるコンピューターでの筆記試験を二回受けなければならない。さらに八時間の「技能教習」がある。

それでも私たちは二人ともこれがいいと思った。少なくとも娘は夏休み期間中にDriver's Aidが求める課程をすべて終わらせることができる。それに私はイェール大学の授業が忙しいため、Driver's Aidが成人向けに夜間クラスを開講していたとしても、授業期間中にはとうてい娘を毎日運転訓練クラスに送り迎えすることはできない。欽次にいたっては、毎日車でニューヨークに出勤しており、通勤に往復四時間かかっていた。つまり時期がいつであれ、娘の車の免許のことで力になるのは時間的に難しかった。

結局、私たちは娘をハムデンにある運転訓練クラスに通わせることに決めた。何と、その翌日からもう授業が始まるという。幸いにも申請には間に合った。娘が八月末までにすべての課程と「技能教習」を終えられるように、私たちは毎日スケジュールをびっしりと詰め込んだ。同時に、私は臆病者で、人に車の運転を教えるのが怖かったので、余分に四〇〇ドルを支払い、訓練クラスの先生にエディーの補習指導をしてもらうことにした。こうすれば私も枕を高くして眠れるし、じっくりと自分の文章に取り組めるだろうと考えていた。

それからは毎日朝九時半にウッドブリッジの家を出発し、娘をハムデンの運転訓練クラスに送り、自分は近くのデイリー・グラインド（Daily Grind）というカフェに行き、そこで読書をするという生活が始まった。通常であれば、一二時には授業が終わる。だが娘は授業が終わっても、すぐに家に帰ることはできなかった。午後から二時間の「技能教習」を受けなければならないからだ。だから私たちはいつも近くのレストランでランチを取り、時間になると、またレストランから訓練クラスまで娘を車で送っていった。それから再びあのカフェに戻り、二時間待った。つまり私はこの時期、ずっと「待ち時間」の中で生活していたと言える。

初めの頃、私はこのゆったりとした「カフェ生活」にすこぶる情緒を感じていた。ところがだんだんと焦りだした。大学がもうすぐ始まってしまうというのに、私の執筆は、娘の運転訓練のために遅々として進まない。心の中ではかなり恐慌をきたしていた。これには理由がある。私は執筆するとき、まず自分をゆっくりと書く態勢に入れていく必要がある。完全に「入って」しまったところで、ようやく筆が動き出す。だから、このような途切れ途切れにコーヒーを飲む時間というのは、まったく執筆作業には向いていないのだ。

ついに私は、毎朝早く、あるいは娘を送る前までには何頁か原稿を仕上げようと決心した。

ところが娘が「ダメ、ダメ」と言う。運転訓練クラスの先生が今日の午後、生徒たちに言ったそうだ。教員に頼りきって練習をしているだけではいけない。数時間の「技能教習」だけでなく、生徒の両親は毎日時間を作って、子供に運転を教えてやらねばならない。さもなくば運転免許試験に合格するのは難しいだろう、と。そこで娘はその日から、毎朝(ハムデンに行って授業を受ける前に)近くの学校の駐車場に連れて行き、運転の練習に付き合ってほしい、と言いだした。私は本当に慌てた。当時、娘はまだ合計四時間しか車に乗ったことがなかった。本当に娘の隣に座って、車の運転を見てやる勇気があるのか。そもそも私は娘に運転を教えるのが怖かったので、あれこれ策を弄して教習所に通わせたのだ。こうまでして他の人に肩代わりをしてもらおうと思ったのに、それでもうまく行かないとは!

私は心の中でこう思う。やはり子供は小さいうちの方が育てやすい。成長すると、実にやっかいだ!小さい頃、娘はいつも私たちにくっついて動き、どこにでも私たちが行くところに付いてきた。そして何の文句も言わなかった。今は違う。娘の自動車練習に振り回されるだけでなく、一日中、運転手となって、さまざまな活動のためにあちらこちらへと車を出してやらねばならない。

だが私はやはり覚悟を決めた。できる限りいい母親になろう。ここ数日、私は娘の運転練習のために、朝八時にはもう準備を整えていた。初めて娘をアミティー高校（Amity High school）の駐車場に連れて行ったとき、私は極度に緊張していた。娘が車を動かし始めた瞬間から、拳をぎゅっと握りしめ、居ても立ってもいられなくなった。そしてひっきりなしに叫び続けた。「スピードを出しすぎないで、気をつけて、気をつけて……」。だが娘は落ち着きはらって、のんびりとこう言った。「心配しないで、お母さん。お母さんはいつも心配し過ぎよ（Don't worry Mommy. You always worry too much.）」。言いながら、慌てず騒がず車を前に走らせ、次には後ろにバックさせ、ブレーキをかけた。すべてが完璧であった。それから「我運転す、ゆえに我有り！（I drive, therefore I am!）」とジョークを口にした。まさか娘が哲学者の台詞を真似て、しゃれを言うとは！　これによって私も肩の力を抜くことができた。

思いがけず面倒をもたらした娘の運転練習

確かに私が緊張するのは、あれこれと考え過ぎるためである。

アメリカの女性作家、ジュリア・キャメロン（Julia Cameron）[247]は私たちに忠告してくれた。人生に向き合う最良の方法とは、「自分に何かできるのかと尋ねてはいけない。それより自分が今まさにやっていることを言うのよ。それからシートベルトをしっかり締めてね……（Never to ask whether you can do something. Say, instead, that you are doing it. Then fasten your seat belt....）」。彼女が人生への対処法を、「シートベルトをしっかり締めて」と、運転の動作に例えたことが、とりわけ印象に残っている。そのとき私はあの老子の車輪にまつわる比喩のことを思い出した。老子は言った。「三十輻　一轂を共にす。其の無なるに当たって車の用有り（三〇本の輻が一つの轂《こしき》に集まっている。轂の真ん中の穴になったところに車の動くはたらきがある）」[248]（『道徳経』第一一章）。老子が述べたのは、まったく異なる人生への態度である。老子は、車軸の真ん中に隙間（「無」）があってこそ車輪を動かすことができるのと同じように、人は「空間」の中（つまり「無」の空間であり、超越した空間である）で遊ぶことができてこそ、潜在的な能力を発揮できると考えた。表面的には、老子の道家哲学とジュリア・キャメロンの行動哲学とはまるで反対のように見えるが、細かなことでくよくよしていてはいけないと教える点では、相通じるものがある。

　その日カフェで娘を待ちながら、私はずっと考えていた。エディーと一六歳の頃の自分を比べてみると、本当に共通するところはほぼない。まず、置かれた文化的な環境がまったく違う。娘は生まれたときから、何の愁いもない世界で生活してきた。私たちは娘がほしがるものを、何でも買い与えた。その上、四二歳のときにようやく生まれた子供なので、私たちは娘を特別に可愛がった（私は二五歳のときに、男児を出産した。デイビッド（David）と名付けたが、悲しいことに長くは生きられなかった）。娘は苦難がどういうものかを知らず、そのことを考えようともしなかっただろう。また娘は完璧主義とはほど遠い性格だった。試験で悪い点を取っても、まったく気にかけないどころか、何とかして私たちをなだめようとさえした。娘にとって、人生でいちばん大切なのは友達であった。友達といつも一緒にいるか、あるいは毎日電話でおしゃべりできれば、それでよかった。それから娘は幼い頃から犬や猫が大好きだった。四歳のとき、彼女は保育所で「私の家族」という絵を描いたが、そこには猫と犬も一匹ずつ描かれていた。七歳のときに書いた「子犬（The Puppy）」という詩は、先生から称賛された。

もし私の夢がかなうなら、
子犬がほしい
どうやってかなえるのかというと
どうか、どうか
子犬をください、とお願いするの

If I had a dream
It would be to have a puppy,
And how I would make it come true
I would beg and beg
For a puppy.

結局、娘の「どうか、どうか」という度重なる懇願に根負けして、私たちはついに彼女が一〇歳のときに子猫を買ってやった。子犬は与えなかった。面倒なことが多すぎるからだ。その子猫が来ると、娘はとても喜んで、すぐにブラッキー（Blackie、黒猫の意味）と名付けた。そして一篇の詩を書いた。

彼は敷物のよう　He likes the mat,
動きはこうもりのよう　He acts like a bat,
私の膝に座り　He sits in my lap,
私の帽子で遊ぶ　He plays with my cap,
そしていつも昼寝をしている　He always takes a nap,
彼は魔女の黒猫　He is a witch's black cat
ビュン！　ビュン！　ビュン！　ビュン！　ビュン！　ZAP! ZAP! ZAP! ZAP! ZAP!

だがしばらくすると、娘は犬もほしいと騒ぎ出した。私たちは仕方なくイエローラブラドール（yellow labrador）の子犬を買った。名前はサニー（Sunny）といった。だが残念なことに猫と相性が合わず、いつも喧嘩をしていた。ついには二匹とも怪我を負って、一緒に動物病院に入院するはめになった。このため、私たちは泣く泣くサニーを人に預けた。

毎日、エディーは学校から帰ると、家に入るなり黒猫に話しかけた。「ハイ！　ただいま！」。もし猫が家の中にいなかったら、そのまま家の裏手にある森林まで駆け出していって大声で叫んだ。「ブラッキー、ブラッキー……」。ブラッキーは娘の声を聞くとすぐに走って戻ってきた。この猫は何でも娘の言うことを聞いた。娘が「ジャンプ！」というと、素直にピョンと跳んだ。「お座り！」というと、すぐに座った。まるで人間のようであった。

後に、台湾の著名な作家である隠地[249]とその妻、林貴真が我が家を訪ねて来た。二人は私が「森林を所有していること」をとても羨ましがった。だが実はその森林が娘と猫の天下にあることは知らなかったであろう。その森林は大きくて静かだった。たまに子鹿が林の間を通り抜ける音と、ブラッキーが帰ってくる音が聞こえてくるだけだった。私が次第に森林と対話できるようになっていったのは、娘のおかげだろう。娘は小さい頃から猫や犬と話をするのが好きで、大自然と接するのも好きだった。だから私も知らず知らずのうちに感化されていった。あるとき、森林の周辺を散歩していると、可愛い小さな七面鳥の群れ（と大きな七面鳥のお母さん）が歩いてくるのが目に入った。私は思わず鳥たちに挨拶していた。これこそがある種の純真な対話、大自然と気持ちを通わす対話なのだろう。エディーがまだ幼い頃、私たちはよく彼女を連れて閑静な田舎で過ごした。極めて忙しい生活の中でも、大自然の静けさを味わいたかったからだ。だから他の子供たちが泣きわめいたり騒いだりしている頃から、娘はもう私たちに倣って、ソロー[250]がウォールデン湖のほとりで過ごしたような境地を身に付けていた。また娘は小さい頃からイエール大学キャンパスの静寂な場所で遊ぶのが、とても好きであった。例えば、オールドキャンパスには、イエール大学学長を務めたジアマッティ[251]を記念する「永遠の椅子（Giamatti

Chair）」がある。ここも彼女がよく行った場所であった。そういった場所に連れて行くたびに、私自身も思索を深める経験ができた。ある意味、幼い娘は当時私の心に欠けていたものを補ってくれたと言える。

娘は幼い頃から感情が豊かであった。七歳のときには作文で賞をもらった。先生はそれを「まれに見る抒情的な作品」だと評した。その短文は「私のお兄ちゃん（My Brother）」といい、次のように始まる。

お兄ちゃんが生まれたとき、私はまだ生まれていなかった。お兄ちゃんは生まれてすぐに死んでしまった。私はお兄ちゃんがどんな赤ちゃんだったのかを知らない。お兄ちゃんは病気だった。お母さんはもう一人子供が生めるかどうか、分からなかった。私はお兄ちゃんの写真を見たことがある。お兄ちゃんが死んで、お母さんはとても悲しんだ。でも後に私が生まれた……。[252]

娘は成績がそれほど優秀でもなかったが、学校では自分の好きな生活を送ることができていた。大切な友人が大勢いただけでなく、楽隊でずっと活躍していた。だから今年五月の戦没者追悼記念日（Memorial Day）[253]にも地域のパレード行進で、もう一人の友人とともに大きな旗を持って、楽隊の先頭を歩いた。パレードの日、私は娘の写真を撮ろうと、何時間も道端で待った。私が後ろでこっそりと写真を撮っているのが分かると、娘はすぐさま振り向いて、しかめっ面をした。彼女は写真を撮られるのが嫌いで、写真は「このときこの瞬間」の楽しい経験を奪ってしまうと考えていた。娘にとっていちばん重要なのは、目の前の楽しみに没頭することなのであった。

戦没者追悼記念日のパレードで大きな旗を持つ娘（右）

要するに娘は天性の楽天家で、毎日のんびりと楽しく過ごしている。幼いときに描いた「自画像」にも、すでに楽観的な気質が表れていた。娘は時々私を批判する。私が一日中ひたすらがんばって仕事をして、人生を楽しむことを知らないのが気に入らないようだ。

私は昔の自分と母親との関係を思い出す。私が小さかった頃、父はまだ監獄にいて、母は生活のために、毎日ずっと苦労して働いていた。ただ私は生まれつき勝ち気であったため、学校で一番を取れなかったら、家に帰って母や弟たちに八つ当たりをしていた。天地がひっくりかえるほど騒ぐこともあり、母にはずいぶん心労をかけた。初級中学一年のとき、試験の結果が思わしくないことがあった。私は帰るなり母に、台南女子中学に転校させてほしいと要求した。当時、「越境」入学はそもそも認められていなかった。

それでも私は夜になるまで騒ぎ続けたため、ついには母が耐えきれなくなり、倒れてしまった。長い年月が経ち、成人してからも、母と口論した情景を思い出すたびに、とても申し訳なく思う。

昔の私と比べると、一六歳の娘が私に面倒をかけたことは、本当に少なかったと思う。私も彼女に倣って、少しはリラックスしないといけないだろう。

第二〇章　弟の緑島訪問

二〇〇四年四月、上の弟の康成が緑島見学に出かけた。半世紀前に父が服役した受難の現場をたどるためである。数日後、私は康成から英語のメールを受け取った。

I knew I had to go to Green Island to trace the time back to when Dad was jailed there. Well, I finally did it recently. Standing on the beautiful seashore right in front of the jail compound, I felt as if time went back 50 years. My tears welled up, as the wind was blowing-no doubt just like they were decades ago. On the ferry, I saw high waves billowing through the sea, and I suddenly felt the same pain of injustice that Dad must have felt 50 years ago. I prayed to God, for He had kept Dad strong, through it all.

（ずっと緑島へ行き、父が獄につながれていた当時の事跡をたどりたいと思っていたが、最近、ようやく

弟、康成と柏楊の「人権紀念碑」

その願いがかなった。監獄の目の前にある美しい海辺に立つと、半世紀前に戻ったような感覚におそれた。風が吹くと、どっと涙があふれ、今、確かに数十年前と同じ場所に身を置いているのだと感じた。渡し場に立って、海上に高くうねる波を見ていると、ふいに父が半世紀前に味わった理不尽な苦しみが胸に迫ってきた。私は神に祈った。父に受難を耐え抜く強さを授けてくださったことに感謝します、と)。

弟のメールに私は強く心を打たれた。読み終えないうちから、目にはもう熱い涙があふれてきた。緑島こそ私が何年も行きたいと思っていた場所ではないか。今、弟のおかげで、多少なりとも自分の思いを慰めることができ、この『白色テロをくぐり抜けて』にもピリオドが打てそうだと思った。私は康成のメールをプリントアウトして、速達で当時もう八四歳になっていた父に送った。

その後、康成は緑島で撮ったたくさんの写真を送ってきた。中でも白色テロの時期に囚人たちが閉じ込められていた収容所の写真には、悲しみがつのった。写真の一枚一枚に消え去った時代の跡が残されているかのようであった。私がいちばん感動したのは、緑島に長年監禁されていた作家、柏楊[254]の「人権紀念碑」であった。

あの時代
どれだけの母親が
この島に閉じ込められた我が子を思って
夜通し泣き続けたことか

また別の記念碑の壁に刻まれた文章にも深い感銘を受けた。

下にお名前を挙げた方々は、第二次世界大戦後、四〇年もの長きにわたった台湾の白色テロの時期に……銃殺されたり監禁されたりした英雄たちである。すべてのお名前を集めることはできていないため、今後も引き続き補っていかねばならない。

著者がやっと見つけた「自由の鐘」

これらの記念碑は私たちに戒めを与えているのだろう。今は教訓を汲み取る時期だ、二度とあの恐怖の時代に戻ってはならない、と。

私はアメリカのエンジェル島のことを思った。数日後、私はまたカリフォルニア西海岸を訪れ、汽船に乗って、随所に華人移民の屈辱の跡が刻まれたエンジェル島に向かった。そしてついに「移民ステーション」からさほど遠くないところに、あの有名な「自由の鐘」を見つけた。表面には「Immigration 1910」と刻まれている。確かに自由には代償がつきものだ。あの太平洋に面した大きな鐘は人々に呼びかけているかのようであった。一九一〇年代に「入国した華人」の苦しみこそが、今日のアメリカにおける中国系移民の成功と自由をもたらしたのだ、と。

台湾の緑島からアメリカのエンジェル島までを振り返ってみると、あのつらい記憶を洗い流してしまうことはできないが、それでも未来は希望に満ちていると思う。

第二一章　父の手

私の父、孫保羅〔孫パウロ〕は、二〇〇七年五月九日、カリフォルニア州フリーモント（Fremont）のワシントン病院（Washington Hospital）で亡くなった。享年八八であった。父の死はとても安らかであった。苦しむことなく、臨終の際にうわごとを言うこともなく、何ら思い残すこともないようであった。その穏やかな臨終の経験は、まさに父が何年も前に書いた祈祷文を裏付けるものであった。「主よ、あなたの子羊を抱きて、私を天国へと導きたまえ」。最期の瞬間まで、私はずっと父の手を固く握りしめていた。残された短い時間のうちに、もう一度私がよく知っている「強靱」な手をしっかりとつかんでおきたかったからだ。

五月一四日の「火葬式」では、父の遺託に従って、私が自ら火葬のボタンを押した。

父の手のことを考えると、私にはまた幼い頃の記憶が蘇る。

小さい頃、母からよく次の話を聞かされた。私の手は普通の女の子のような繊細で上品な手ではなく、父から受け継いだ強靭で大きな手である。だが母は私の手が強くて「男性的」であるのを、とても喜んでいた。父は白色テロの時期に保密局の人員によって連れ去られた。その翌日、彼らはまた家にやって来て、今度は母を逮捕しようとした。そのとき、当時まだ六歳にもならない私がただちに危険を察知し、とっさに長い棒をつかんで、保密局の人に向かって猛然と打ちかかった。このため母は連れ去られずに済んだという。母は信じていた。父の遺伝子を受け継いだこの私の二つの手が、私たち家族を守ったのだと。

父のその「強靭」な手は、確かに私にとって生涯にわたって見習うべき目標であった。第一に父は忙しく働いているのが好きであり、何事も自分の手でやりたがった。私も父と同じで、休むことなく働くのが好きである。とくに一日中字を書き、字を練習するのが好きであり、またいつも読み終えたページに違う色のペンで読んだ感想を書いている。ただ一つ残念なことに、私は父のような書道の芸を身に付けていない。それでも父は私のために よく記念に字を書いてくれた。父が私の書斎のために書いてくれた「潜学斎」の書は、特に大切にしている。その「潜学斎」の三文字の下に添えてくれた「康宜敦品励学〔康宜は品行に敦く勉強熱心である〕」の語は、生涯忘れないであろう。

だが私が本当に心を揺さ振られたのは、やはり父の信仰心である。父は私の血縁上の父であっただけでなく、精神面での父でもあった。信仰において、父はずっと私の人生の道のりを導いてくれた恩師であった。実際、父ほど熱心に聖書を読み込んだ人はほとんどいないだろう。長年にわたって、父は『聖書』を最初から最後まで何度も読み返し、読むたびに新たな感想を抱いていた。父が読んだ数多くの『聖書』の版本には、いずれもびっしりとコメントや気付いたことが書き込まれていた。さらに、父は信仰に関わる書籍を非常に愛していた。中でもエイデン・トウザー（A. W. Tozer、中国語名、陶恕）[255]や倪柝声[256]氏らの作品は、何度も飽かずに読み返していた。父は深く神を慕っていた。毎朝四時に起きて祈りを捧げ、一人で静かに神と向き合った。それは十年一日のごとく繰り返された。アメリカに移住してからは、特に人を助けることに力を傾けた。多くの友人たちは口を揃えて言う。父からは信仰の面でも生活の面でもいつも助けられ、啓発を受けた、と。この点は私自身も同じで、常に父からサポートを受けてきた。父は何度も私に注意を促した。表面的な成功は二の次で、人間の内なる精神こそが最も重要なのだ、と。一九八二年にイェール大学で教鞭を執り始めた頃、生活は突如として多忙を極め、私の人間性は見かけ倒しのものになってしまった。このとき、父は私の信仰に問題があることに気付き、すぐに私に手紙で注意してくれた。

信仰は「忙しさ」とは関係しない。「忙しく」なればなるほど「敬虔な生活」が求められるのだ。……毎日十数分だけでも時間を作って、聖書を読み、祈りを捧げれば、大きな収穫がある。おまえは自分自身で信仰の生活をしっかりと守っていかなければいけないよ。

数年後、父はまた別の手紙で、繰り返し祈りを捧げ、『聖書』を読むよう私を誡めた。そしてもう一歩踏み込み、系統立てて「四福音書[257]から始め、ゆっくりと丁寧に精読する」こと、できれば「四福音書を逆から、つまりヨハネ、ルカ、マルコ、マタイの順に」読むといい、と提案した。父は『聖書』は速読しても意味はない。じっと考えることが大事なのだ」と言った。さらに私の信仰が深まるようにと、自分で描いた「祈りの手」という絵をわざわざ送ってくれた。私はその「祈りの手」を額に入れて、折に触れ自分を励ましてきた。

母が一九九七年に世を去ると、私は再び精神的に落ち込み、信仰の面でも後れを取ってしまった。当時、父は自身の悲しみを無理にこらえながら、ひたすら手紙で私を励まし続けてくれた。中でも人生における苦しみの意義を語った手紙は忘れることができない。

> 苦しみは計り知れないものだ。自分から苦しみを受けたがる者はいない。だが神は苦しみを道具として用いられる。苦しんでこそ価値のある人間になれるからだ。例えば、「詩篇」六六篇一〇から一二節にはこう書かれている。……悲しみ、涙を流し、嘆息し、あがいたことのない人間には、理解できないことだ。

それでも母が亡くなってからの一〇年間、父が一人で生活するのはかなりつらかったであろう（父は子供たちの誘いを何度も固辞し、決して同居しようとはしなかった)。しかし父は困難の中で、悲しみを力に変えることができた。父はいち早く母を記念する『一粒麦子〔一粒の麦〕』という本を書き上げただけでなく、依然として人助けに励んでいた(父は母が世を去った一か月後には、メリーランド州ゲイサースバーグ(Gaithersburg)の中国教会で講演を行った。八二歳の高齢になってからも、イェール大学近くの華人教会まで来て講演をしていた)。

二〇〇一年から、父は聖歌の作詞を好んでするようになった。これは孤独な老後の生活の中で育まれた、一種の文学創作活動であった。父は多くの曲の作詞を手がけた。一人暮らしをする中で、父はいつも自分で吟じ、自分で歌っていた。「主が導くところなら私はどこへでも行こう」(Wherever He Leads I'll Go.)(B.B.マッキニー(B.B. Mckinney)[258]作曲)という英語の聖歌を中国語に訳したこともある。父がよく歌っていたのが、この部分である。

父の「祈りの手」、1990年。父は『聖書』の金言にまつわる26枚の書を書いた。その冒頭を飾る絵として描かれたのが「祈りの手」である

主とともに、血と涙の道を歩む

永遠の命を持つ者はあなただけ
愛のすべてを
私は捧げよう
覚悟を決めてあなたに従おう

ほかにも、「パウロ作詞：夕日の彼方に」と名付けられた曲がある。これは「Beyond the Sunset」に中国語の歌詞をつけたもので、特に感動的である。

この世での仕事を終えれば
主が私を家に迎えてくれる
聖人たちも天で迎えてくれる
その喜びはいかばかりか
罪人は救われ
心安らかに主にまみえる
聖血は私のよりどころ
そして私の誉れ

だがその後まもなく、父は体が急激に弱り、あっという間に見る影もなく衰弱してしまった。最後には動くこともままならなくなった。何もかもが「夕日の彼方に」の歌詞の通りであった。

私は自分が見た夢をほとんど覚えていない。だが二〇〇四年の夏、父の日の前夜に見た夢は今でも忘れられない。その日、私は英語版の回想録*Journey Through the White Terror: A Daughter's Memoir*〔白色テロをくぐり抜けた旅路――娘による回想録〕を書き終え、父の日のプレゼントとして速達便で父に送ったところだった。その晩、私は寓意に満ちた夢を見た。夢の中で、私ははっきりと目にした。私は両親と一緒に混み合って騒がしい会議室に座っていた。その部屋は暑い上に風通しが悪く、耐えられないほど蒸し蒸しとしていた。ついに母が、早く会場を出ましょうと言った。そこで私は右手で父の手を取り、左手で母の手を取って、すばやく人混みを抜けて外に出た。外はとても静かで不思議なほど涼しく、遠くを眺めると、広い通りに二列に並ぶ高い椰子の木が見えるだけだった。通りには私たち三人のほかには、誰もいなかった。私は喜んで言った。「のんびり歩きながら家に帰りましょう……」。

それはかなりよくできた夢で、なかなか夢だとは思えなかった。だが私はすぐに悟った。父がこの世にいられる時間は長くない。残された時間のうちに、ちゃんと親孝行をし、父があの世に向かうときには、手をしっかりと握りしめ、最後の歩みが終わるまで付き添ってあげたい、と。

二〇〇七年五月九日、午前一一時三〇分ちょうど（アメリカ西海岸時間）に、父は命の旅路を終えた。

幸いなことに、父が病院のベッドで息を引き取ったとき、私たち子供は三人ともその場に居合わせることができた。父が人生の旅の終わりを迎えるまで、私はずっと父の手を固く握りしめていた。そのことに私はずいぶん慰められた。父の両手は昔と同じようにがっしりとしていた。それは祈りの手であり、また正義のために闘ってきた手でもあった。

註（訳註／原註）

序言

1 一九五四〜。台北生まれ。ハーバード大学東アジア言語・文明学科教授、比較文学科教授。専門は中国文学、比較文学理論・批評。サイノフォン（華語語系）の用語を提唱した一人としても知られる。

2 著者の孫康宜は夫の姓を取って、張康宜、または孫張康宜とも呼ばれている。英語名はKang-i Sun Chang。

3 人名や企業名を冠した講座は、個人や企業が資金を寄付し、その運用で行われている研究講座のことを表す。以下同じ。

4 一九八七年に戒厳令が解除されたことによる。

5 一九四五年、日本敗戦後に中華民国政府によって創設された治安維持機関。中華民国国防部に所属する。戒厳令を実施し、警備や言論・思想の取り締まりを行った。

6 匪賊の間諜の意味。ここでは中国共産党のスパイを指す。

7 白色テロの時期には、懲治叛乱条例により、軍人ではない民間人も軍事裁判所（原文、軍事法庭）で裁かれた。

8 考古学者、人類学者。ハーバード大学で博士号を取得し、イェール大学、ハーバード大学で教鞭を執った。台湾の中央研究院副院長を務めたこともある。邦訳に張光直著、小南一郎・間瀬収芳訳『中国古代文明の形成——中国青銅時代第二集』（平凡社、二〇〇〇年）等がある。

9 台湾における中学は、初級中学、高級中学に分かれる。初級中学が日本の中学校に相当し、高級中学は日本の高等学校に相当する。中国においても同様である。以下、本書の中に出てくる中学は、初級・高級の区別があるものはそのまま記し、単に中学となっている場合は、初級中学と高級中学を合わせた学校を指すものとする。

10 一九二四〜。中国古典学者、詩人、詞人。北京で生まれ育ち、戦後、夫とともに台湾にわたる。台湾の複数の大学で教鞭を執ったが、後にカナダに移住した。

11 台湾の自由民主化運動の先駆者。浙江省に生まれ、日本留学を経た後、中華民国政府の要職を務める。一九四九年、台湾にわたり、反共かつリベラルな『自由中国』雑誌を創刊する。同誌で国民党政権を批判し、また台湾人知識人と新党の樹立を目指そうとしたことにより、一〇年間牢獄につながれた。

12 一九三七〜二〇一六。台湾の作家。原名は陳永善、許南村という別の筆名も持つ。代表作に『陳映真小説集』がある。白色テロの時期に、マルクス主義や魯迅に関わる書籍を読む読書会を組織したという理由で逮捕された。後年、中国人民大学で教鞭を執り、北京で亡くなった。

13 一九五七年から翌年にかけて中国で行われた思想・政治闘争。中国共産党に批判的な見解を持つ多くの知識人たちが、右派のレッテルを貼られて弾圧され、職を奪われたり、労働改造所に送られたりした。

14 毛沢東が発動し、一九六六〜七六年にかけて行われた政治・権力闘争。従来の価値観を変革し、階級闘争を行うという名目の下、多くの人間が投獄・殺害・迫害され、中国社会を大混乱に陥れた。

15 台湾海峡をはさんだ中国大陸と台湾のことを指す。中台関係は、両岸関係と表現される。

16 文化大革命による悲劇を描いた一連の文学作品。文化大革命終結後の一九七〇年代末から八〇年にかけて現れ、文壇の潮流となった。

17 魯迅の小説、『祝福』に出てくる旧社会における悲劇の女性主人公が二人目の夫に死なれ、子供を亡くした自分の不幸話を、繰り返し周囲に話すが、次第に相手にされなくなっていったことを指す。

18 現、お茶の水女子大学。当時、日本には正式に認可された女子大学がなかったため、女性にとって女子高等師範学校が実質上の最高学府であった。

19　台湾新文学の創始者とも言われる。台北に生まれる。北京在住の一九二〇年代に、新文化運動の息吹を台湾に伝え、台湾の白話文運動を大きく前進させた。日本語にも堪能で、多くの日本文学の作品の翻訳も手掛けた。不遇をかこった後半生については、本書の第一章で触れられている。

20　一九四七年二月二八日、陳儀行政長官を中心とする政権への不満から、民衆の抗議やデモが起こり、それをきっかけに国民政府が本省人、とりわけ本省人の知識人を中心に大弾圧を加えた事件。本書の第二章に詳述されている。

21　第二次世界大戦以前から台湾に居住していた台湾人とその子孫。主に漢民族を指す。

22　第二次世界大戦後に国民党とともに大陸から台湾に渡ってきた人々とその子孫。

23　戦後の台湾における、「本省人」と「外省人」との対立の要因となった出身地に起因する問題のこと。「本省人」の方が人口比に占める割合が多いにも関わらず、「外省人」が権力の中枢をほぼ独占していたことから生じた諸矛盾を指す。

24　台東県の離島。思想改造と再教育を目的とした収容所が置かれたことで知られる。緑島には主に政治犯が収容され、生きて帰ることのできない者も少なくなかった。

25　一九五二年に中国共産党の指示を受けたゲリラの一群が鹿窟村（現、新北市石碇区の一部）に潜伏しているとの通報を受け、政府軍が根拠地とされた村を制圧した。その場で撃ち殺された者は三〇数名、逮捕された者は四〇〇名余り、逮捕後に処刑された者も少なくない。共産ゲリラを匿ったとして、数多くの村民や現地で働く労働者たちが巻き込まれた。白色テロ初期の大事件として知られている。本書第一一章に筆者の調べた鹿窟事件の一端が詳述されている。

26　北京は一九二八年より、中華民国政府の下で北平と呼ばれていた。

27　国民政府軍事委員会調査統計局（略称、軍統）をその前身とする。一九四六年に国防部保密局と名を変え、一九五〇年に台湾で正式に組織される。国民党政府の情報機関であり、情報収集や諜報活動などを担った。白色テロの時期には共産主義思想の取り締まりを理由に、多くの冤罪事件を生んだ。
28 台湾が国民党の統治下に入ってから標準語とされた言語。主に北京語に基づいている。
29 国民党政府は中国共産党に対抗し、中国の伝統文化の正統な後継者は中国国民党であることを内外に喧伝し、その「正統」な言葉として、北京語に基づく国語の普及に力を入れた。これは一九七〇年代後半まで続いた。
30 原文は罄竹難書、『呂氏春秋』による。
31 南朝の宋の詩人。低い家柄の出身で官職を転々とした末に、皇族の反乱に巻き込まれて、殺害される。下層貴族の悲哀や民衆の苦難を詠い、唐代の詩人に大きな影響を与えた。
32 現、江蘇省揚州市。
33 書き下し文と日本語訳は、土屋聡『六朝寒門文人鮑照の研究』汲古書院、二〇一三年、五五頁を参照した。
34 唐小豆（トウアズキ）。熱帯各地で見られるマメ科のつる性低木。種子はアズキ大（長径五～七ミリメートル、短径四～五ミリメートル）で鮮紅色をしており、黒眼がある。以下、本書では原文の「紅豆」の語をそのまま使用する。
35 新約聖書、エペソ人への手紙、四章三二節、『聖書』日本聖書協会、一九八九年、三〇五頁参照。以下、『聖書』からの引用はすべてこの日本聖書協会の日本語訳を参照した。
36 旧約聖書、詩篇、二三篇四節、「たといわたしは死の陰の谷を歩むとも、わざわいを恐れません」に由来する。

著者の自序

37 台湾では中国大陸、特に現在中華人民共和国の統治下にある地域を、単に大陸と表現することが多い。
38 アメリカの小説家。捕鯨船に乗って放浪した体験をもとに小説を発表。難解な作風から生前にはほとんど評価されなかったが、現在ではアメリカを代表する文学者として知られる。

39 著者の渡米後の生活については、近著『奔赴――半個多世紀在美国〔奔走――半世紀余りのアメリカ生活〕』台湾、聯経出版社、二〇二四年に詳しい。
40 一九五〇年、台湾生まれ。ハーバード大学歴史学博士。専門は中国思想史・中国宗教文化史など。台湾の中央研究院歴史語言研究所所長などを務める。
41 一九四三〜。中国生まれ、台湾育ちの女性詩人・画家。中国語圏で人気を誇る。

日本語版への序文

42 一九二五年に建てられた早稲田大学図書館は、現在も高田早苗記念研究図書館が入った二号館として使われている。
43 一九〇五〜一九七二。アメリカのジャーナリスト。西側の記者として初めて中国共産党の根拠地に入り、幹部たちから聞き取りを重ねて取材した『中国の赤い星』（一九三七年）は、世界に大きな反響を呼んだ。同年、日本でも『中央公論』に紹介されたが、すぐに禁止となった。現在、宇佐美誠次郎・杉本俊朗、松岡洋子らによる邦訳が出されている。
44 現在は新宿区に入れられている。
45 現、雑司ヶ谷霊園。ここに鬼子母神堂がある。現在は豊島区となっている。
46 瑠璃焼の窯工場があったことに由来する。書店のほか、書画骨董、印章、書道関連の道具を扱う店などが立ち並ぶ北京の文化街。
47 一九一〇〜二〇〇七。中国国民党の特務。中華民国政府高官（政治家・軍人）の戴笠（一八九七〜一九四六）のもとで国民政府軍事委員会調査統計局に入る。蔣介石に重んじられ、国防部保密局で情報工作を担った。
48 中央政府直属の中国国民党知識青年党部が学校に置いた組織。警備総司令部と連動し、校内の監視、思想の取り締まりを行った。

49 現、国立中山大学附属国光高級中学。もともと高雄石油精製工場で働く者の子弟のための私立学校であったが、二〇〇五年に国立中山大学に合併された。

第一章

50 李成市・劉傑編『留学生の早稲田――近代日本の知の接触領域』早稲田大学出版部、二〇一五年、五五頁、一九四二年卒業生の欄に孫裕光の名が見られる。

51 孫文の号。中華圏では本名の孫文ではなく、号の孫中山で呼ぶことが多い。

52 一九一五～二〇〇六。文芸評論家。数多くの作家論、回想記を発表した。童話作家、巌谷小波の四男。

53 一八九二～一九五〇。朝鮮の文学者、思想家、詩人。早稲田大学等で学ぶ。民族独立運動に従事していたが、戦時中に親日派に転向したことから、従来否定的な評価がなされていた。現在は評価の見直しが進んでいる。代表作に『無情』一九一七年がある。

54 原文は以下の通り。「一行は到着すると、ただちに、宮城奉拝、明治神宮参拝をさせられた。朝鮮の作家たちが目立って、うやうやしく、手を合わせて拝礼していた。この時、朝鮮から来た李光洙（香山光郎）氏は雑誌にその印象を次のように書いている。（中略）一行の中で、張我軍という人だけが、そっぽを向いてお辞儀をしなかったのが印象的だった」。

55 一九〇九～一九七八。日本統治期に活躍した作家。台湾嘉義に生まれ、日本の東洋大学を卒業。友人らと「台湾芸術研究会」を組織し、『福爾摩沙（フォルモサ、ポルトガル語で美しいを表し、台湾のことを指す）』を発行する。日本語で数多くの作品を発表した。代表作に『夜猿』がある。

56 ［原註］巌谷大四『非常時日本文壇史』中央公論社、一九六〇年〔初版は一九五八年〕、三一～三二頁。ジョン・トリート教授がこの貴重な史料を提供してくれたことに感謝したい。同時に龔文凱博士にも謝意を表したい。彼は私のために多くの時間を費やして、この方面の情報を調べてくれた。

57 〔原註〕『張我軍文集』純文学叢書、一九七五年、一二二頁参照。

58 一九四八年から四九年にかけて台湾で発生した学生弾圧事件。中国共産党との関わりを恐れた国民党政府が、政府に不満を持つ学生たちの運動を鎮圧し、これによって多くの学生が銃殺された。

59 張光直『蕃薯人的故事〔いもっ子の物語〕』聯経出版社、一九九八年。蕃薯はサツマイモを指す。書名は台湾の形がサツマイモの形に似ていることに由来する。

60 〔原註〕張光正はペンネームを何標という。長い間北京に住んでいた。彼の作品『我的郷情和台湾両岸情〔私のふるさとへの思いと台湾両岸への思い〕』北京、台海出版社、二〇一〇年を参照されたい。

61 台北の南に位置する地区。現在は台北の衛星都市である新北市に組み込まれている。

62 ハーバード大学付属のピーボディ考古学・民族学博物館。

第二章

63 〔原註〕王景弘編訳『第三眼睛看二二八——美国外交檔案掲密』台北、玉山社、二〇〇二年、四〇～四一頁を参照。

64 〔原註〕Lai Tse-Han, Ramon H. Myers, and Wei Wou,『一箇悲劇性的開端——台湾一九四七年二月二十八日的起義〔悲劇の始まり——台湾一九四七年二月二八日の蜂起〕』スタンフォード大学出版社、一九九一年、九四頁参照。

65 中国大陸で使われている共通語。日本では北京語と訳されることが多い。細部は異なるが、「国語」とほぼ同じ。

66 〔原註〕父の当時の同僚、湯麟武先生（後に台湾の成功大学水利学部の教授となり、現在はアメリカに定住している）の回想によると、二・二八事件が収まった直後に港務局の仕事に戻ると「防波堤を造るケーソンの配水管の中に、死体の首があった。すでに黒ずんでおり、生きたまま海に落とされたのか、それとも殴り殺された後に捨てられたのか分からなかった」。湯先生はあの光景を今も忘れることができないという。

67　〔原註〕王暁波『台湾史与台湾人』台北、東大図書公司、一九九九年〔初版は一九八八年〕、一六四～一六五頁。

第三章

68　師範学校は卒業後に教員となって働くことを前提としており、当時は基本的に授業料が免除され、三年制であった。

69　日本語訳はトルストイ著、北御門二郎訳『アンナ・カレーニナ』上、東海大学出版会、一九七九年、一頁を参照した。

70　一七六〇～?。清代の閨秀詩人。江蘇常熟の人。孫原湘（一七六〇～一八二八）の妻で、夫妻はともに著名な詩人、袁枚の弟子であった。代表作に『長真閣詩稿』などがある。

71　日本語訳は猪口篤志『中国歴代漢詩選』右文書院、二〇〇九年、三九八頁を一部参照した。

72　〔原註〕アリストテレスのこの言葉の英訳は、We are what we repeatedly do. Excellence, then, is not an act,but a habit. である。この言葉と蜘蛛との関連は、あるポスターからインスピレーションを得た。二〇〇二年三月一八日、私は家の近くの中学校（Orange Junior High School）を参観した。その日、偶然学校の掲示板でアリストテレスのこの英訳を見かけた。ポスターの上の方には、まさにわきめもふらず網を張っている蜘蛛が一匹描かれていた。

73　著者、孫康宜の幼名。原文は小紅。

第四章

74　旧約聖書、詩篇、一二三篇一～四節、七六六頁参照。

75　その後に「意気の敷腴するは盛年に在り」という句が続く。

76　国民学校は日本の小学校に相当する初等義務教育機関。一九六八年に義務教育期間が三年間延びて九年間となったことにより、国民小学と改名された。

77 高雄市が管轄する区。高雄市の西部に位置する。

78 細長い揚げパン。

79 一八九三年にフランスで発表されたエクトール・アンリ・マロの作品。『家なき少女』という邦題もある。アニメ『ペリーヌ物語』の原作としても知られる。

80 一八八六年に刊行されたイタリアの作家、エドモンド・デ・アミーチスの代表作。日本では作中の訓話が『母をたずねて三千里』としてアニメ化され、よく知られている。

81 一八九九年に刊行された文豪トルストイの長編小説。

82 一八六二年に刊行された文豪ユゴーの長編小説。

83 福永光司・興善宏訳『老子　荘子（世界古典文学全集　第一七巻）』筑摩書房、二〇〇四年、一一頁参照。

84 ［原註］後に、私は老子の専門家、呉怡先生によるこの章の解釈を読み、呉先生の注釈が五〇年前に藍先生が私に説明してくれた内容とそっくりであることに気付き、うれしく思った。呉怡『新釈老子解義』第三版、台北、三民書局、一九九八年、四八～四九頁参照。

85 頭をたれ、腰を曲げ両手を後方に伸ばし、ジェット機のような姿勢をすること。中国では文化大革命期に体罰として使われた。

86 高雄石油精製工場及びそこで働く従業員とその家族が住んでいた地区。最先端の工場であったことから、居住地も整備されていた。本書第一五章に詳しい。

87 高雄市の西南部に位置する前鎮区にある地域。

第五章

88 高雄市の鳳山区。

89 高雄市を拠点とするバス会社。

第六章

90　母方の一番目の伯父、陳本江らが組織した団体。愛国的意識を持つ知識人たちで構成されていた。陳本江らの運動については、第一一章「伯父、陳本江と「台湾一の秀才」呂赫若」に詳しい。

91　『復活』は一八九九年に発表されたトルストイの代表作の一つ。ここではシベリア流刑となったヒロイン、カチューシャとその周辺の者たちが収容されていた刑務所での光景を指すと思われる。

92　孫裕光「論科学的思考」中国自然科学促進会『科学教育』第三巻第三期、一九五七年五月。湯川秀樹の原文は、「科学的思考について—物理学の対象と法則—」『物理学の方向』三一書房、初版一九四九年九月。

93　湯川秀樹の原文及び孫裕光の訳文には、この箇所に直接該当する文章は見当たらない。訳文に付された解説だと思われる。

第七章

94　民間伝承の中の主人公。丞相の娘でありながら、貧しい男性と結婚をし、夫が獄につながれていた一八年間も耐え忍んで暮らした。ついには夫が皇帝となり、彼女は皇后となった。

第八章

95　台湾警備総司令部〔註5〕の略称。

96　高雄市街地の北にある標高一六五メートルの山。現在は自然公園に指定されている。

97　陶淵明「飲酒、其五」、一海知義・入矢義高注『新修中国詩人選集一　陶淵明　寒山』岩波書店、一九八四年、二五・二六頁を参照した。

第九章

98　新約聖書「マタイによる福音書」第五章、「ルカによる福音書」第六章にある言葉。

99　「しかし、わたしはあなたがたに言う。敵を愛し、迫害する者のために祈れ」。

100　［原註］劉先生は後に回想録を出版し、彼の心の軌跡を記した。劉丁衡『窑匠之泥』台北、宇宙光出版社、二〇〇〇年参照〔窑匠之泥とは陶器師の粘土のことを指し、旧約聖書、エレミア書、一八章の故事にちなむ〕。
101　中華民国の国旗を掲揚・降納する際に歌われる歌。戴伝賢作詞、黄自作曲。
102　孫文が一九二四年に設立された黄埔軍官学校（陸軍士官学校）の開校式で述べた訓示の内容に、程懋筠が曲をつけたもの。中華民国の「国歌」として扱われ、戒厳令下の台湾ではこの歌が流れると、必ず起立しなければならなかった。別称、「三民主義歌」。
103　呉村作詞、陳歌辛作曲の「玫瑰玫瑰我愛你」。一九四〇年に姚莉の歌唱で発表された。

第一〇章

104　中国語では、松葉づえ、足の不自由な人、誘拐犯などの意味。
105　中国語では、無理強いする、強制する、の意味。
106　原文は山猪。台湾語では中国大陸を「唐山」と呼ぶことがあり、外省人を「唐山仔」「亜山仔」などと呼んだ。また中国語の「猪」は豚を指す。戦後、「外省人」を罵る際に、豚の形容が使われた。この両者に由来する罵り言葉だと思われる。
107　一九二一年から二二年にかけて発表された魯迅の小説『阿Q正伝』の主人公。人に侮辱されても反抗する力がなく、自分を勝利者だと言い張った。「精神勝利法」の典型とされる。
108　原文は「蕃薯人」。台湾の形がサツマイモの形に似ていることに由来する蔑称。
109　現在は名誉教授。
110　歴史学者。ピッツバーグ大学歴史学部教授。
111　［原註］「文化的失語症」については、葉舒憲『両種旅行的足跡〔二種類の旅の足跡〕』上海、上海文芸出版社、二〇〇〇年、三二頁を参照されたい。「「話せない」ことと「失語症」という現象の背景には、いずれも言語選択の問題が関わっているだけではない。それはまさに文化的な身分、あるいはアイデンティティの問題なのである」と書かれている。

112 一九五五年に創設された台中の私立大学。大陸からやってきたキリスト教系の大学関係者たちにより創設されたミッションスクールである。当初は学部も少なかったが、現在は広大なキャンパスを持つ総合大学となっている。

113 一九二三〜二〇二三。アメリカ合衆国の国際政治学者。国家安全保障問題担当大統領補佐官、国務長官を務めた。米中国交正常化に向けて、極秘裏に北京を訪問したことでも知られる。

114 〔原註〕私は『南方週末』社の副刊編集者、朱又可氏に特に感謝している。彼の細やかな指摘のおかげで、この言葉を書き改めることができた。

115 〔原註〕劉禾『語際書写』上海、三聯書店、一九九九年、二五一頁。

116 一九三四年生まれ。アメリカ合衆国の思想家・フランス文学研究者。マルクス主義文芸批評の大家。

117 〔原註〕Fredric Jameson, *The Prison-House of Language* (1972).

118 ハロルド・ブルーム（一九三〇〜二〇一九）。アメリカ合衆国の文学研究者、批評家。一九七三年に刊行された『影響の不安』（新曜社、二〇〇四年）は、日本でも知られる。

119 〔原註〕〔From birth, children are the brave and free heirs of the great mother tongue.〕Sydney Thompson Dobell（一八二四〜一八七四）"Sonnets on America."

120 〔原註〕例えば、著名な歴史学者、余英時教授はその「一九八六年四月、プリンストンへ赴く道中」という詩の中で、プリンストンのことを「林園」と呼んでいる〔中国語でプリンストンは普林斯頓と書く〕。その詩の最初の言葉「林園に招かれて隠棲したのは偶然のことで……」を参照されたい。余英時教授にとって、プリンストンは彼が招かれて「隠居」するために行った場所であり、むろん私が幼いときに林園を「避難所」にしたこととは異なる。だが両者はともに、はるか遠い自由な空間へと派生する隠喩になっている。

121 ［原註］Harold Bloom, "Magic Words", *Time* (July 22, 2002) G10.

第一一章

122 ［原註］補足しておかねばならない。一九九八年一二月から二〇一〇年四月までの十数年間、台北の二二八紀念館はいわゆる「白色テロのコーナー」を設けていた（当初は曹欽栄、張炎憲らが自ら参与し、準備に関わり、運営していた）。しかし現在、二二八紀念館では、白色テロのコーナーはすでに取り除かれてなくなってしまった（新しい紀念館は二〇一一年二月二〇日にオープンした）。よって「一九五二年の鹿窟事件」の展示も、現在では見ることができない。

123 台北市郊外の村。現在は新北市石碇区となっている。

124 台北市郊外の村。現在は新北市汐止区となっている。

125 豪傑たちが梁山泊へ結集して立てこもったという『水滸伝』の故事にちなむ。

126 一九〇一～一九七〇。台湾出身の女性革命家。日本統治期に台湾共産党を組織しようとして逮捕される。戦後、「台湾民主自治同盟」の主席として国民政府に抵抗する運動を指導する。一九四八年、中国大陸に逃れ、中華人民共和国の全国人民代表大会の代表などを務めたが、後に右派として弾劾され、文化大革命の最中に世を去った。

127 鼓浪嶼。福建省厦門市に属する島。

128 蘇東坡が廬山を詠んだ七言絶句、「題西林壁」。

129 ［原註］実は、二番目の伯母の言う「山の上」は、「鹿窟の山の上」のことを指していた。

130 小田島雄志訳「ロミオとジュリエット」『シェイクスピア全集』II、白水社、一九八五年、八一頁参照。

131 同右、一五四頁参照。

132 イギリスのオルダス・ハクスリー（一八九四～一九六三）が一九三二年に発表したディストピア小説。

133 ソ連の作家、ボリス・パステルナークが一九五七年に発表した小説。ロシア革命に翻弄される男女二人を軸にして描かれた大河小説。江川卓、工藤正廣らによる邦訳がある。

134 台中市に位置する台地。またの名を大肚山という。東海大学の広大なキャンパスはこの大度山に作られている。

135 一九六〇～。台湾のドキュメンタリー作家、小説家、歴史家。植民統治期から白色テロに至る台湾人知識人の悲劇を描いた代表作の『幌馬車之歌』（邦訳は間ふさ子、塩森由岐子、妹尾加代訳『幌馬車の歌』草風館、二〇〇六年）は、侯孝賢監督の映画『悲情城市』にも影響を与えた。

136 〔原註〕藍博洲「呂赫若的党人生涯」（陳映真ら著『呂赫若作品研究——台湾第一才子』台北、聯合文学、一九九七年、九八～一二六頁所収）参照。

137 〔原註〕まさにヨミ・ブレイスター（Yomi Braester）が言う通りである。「一九八〇年代と九〇年代に、台湾の民衆は彼ら自身の歴史の叙事を極力示そうとした」。だが「それらの多層な叙事は、まだ一貫した流れを持ち、現在を読み解くだけの記憶を作り上げることはできていない」。ヨミ・ブレイスター「Taiwanese Identity and the Crisis of Memory: Post-Chiang Mystery〔台湾人のアイデンティティと記憶の危機——ポスト蔣時代の謎〕」、David Der-Wei Wang〔王徳威〕and Carlos Rojas編『書写台湾——一部新歴史（*Writing Taiwan: A New Literary History*）』、Duke University Press. 二〇〇七年、二一三頁。

138 〔原註〕だがたとえこのような行動を取ったとしても、二・二八事件後に左翼陣営に身を投じた著名な作家、朱点人は、一九四九年に逮捕され、台北駅前で殺害された。

139 〔原註〕呂赫若の子である呂芳雄の文章「追憶我的父親呂赫若〔私の父親、呂赫若の思い出〕」『呂赫若日記、一九四二—一九四四』による。日本語から中国語への翻訳者は鍾瑞芳、台北、国家台湾文学館、二〇〇四年、四九二頁所収を参照した。

140　〔原註〕張炎憲、陳鳳華『寒村的哭泣——鹿窟事件〔寒村の号泣——鹿窟事件〕』台北、台北県政府文化局、二〇〇〇年、一二一頁、藍博洲「呂赫若的党人生涯」一二三頁。

141　本書は二〇一一年に北京の三聯書店から出版され、二〇二一年に著者が一部修正を加えたものを底本としている。

142　〔原註〕陳建忠『被詛咒的文学〔のろわれた文学〕——戦後初期（一九四五—一九四九）台湾文学論集』台北、五南図書、二〇〇七年、二七・二八頁参照。また王徳威『台湾——従文学看歴史〔文学から歴史を見る〕』台北、麦田出版社、二〇〇五年、一六二頁。

143　〔原註〕「戴伝季先生訪問紀録」台北市文献委員会編『戒厳時期台北地区政治事件口述歴史』第一巻、台北、台北市文献委員会、一九九九年、二三六頁。

144　『留学生の早稲田——近代日本の知の接触領域』六一頁、一九四二年卒業生の欄に陳大川の名が見られる。

145　〔原註〕上海でも同じような状況が発生していた。張超英口述、陳柔縉記録『宮前町九十番地』台北、時報文化出版社、二〇〇六年、九三・九四頁などを参照〔本書は邦訳も出ている。張超英口述、陳柔縉著、坂井臣之助監訳『国際広報官 張超英——台北・宮前町九十番地を出て』まどか出版、二〇〇八年〕。

146　〔原註〕一九三六年に、呂赫若はすでにマルクス、ヘーゲルなどの著作を引用していた。呂赫若「旧有新的事務」林至潔中国語訳『呂赫若小説全集——台湾第一才子』台北、聯経出版社、一九九五年、五五五～五五九頁。

147　〔原註〕呂正恵『殖民地的傷痕』台北、人間出版社、二〇〇二年、八七頁、鍾美芳『呂赫若的創作歴程再探』淡水工商管理学院の会議論文、一九九五年一〇月四日・五日、五頁。本書は呂正恵からの引用。

148　〔原註〕陳芳明「紅色青年呂赫若——以戦後四篇中文小説為中心」『左翼台湾——殖民地文学運動史論』台北、麦田出版社、一九九八年、二二三頁所収参照。

149　〔原註〕林至潔中国語訳『呂赫若小説全集——台湾第一才子』五一五～五四五頁。

150 〔原註〕『宮前町九十番地』九三頁。

151 〔原註〕藤井省三「台湾作家与日劇「大東亜歌舞劇」——呂赫若的東宝国民劇」藤井省三著、張季林中国語訳『台湾文学這一百年』台北、麦田出版社、二〇〇四年、一四七〜一八一頁（原著は藤井省三『台湾文学この百年』東方選書三一、東方書店、一九九八年）。

152 一九四一年に東宝劇場で公演された東宝国民劇のことを指す。『台湾文学この百年』一四三頁。

153 〔原註〕『呂赫若日記、一九四二—一九四四』三五八頁。

154 呂赫若著、陳萬益編『呂赫若日記　昭和一七—一九年（手稿本）』台湾文学館、二〇〇四年、一七六頁（日記一七二頁）より引用。

155 〔原註〕林至潔中国語訳『呂赫若小説全集——台湾第一才子』四一四〜四六九頁。『清秋』は一九四三年に書かれたが、一九四四年三月になってから発表された（台北の清水書店から出版された）。

156 〔原註〕藍博洲「呂赫若的党人生涯」一〇五〜一〇六頁参照。

157 〔原註〕この版本は三巻本の『増評全図石頭記』である。『呂赫若日記、一九四二—一九四四』巻頭写真参照。

158 〔原註〕藍博洲「呂赫若的党人生涯」一〇五頁。

159 一九〇七〜一九八一。台南に生まれる。日本滞在中に日本共産党員となり、台湾に戻ってから、台湾共産党の指導者の一人となる。二・二八事件後、謝雪紅らと台湾民主自治同盟を結成。一九四九年に北京へ逃れる。文化大革命などで迫害を受けるが、その後名誉回復された。

160 〔原註〕藍博洲「呂赫若的党人生涯」一〇六、一七六頁。

161 一九〇四〜一九八二。現在の高雄出身。言語学者。法政大学卒業。東京で左翼人士と知り合い、マルクス主義に傾倒。戦後、台湾同郷会の会長を務めた。台湾に戻った後、二・二八事件で逮捕され、一九四七年に北京へ逃れ、文字改革委員会で文字改革に従事する。文化大革命で迫害されるが、後に台湾民主自治同盟総部理事などを務めた。次女の陳真は長年、北京放送、ＮＨＫで中国語講師を務め、日本では「中国語講座の陳真先生」として親しまれた。

162 ［原註］結果的に、蘇新は中国で悲惨な数十年を過ごし、一九八一年に世を去った。彼の悲劇的な生涯は、後に陳若曦の小説『老人』のテーマとなった。陳芳明「蘇新的生平与思想初論〔蘇新の生涯と思想初論〕」『左翼台湾――殖民地文学運動史論』所収、一二五～一九二頁。

163 ［原註］藍博洲「呂赫若的党人生涯」一一一頁。

164 ［原註］谷正文口述、許俊栄、黄志明、公小穎記録『白色恐怖秘密檔案』台北、独家文化、一九九五年、一四八～一五九頁参照。

165 ［原註］多くの資料が、軍隊の人数を二五〇〇人と記載している。だが目撃者の陳旬烟によると、鹿窟の周辺地区が包囲されていたことを考えると、三、四万人はいたはずだという。陳旬烟の記述は、『呂赫若文学座談会』陳映真等『呂赫若作品研究』三三四頁所収より引用した。しかし、鹿窟にいた別の左翼知識人から最近聞いた話によると、当時国民党が派遣した軍隊はおよそ一万人余りであったという。

166 ［原註］張炎憲と高淑媛による政治犯、廖徳金への近年のインタビューによる。かつて鹿窟事件に関わった廖徳金は、もともと「武装力」という言葉で、陳本江とその追随者たちを表現する意図はなかったと述べる。後に彼がこのような表現を使ったのは、仲間たちを持ち上げる目的からであった。張炎憲・高淑媛『鹿窟事件調査研究』台北、台北文化局、一九九八年、九一～九四頁。

167 ［原註］多くの資料は陳本江の亡くなった年を誤って記録している。例えば、藍博洲は、陳が一九八五年に亡くなったと書いている。藍博洲「呂赫若的党人生涯」一一九頁参照。

第一二章

168 ［原註］ここで触れておかねばならない。一九六〇年代から七〇年代にかけて、私たち姉弟三人が相次いで出国した後、両親は鄧慶順先生のお世話になっていた。鄧先生（私たちは「鄧兄さん」と呼んでいた）一家の温かい思いやりが、両親の生きる支えとなっていた。ここにそのことを記し、感謝の意を表したい。

169 ［原註］一九七七年に電話で私に教えた方法が、そのまま私の両親の順調な出国につながったことを余国藩（Anthony C. Yu）教授が知ったのはずいぶん後になってからのことである。もともと余教授は長らくアメリカで教鞭を執っており、張其昀先生とは面識がなく、彼が蔣院長の家の向かいに住んでいることも知らなかった。ところが一九七五年の夏、余教授が台湾での会議に参加した折、たまたま張其昀先生が余教授の両親を訪ねてきた。余教授は両親の家に滞在していたので、二人は偶然出会ったのだった。二人はすぐさま意気投合し、年の差を越えた友情が生まれた。一九七七年に私が余教授に電話して相談した際、余教授の頭に張其昀先生のことが自然に思い浮かんだのは、こういった理由による。最近、私が余国藩教授にこのときのことを話すと、彼は感動して手紙にこう書いてきた。「造物主があなたのご両親を導き、祝福されたのでしょう。お二人はずっと罪がなく、高い徳をお持ちでしたから」。このことをここに記し、恩義に感謝したい。

170 台北の通路名。

171 旧約聖書、詩篇、一二四篇七節、八六四頁参照。

172 内容と文句が通俗的でおもしろく、平仄や韻律にとらわれない旧体詩。唐の張打油が始めた。

第一三章

173 ［原註］実は紅豆は江蘇、浙江省一帯でも育つ。紅豆と紅豆の木が象徴する意義については、陳寅恪の『柳如是別伝』の「縁起」の章及び、そこに収められている「咏紅豆」詩とその序を参照されたい。陳寅恪は昆明にいたとき、本屋の主人に出会った。主人は、以前江蘇省常熟の銭謙益〔明末清初の学者、詩人。一五八二～一六六四〕の旧家に寄寓していたことがあり、「その庭で紅豆の木に生った実を一粒拾った」ので、これを差し上げたいと言った。陳寅恪氏は「これを聞いて大いに喜び、高い値で」、その紅豆を買い取った。思いがけずその紅豆が、陳寅恪氏が銭謙益と才女、柳如是〔明末清初の女性詩人。一六一六〜一六六四〕の物語を書く「縁起」、つまりきっかけとなったのである。『柳如是別伝』第一冊、上海古籍出版社、一九八〇年、一〜四頁。

174 ［原註］後に、父は『TIME』（一九七九年二月一九日）に載せられたアインシュタインについての文章を中国語に翻訳した。タイトルは「愛因斯坦百年生辰——挙世紀念一位重新描絵宇宙的巨人〔アインシュタイン生誕百年——宇宙を描き直した巨人を全世界で記念する〕」である。

175 六朝の梁の文人、劉勰が著した中国最初の文学理論書。

176 日本語訳は戸田浩暁『新釈漢文大系　第六五巻　文心雕龍（下）』明治書院、一九八七年第六版、四八二頁を参照した。

177 門や柱などに貼ったり吊るしたりする対になった句のこと。

178 一九二八〜二〇一五。アメリカの数学者。ゲーム理論、微分幾何学、偏微分方程式などの功績で知られる。精神を患いながら、研究に励んだ彼の半生を描いたシルヴィア・ネイサーの『ビューティフル・マインド』（一九九八年）は、二〇〇一年に映画化された。

179 ［原註］ナッシュのもともとの言葉は、「I have been sheltered here and thus avoided homelessness.」である。（Sylvia Nasar, *A beautiful Mind:The Life of Mathematical Genius and Nobel laureate John Nash* [New York: Simon&Schuster, 1998], p.340）中国語訳は謝良瑜・傅士哲・全映玉訳『美麗境界』台北、時報文化、二〇〇二年、四六七頁参照。

180 アメリカ北東部の名門私立大学八校、ハーバード、イエール、コロンビア、プリンストン、ブラウン、ペンシルバニア、コーネル、ダートマスの総称。校舎に這った「Ivy〔ツタ〕」で象徴され、由緒ある伝統を持ち、学問の水準も高く、社会的な名声を得ている。

181 ［原註］この言葉の中国語訳は劉再復の新著『閲読美国』香港、明報出版社、二〇〇二年、四五頁から引用した。

182 マサチューセッツ州出身の詩人、エッセイスト。敬虔なクリスチャンでもあった。

183 新約聖書、ヨハネによる福音書、一二章二四節、一六一頁。

第一四章

184 生年不明~紀元前一四〇?。漢の文人、淮陰（江蘇省）の人。美文の名手で、「七発」はのちに「七」と呼ばれる賦の新形式となり、後世にも大きな影響を与えた。

185 一般にはアメリカが義和団事件による賠償金を使って設立した留学制度を指す。著者の父が留学したのは北京が日本の占領下に置かれていた時期であるため、ここでは同じく庚子賠償金（義和団事件賠償金）の一部を利用して始まった日本の「対支文化事業」による留学選抜試験を指すと思われる。

186 下関から釜山への連絡線に乗り、釜山からは北京へとつながる華北交通社の列車に乗ったものと思われる。

187 台北市立第一女子高級中学のこと。日本の植民統治期に台湾総督府国語学校第三附属学校として創設され、現在も台湾における女子のトップエリート校として知られる。

188 一九五八年から始まった大躍進政策の失敗により、一九五九年から六一年にかけて中国各地で大量の餓死者が出たことを指す。

189 一九二七年に創設された上海第一医学院を指す。一九八五年に上海医科大学と改名され、二〇〇〇年には復旦大学に合併され、復旦大学上海医学院となった。

190 開拓者が初めて収穫を神に感謝したことを記念した祝日。アメリカでは一一月の第四木曜日に祝われる。

191 一九七一年、当時ニクソン大統領の側近であったキッシンジャーが極秘裏に中国訪問を行い、翌年ニクソン大統領が訪中し、世界を驚かせた。一九七九年、カーター大統領の下で米中は正式に国交正常化を果たした。

192 華北地区を流れる大河。五つの支流が天津で合流し、東へと向かって渤海に注ぐ。

193 正統派マルクス主義の立場から見て、マルクス主義を修正しようとするあらゆる理論や運動に対するレッテル。

194 壁新聞。大きな紙に評論、批判、要求などを書いて壁に貼り出したもの。

195 南京市内南西部に位置する公園。南斉の時代に美しい女性が湖に身を投げた物語が残されている。

196 莫愁湖のほとりにある建物。明代に建てられ、清代に修復された。明の太祖朱元璋が徐達と将棋を指し、莫愁湖を徐達に贈ったことにちなむ。

197 南京市の紫金山にある孫文の陵墓。三九二段（一九二五年当時の中国総人口、三億九二〇〇万人にちなむ）の階段があり、観光名所となっている。

198 南京市東北の鐘山、別名、紫金山に存在した七〇寺の中で最も著名な寺。一三八一年に梁の時代の仏寺が移築され、今の名前となった。

199 南京市の紫金山の南麓にある明の太祖、朱元璋と后妃の陵墓。

200 一八七六〜一九二五。革命家。早稲田大学留学中に、中国同盟会に参加し、孫文の革命活動を支える。その後も国民党左派の政治家として活躍していたが、国民党右派によって暗殺される。息子の廖承志は中日友好協会の初代会長を務め、日本でもよく知られる。

201 一八七八〜一九七二。廖仲愷の妻。東京女子美術学校に留学し、中国同盟会初の女性会員となり、夫と共に孫文の革命活動を支援した。国民党婦女部の指導者としても知られる。廖仲愷が暗殺された後も国民党左派の立場を貫き、自らも政治活動に携わった。中華人民共和国成立後には全国人民代表大会常務委員会副委員長、中華全国婦女連合会名誉主席などを務めた。

202 南京市の玄武区にある公園。南朝のときに湖より黒龍が現れたという伝説が残されており、歴代王朝が水軍訓練の場所としても使用した。今は南京市民の憩いの場所となっている。

203 一九〇一〜一九九〇。古典文学者、教育家、詞人。詞に関する業績が多数ある。中国韵文学会会長，中華詩詞学会の名誉会長を務める。当時、南京師範大学で教鞭を執っていた。

204 一九〇五～二〇〇三。作家、ジャーナリスト。新感覚派の代表的な作家で、心理分析を用いた小説も手がける。中華人民共和国成立後は、華東師範大学教授として古典文学研究や外国文学の翻訳に力を注いだ。

205 一九〇二～一九八八。作家。祖母は少数民族の苗族。西南辺境を舞台とした小説で名を知られる。中華人民共和国成立後は政治性がないとの批判を受け、作家活動をやめて考古学の研究に従事していた。

206 〔原註〕最近になって、私は従弟の志明から正確な情報を得た。叔母の夫の父、李沛階は沈従文の親友であった。だから両家は「遠縁」の関係にはない。私が一九七九年に沈従文夫妻とお会いしたことについては、『孫康宜文集』第二巻（康宜補注、二〇一五年七月）に収められた私の散文「沈従文的礼物〔沈従文の贈り物〕」を参照されたい。

207 一九一〇～一九九九。作家、記者、翻訳家。北京生まれのモンゴル族で、燕京大学、ケンブリッジ大学を卒業した。反右派闘争、文化大革命で迫害を受けたが、その後、名誉回復され、中央文史研究館の副館長などを務めた。『ユリシーズ』の翻訳者としても知られる。

208 一九〇〇～一九八六。言語学者。清華大学、パリ大学を卒業する。音韻、文法など幅広い分野にわたる著書、論文を残した。現代中国言語学の基礎を確立し、中華人民共和国の言語政策にも関わった。

209 一九一五～二〇〇九。翻訳家。英国のオックスフォード大学に留学。そこでグラディス・テイラー（後にグラディス・ヤンと改名）と知り合い、帰国後に結婚。二人は協力して中国の古典文学から現代文学まで多くの翻訳を手がけ、欧米の読者たちから歓迎された。

210 一九一九～一九九九。イギリス国籍の翻訳家。中国で生まれるが、幼少時にイギリスに帰国。楊憲益とはオックスフォード大学の同級生であった。四〇年に再び中国にやって来てからは、楊と協力して多くの中国文学の翻訳を手がけた。

211 一九一九～二〇二三。翻訳家、作家。エミリー・ブロンテの『嵐が丘』を翻訳したことで知られる。作家の巴金と書簡を交わし合った。

212 一九一五～一九九九。詩人、翻訳家。南京大学で長く教鞭を執った。スタンダールの『赤と黒』など、多くの翻訳を手がける。

213 杜鵑〔ほととぎす〕の別名は不如帰という。ほととぎすの鳴き声は「不如帰去（プルクィチ）」と聞こえ、「帰った方がいい」という意味になる。家があっても帰れない私の耳元で、ほととぎすよ「帰った方がいい」と鳴かないでおくれ、という意味。

214 ［原註］『唐詩三百首・雑誌』一首（無名氏）より。

第一五章

215 ［原註］兪王琇『半屏山下』（Monterey Park, California、常青文化公司、二〇〇二年）一二九頁参照。

216 一八八五年、台湾初の中学としてイギリス長老教会によって台南市に設立されたミッションスクール。

217 ［原註］歴史家の徐宗懋によると、当時の台湾人は「統治者による圧力の下で、そのねばり強さを示すようになった」という。徐宗懋『務実的台湾人』台北、天下文化出版社、一九九五年、二八頁。

218 台湾の伝統的な面積の単位。一甲は約〇・九七ヘクタール。ほぼ一ヘクタールと同義で使われる。

219 戦後の台湾で行われた農地改革の一つ。小作料を三七・五％に抑えることを指す。

220 孫文の提唱したスローガンにちなむ政策。

221 一八七八～一九三六。台湾の歴史学者、詩人。日本による台湾統治が始まったことに刺激を受け、『史記』の紀伝体に倣って、『台湾通史』を執筆した。

222 連横『台湾通史』台湾通史社出版、一九二〇年。

223 日本語訳は蔡易達「史料紹介　連雅堂撰『台湾通史』訳注―第一回　自序　及び　巻一　開闢紀―」『帝京史

学』第二九巻、二〇一四年二月を参照した。

224 ［原註］「務実」の言葉が持つ意味は、徐宗懋の『務実的台湾人』を参照されたい。

225 コロンブスが一四九二年一〇月一二日にバハマに上陸し、初めてアメリカ大陸に到着したことを記念した日。アメリカ大陸の複数の国で、一〇月の第二月曜日が祝日とされている。

第一六章

226 一八〇三〜一八八二。アメリカの詩人、思想家。人間は自然に従って生きるべきであるとする超越主義の代表者。代表作に『自然論』、『代表的偉人論』がある。

227 旧約聖書、箴言、三一章二九節、九二〇頁。

第一七章

228 ［原註］Thomas H.C.Lee, "The Nexus: From Taiwan to Queens, NY," in Luchia Meihua Lee ed., *Nexus: Taiwan in Queens, A Catalogue* (New York: Queens Museum of Art) (2004), pp.10-12. 参照。

229 日本統治下の台湾では、中等以上の教育機関は日本人の子弟には入りやすく、台湾人にとっては狭き門であった。

230 一九三四年から基隆、神戸間の航路に使われた大阪商船の大型貨客船。一九四三年にアメリカ軍による魚雷を受けて沈没し、多数の犠牲者を出したことでも知られる。

231 一八九七年に数学の私塾として創設された。大学受験のための予備校として知られた。

232 湖南省江永県などの地域において、女性だけが用いていた文字。女性親族の間でひそかに伝えられ、筆記だけなく、刺繍の柄としても使われた。現在、女書の使い手はほぼいなくなっているが、研究は続けられている。

第一八章

233 アイルランドの詩人、作家。アイルランド共和主義同盟の一員でもあった。

234 一八九〇～一九七五。アメリカの宣教師、博士。布教のために中国へ赴き、南京金陵神学院の教授を務める。翻訳活動にも従事した。

235 一八九二～一九九一。キリスト教思想家、哲学家。浙江省に生まれ、日本の立教大学、アメリカのシカゴ大学、ハーバード大学等で学ぶ。帰国後、広州の嶺南大学、中山大学、南京の金陵大学などで教鞭を執った。一九四九年からは香港に移り住んだ。

236 一九二〇～二〇一六。牧師、宣教師、神学家。上海で生まれ育ち、滬江大学で学ぶ。台湾で福音の伝道に励み、蔣介石一族の牧師を務めたことでも知られる。

237 Robert Alter, Frank Kermode, *The Literary Guide to the Bible*, Belknap Press, 1987.

238 旧約聖書、詩篇、九〇篇五・六節、八二九頁では「わたしたち」が「彼ら」と訳されている。

239 旧約聖書、詩篇、五一篇六・七節、七九二頁参照。

240 旧約聖書、ヨブ記、三六章一五節、七四〇頁参照。

241 ヨブ記の通りではなく、著者による要約。日本語訳は、以下の通りである。「「無知をもって神の計りごとをおおう　この者はだれか」。それゆえ、わたしはみずから悟らない事を言い、みずから知らない、測り難い事を述べました。（中略）それでわたしはみずから恨み、ちり灰の中で悔います」。旧約聖書、ヨブ記、四二章三、六節、七四八・七四九頁参照。

242 教父アウグスティヌス（三五四～四三〇）の著書。自叙伝的な部分を多く含む。若き日の精神的な遍歴や過ちを赤裸々に告白し、その中からキリスト教に回心した過程を詳細に述べている。日本では『懺悔録』『告白録』『告白』などの書名で数々の翻訳が出されている。

243 台湾基督教長老教会の牧師。

244 許牧世『人世与天国之間』基督教橄欖文化事業基金会出版、二〇〇一年。

245 〔原註〕後にシャルロットがこの「未完の原稿」を完成させた。譚天鈞「我們的結婚——情牽四十二年〔私たちの結婚——愛情で結ばれた四二年間〕」『世界周刊』（二〇〇二年六月二三日）参照。なお、譚天鈞医師は二〇〇八年にこの世を去った。

第一九章

246 自動車運転免許を取得しようとする者が、路上で運転の練習をするために必要な運転免許のこと。

247 一九四八〜。アメリカの作家、芸術家、映画製作者。邦訳にジュリア・キャメロン著、菅靖彦訳『ずっとやりたかったことを、やりなさい（*The Artist's Way*）』サンマーク出版社、二〇〇一年などがある。

248 福永光司・興善宏訳『老子　荘子（世界古典文学全集　第一七巻）』筑摩書房、二〇〇四年、一四頁参照。

249 一九三七〜。上海生まれで一九四七年に台湾に移り住み、作家となる。「人性三書〔人間性三部作〕」と呼ばれる代表作『心的掙扎』『人啊人』『衆生』のほか、多数の小説、自伝、日記などが刊行されている。

250 一八一七〜一八六二。アメリカのエッセイスト、思想家。ウォールデン湖畔に小屋を建て、自然の啓示を受けて単純素朴に生きる実験を行った二年二か月の生活を『ウォールデン——森の生活』として著した。

251 一九三八〜一九八九。英文学者。一九七七年から一九八六年まで、イェール大学の学長を務めた。

252 〔原註〕エディーの文章の原文は以下の通りである。"I wasn't born when my brother was born. He died when he was a baby. I don't know what he looked like. He was sick. My mom didn't know if she would have another baby. But I saw his picture. My mom was very worried when he died. But she still had me…"

253 五月の最終月曜日に定められたアメリカ合衆国の連邦政府の祝日。

第二〇章

254 一九二〇〜二〇〇八。河南省出身の小説家。戦後、共産党の支配から逃れ、台湾に移る。一九六八年、「ポパイ」の翻訳をめぐって、国家元首を侮辱したという嫌疑をかけられて逮捕される。後に緑島に送られ、一九七六年まで拘束され続けた。『資治通鑑』の白話訳や、邦訳も出された『醜陋的中国人〔醜い中国人〕』などで知られる。

第二一章

255 一八九七〜一九六三。アメリカ、ペンシルバニア州生まれの牧師。

256 一九〇三〜一九七二。英名はウォッチマン・ニー(Watchman Nee)。福建省出身のキリスト教指導者。信仰に関わる多くの著書を著し、中でも『正常的基督徒生活』は世界各国でベストセラーとなり、邦訳『キリスト者の標準』も出された。中国共産党による宗教迫害を受け、最後の二〇年間は獄中で過ごした。

257 キリストの生涯と教えを説いた『新約聖書』の中のマタイ、マルコ、ルカ、ヨハネの四つの福音書を指す。

258 一八八六〜一九五二。アメリカのシンガーソングライター。キリスト教音楽を手がける。"Wherever He Leads I'll Go"は一九三七年の作。

付録年表　著者の生い立ちと時代の関連事項〔太字部分〕

一九四四年二月　北京市北新華街二三号乙に生まれる。本籍は天津。（父：孫裕光、母：陳玉真、父方の祖父：孫励生、祖母：楊氏、祖父の後妻：李淑君、母方の祖父：陳祥、母方の祖母：劉錦）。

一九四五年八月　**第二次世界大戦が終結し、台湾は日本から中国（蔣介石の中華民国政府）に返還される。**

一〇月　**陳儀が台湾省行政長官に任命される。**

一九四六年一月　上の弟の康成が北京で生まれる。

四月　両親と弟とともに天津を離れ、上海経由で台湾に向かう。

一九四七年二月　**二・二八事件勃発。**父は基隆港務局の総務科長を務めており、住まいは基隆港の東側にあった。

三月　**三月八日、国民党の増援部隊が福建から上陸用船艇で台湾に上陸。軍隊は台湾の民衆に向けて機関銃掃射を始める。**

一九四八年三月　下の弟の覲圻が台北で生まれる。弟が生まれた数日後に、父が梧栖港務局に異動となり、副港務局局長となる。

五月　**五月二〇日、蔣介石が南京で中華民国総統に就任。**

一二月　**蔣介石が陳誠を台湾省政府主席に任命。**

一九四九年五月　**五月二〇日、台湾に戒厳令（martial law）が敷かれる。**

一二月　**国民党政府が台湾に撤退。**

一九五〇年一月　一月二三日深夜、父が保密局の人員に逮捕され、四月末に釈放される。

五月　五月五日、父が再び捕らえられる。母はただちに私たち三人の姉弟を連れて南下し、高雄県の港嘴郷に避難。
六月　**朝鮮戦争勃発。**
八月　父に一〇年の判決が下される。罪名は「反乱罪」。母は林園で裁縫教室を始める。
九月　著者、六歳。林園国民学校の一年生になり、級長に選ばれる。
一〇月　父が緑島（火焼島）の収容所に送られる。
一九五一年一〇月　著者、七歳。高雄の書道コンクールで一等賞を取る。
一九五二年四月　林園国民学校の模範生に選ばれる。
一〇月　父が緑島から台湾島に戻されるが、続けて台北新店の軍人監獄に入れられる。
一九五三年一月　著者、九歳。初めて父に面会するために新店軍人監獄を訪れる。
七月　**朝鮮戦争休戦。**
一九五四年九月　著者、一〇歳。恩師の藍順仕と出会う。
一一月　台中の梧栖国民学校に転校し、四番目の叔母夫妻の世話になる。四か月後、林園に戻る。
一二月　**一二月二日、アメリカが台湾と「米華相互防衛条約」（Sino-American Mutual Defense）を締結。**
一九五五年九月　五年生のときの担任、劉添珍（劉丁衡）に林園国民学校の楽隊の総指揮者に選ばれる。
一二月　一番目の伯父、陳本江（鹿窟事件のリーダーの一人）が出獄。
一九五六年二月　著者、一二歳。二番目の伯母夫妻の助けにより、左営高雄石油精製工場子弟代用国民学校に転校し、伯母夫妻の家に住む。
六月　石油精製工場国民学校を卒業。
一九五六年七月　高雄女子中学の初級中学部に合格。

一九五七年三月　父が獄中で「科学的思考について〔論科学的思考〕」の中国語訳（原文は日本語）を発表。
一九五九年九月　高雄女子中学の高級中学部に推薦入学で進学。
一九六〇年一月　父が一月二三日に出獄。一〇年間の牢獄生活を終える。一家はしばらくの間、草衙（二番目の伯母の夫の故郷）に仮住まいする。
九月　父が高雄石油精製工場国光中学で英語を教え始める。一家全員で石油精製工場の教員宿舎に移り住む。
一九六一年一〇月　高雄女子中学で上演された『ロミオとジュリエット』で、ロレンス神父の役を演じる。
一九六二年九月　東海大学外国語文学科に推薦入学で入る。
一九六三年九月　陳果夫奨学金を獲得。
一九六五年九月　アン・コクラン（Ann Cochran）教授の指導の下で、『白鯨』（*Moby Dick*）をテーマとする卒業論文を書き始める。許牧世（モーゼズ・シュー、Moses Hsu）教授のキリスト教文学の授業を選択科目として履修。
一九六六年六月　東海大学を卒業。鍾玲とともにその年の栄誉卒業生に選ばれる。さらにアメリカ斐陶斐栄誉学会（Phi Tau Phi Scholastic Honor Society）〔一九二一年に国立北洋大学のアメリカ籍の教授、エーラス（Joseph H. Ehlers）によって組織された学術奨励団体〕の栄誉会員の資格を取得。台湾大学大学院外国語文学研究所の第一期生〔一九六六年に初めて外国語文学研究所の修士課程が設けられた〕試験に合格。
八月　張欽次が台湾を離れ、アメリカのプリンストン大学の博士課程で学び始める。
九月　台湾大学大学院外国語文学研究所に入学し、アメリカ文学を専攻。
一九六七年一月　中山人文奨学金を獲得。

一九六八年七月
　六月　六月一〇日、一番目の伯父、陳本江が台北で亡くなる。
　アメリカに移住。
　八月　張欽次とプリンストン大学の教会で結婚式を挙げる。
一九六九年九月　九月二〇日、男児を出産。デイビッド・チャン（David Chang 張岱暐）と名付ける。一〇月三〇日、生後わずか四〇日で、病気のためニューヨーク病院（New York Hospital）で亡くなる。
一九七〇年七月　夫、張欽次がプリンストン大学土木及び地質工学科の博士学位を取得。サウスダコタ州立大学で教鞭を執り始める。
一九七一年三月　親友のイーディス・チェンバーリン（Edith F. Chamberlin）（Gram）が台湾に赴き、著者の両親や親戚の元を訪れる。
　五月　ニュージャージー州立ラトガーズ大学の図書館学の修士学位を取得。
　六月　弟の康成が台湾を離れ、ニューヨーク州立ストーニーブルック（Stony Brook）大学で学ぶ。
　一〇月　**国連総会で中華人民共和国が正式に承認される。**
一九七二年二月　**アメリカ大統領ニクソンが中華人民共和国を訪問。**
　六月　弟の観圻がアメリカのジョージタウン（Georgetown）大学で学ぶ。
　一二月　サウスダコタ州立大学英文科の修士学位を取得。
一九七三年七月　弟の康成が黄麗娜と台北で結婚。
　八月　張欽次がセントルイスのスヴェルドラップ（Sverdrup）社に異動。
　九月　プリンストン大学東アジア研究学科の博士課程に入学。比較文学とイギリス文学を兼修。高友工、アンドリュー・プラーク（Andrew Plaks、浦安迪）、F. W. モート（F. W. Mote、牟復礼）、アール・マイナー（Earl Miner）、ラルフ・フリードマン（Ralph Freedman）らの教えを受ける。

一九七四年一〇月 弟の観圻が蔡真とメリーランド州で結婚。

一九七五年四月 **四月五日、蔣介石が台湾で逝去。蔣経国が国民党主席となる。**

八月 弟の康成が妻、黄麗娜とともにアメリカに移住。

九月 張欽次がアメリカ国籍を取得。

一九七六年四月 著者がアメリカ国籍を取得。

一九七七年四月 父の病気が重くなり、台湾大学病院で手術を受ける。著者と弟の観圻は飛行機で台湾に帰り、父を見舞う。療養期間中、父は「康宜蔵書」の印章を篆刻してくれ、「丁巳〔一九七七年〕仲春〔旧暦二月〕、宜が帰省して余の看病をしてくれた、よって戯れにこれを記念とする」と題した。

五月 前保密局局長の谷正文氏を訪ねる。谷氏は著者の前でこう述べた。自分はずっと著者の父には罪がなく、巻き添えになっただけだと知っていた。ただ父の「性格が悪く」、逮捕後も谷氏に面と向かって盾突いたため、一〇年の判決を下した、と。多くの若者たちも同じような理由で被害にあったという。

七月 弟、観圻の長女、エスター（Esther）がメリーランド州で生まれる。

一九七八年二月 両親ともにアメリカに移住。父は孫保羅（孫パウロ、Paul Sun）と改名。

五月 **蔣経国が中華民国総統に就任。**

六月 プリンストン大学文学博士の学位を取得。

一一月 大陸の親戚と初めて連絡が取れる（香港中国銀行を通じて）。

一九七九年一月 **アメリカ政府が中華人民共和国と正式に国交樹立。**

二月 弟、観圻の次女、ヘレン（Helen）がメリーランド州で誕生。

四月 **四月一〇日、アメリカと台湾が「台湾関係法」（Taiwan Relations Act）を制定。**

一九七九年四月　二番目の伯母夫妻（つまり舅姑）が台湾を離れ、アメリカに移住。

六月　中国大陸を訪問。二か月にわたり、父方の叔母と叔父の家族と団欒。また唐圭璋、趙瑞蕻、楊苡、沈従文、蕭乾、文潔若〔一九二七〜。翻訳家、日本文学研究家。蕭乾の妻。ヨーロッパのみならず日本の文学作品を多数翻訳したことでも知られる〕、王力、楊憲益、グラディス・ヤン（Gladys Yang）らの学者や作家と面会。

七月　父、孫保羅がアリゾナ州フェニックスにあるサンダーバード国際経営大学院（American Graduate School of International Management、つまりサンダーバードキャンパス、Thunderbird Campus）で教鞭を執る。

九月　ボストン近郊のタフツ（Tufts）大学で教鞭を執り始める。蕭乾氏を大学に招聘し、講演してもらう。

一〇月　父が大陸に短期間里帰りをすると同時に、サンダーバード国際経営大学院の代表として、天津商業管理学院と提携関係を結ぶ。

一九八〇年一月　張欽次がスヴェルドラップのニューヨーク支社に異動、地質工学部門のマネージャーに昇格。

七月　プリンストン大学東アジア図書館〔The East Asian Library and the Gest Collection〕の館長に就任。

八月　弟の観圻がアメリカ国籍を取得。

一九八一年六月　父が「卓越教授賞」（Outstanding Professor Award）を受賞。

七月　日本を訪れ、東京などの地をめぐる。父の母校である早稲田大学を訪問。

一九八二年九月　イェール大学に転任し、教鞭を執る。

一〇月　弟の康成がアメリカ国籍を取得。

一九八四年二月　二月八日、弟、康成の娘ヴィヴィアン（Vivian）がアリゾナ州フェニックスで生まれる。

四月　父、孫保羅がアメリカ国籍を取得。

一九八五年二月　**六月**　父がアリゾナのサンダーバード国際経営大学院を退職。

親友のイーディス・チェンバーリン（Edith F. Chamberlin）がプリンストンで亡くなる。享年九六。

一九八六年五月　**四月**　二番目の伯父（舅）がアメリカ国籍を取得。

娘のエディー（Edie）（Edith）が生まれる（中国語名は咏慈）。英語名はイーディス・チェンバーリンを記念して名付けた。

一二月　イェール大学の終身教職権（tenure）を取得。

一九八七年五月　両親がメリーランド州に移る。父がゲイサースバーグ中国人信徒同盟教会（Congregation of the Gaithersburg Chinese Alliance Church）の初代長老に就任。

七月　**七月一五日、蔣経国が台湾の戒厳令を解除。**

一一月　**蔣経国政府が台湾人民の中国大陸親族訪問を許可（一九四九年以来初めての許可）**。

一九九〇年七月　イェール大学文学正教授に昇進。

一九九一年八月　弟の観圻がヒューズネットワークシステムズ（Hughes Network Systems）社の副総裁兼アジア太平洋地区の総支配人に就任。

九月　張欽次がＡＳＣＥ（米国土木学会）の特別会員（Fellow）に選ばれる。

一九九二年一〇月　高雄石油精製工場国光油校子弟学校校友会から「傑出校友」の栄誉を与えられる。

一九九三年一月　張欽次が水力技術及び地質工学企業コンサルタント（Corporate Hydrotechnical and Geotechnical Consultant）に昇進。

一九九四年三月　母、陳玉真がアメリカ国籍を取得。

七月　張欽次がスヴェルドラップ社の上級研究員（Fellow）に選ばれる。

一〇月　一〇月一二日、二番目の伯父、張緑水（舅）が病気のためボストンで亡くなる。享年七九。

一九九六年七月　両親がカリフォルニア州サンフランシスコ近辺のフリーモントに転居。

一九九七年五月　二番目の伯母（姑）がアメリカ国籍を取得。

九月　母、陳玉真が病気のためフリーモントのワシントン病院（Washington Hospital）で亡くなる。享年七五。スタンフォード大学に近いアルタ・メサ・メモリアルパークの墓地（Alta Mesa Memorial Park）に葬られる。

二〇〇一年八月　八月二一日、二番目の伯母、陳玉鑾が病気のためボストンで亡くなる。享年八三。

二〇〇一年八月　弟の康成がカリフォルニア州サンノゼ（San Jose）のイートレンド・テクノロジー（Etrend Technology）社の総支配人に就任。

一一月　張欽次がジェイコブズ（Jacobs）の上級研究員（Fellow）に選ばれる。

二〇〇二年二月　二月一二日、恩師の許牧世（モーゼズ・シュー、Moses Hsu）がボストンで亡くなる。享年八八。

二〇〇四年四月　弟の康成が、半世紀前に父が服役した受難の現場をたどるため、緑島を見学。柏楊が書いた「人権紀念碑」とともに記念撮影。碑には「あの時代／どれだけの母親が／この島に閉じ込められた我が子を思って／夜通し泣き続けたことか」と書かれている。

二〇〇六年四月　張欽次がイェール大学ダヴェンポートカレッジ（Davenport College）の准研究員として招聘される。その後、エンジニア主管のポストから正式に退職。

二〇〇七年五月　五月九日、父の孫保羅がカリフォルニア州で亡くなる。

二〇〇九年一〇月　イェール大学初代マルコム・G・チェイス五六（Malcolm G. Chace'56）東アジア言語文学講座担当教授に就任。

二〇一〇年七月　ジョン・T・マー（John T. Ma）（馬大任〔一九二〇〜二〇二一。アメリカの華人。図書館学者〕

氏）のサポートを受け、馬氏が主催する「アメリカから中国へ書を贈る」（Books for China）企画を通じて、潜学斎の蔵書八千二百冊を北京大学国際漢学家研修基地に寄贈（書物を運搬した汽船は、マザー・ヴェッセル（Mother Vessel）号。ニュージャージー州のエリザベス港から出発し、パナマ運河、台湾の高雄港を通り、七月九日に厦門に到着。二〇〇箱余りの蔵書は厦門から、陸路で北京に運ばれた）。

二〇一一年五月 五月一六日午後、北京大学主催の「潜学斎文庫贈呈式」が北京大学キャンパスにある静園五院の二階会議室で行われた。贈呈式の司会を務めたのは袁行霈教授。参加者は以下の通り。北京大学副学長の劉偉教授、学長補佐の李強教授、北京大学中国古典文献研究センターの安平秋教授、廖可斌教授、北京大学図書館館長の朱強教授、首都師範大学中国詩歌研究センターの趙敏俐教授、中国社会科学院文学研究所の范子燁研究員、北京大学国際漢学家研修基地の程郁綴教授、栄新江教授、王博教授、劉玉才教授、斉東方教授及び文学、史学、哲学、考古学の大学院生たち。弟の観圻もこの儀式に参加。こうして著者が四三年にわたって大切に保管してきた潜学斎の図書が、ついに生まれ故郷の北京に戻されたのである。

二〇一二年二月 イェール大学デ・ヴェイン（De Vane）教学賞の金メダルを受賞。

二〇一三年二月 『白色テロをくぐり抜けて』の英訳増訂版が出版。*Journey Through the White Terror: A Daughter's Memoir.* Second Edition. Based on a translation from the Chinese by the Author and Matthew Towns (Taipei: National Taiwan University Press, 2013)〔『白色テロをくぐり抜けた旅路——娘による回想録』第二版。著者とマシュー・タウンズによる中国語版からの翻訳（台湾大学出版中心、二〇一三年）〕。

二〇一四年六月 著者の渡米後の生活を振り返った回想録『奔赴——半個多世紀在美国〔奔走——半世紀余りの

アメリカ生活」』が、台湾、聯経出版社より出される。

訳者あとがき

本邦訳は二〇一二年に北京三聯書店から出版された『走出白色恐怖（増訂版）』に、著者自身が二〇二一年に修訂を加えたものを底本としている。本書は、著者が両親と自分の人生を振り返って書いた回想録である。「白色テロ」とは、戦後、台湾を支配した中国国民党による政治的弾圧を指す。ただ本書はタイトルから想起されるような、台湾史の悲劇を告発しようとした書ではない。中台の激動の現代史に翻弄されながらも、強い家族愛、親族の絆、恩師や友人たちのサポート、そしてキリスト教信仰に支えられ、困難な時期を乗り越えた一家のファミリーヒストリーである。時系列ではなくテーマごとに章が立てられ、その一つ一つに時代背景、著者の思い、文学の魅力、宗教観が豊富にちりばめられている。

本書の内容やその時代背景については、ハーバード大学の王徳威教授がすでに序言で詳しく解説してくださっているので、ここで繰り返すことは避ける。

著者の孫康宜教授はアメリカのイェール大学で長らく教鞭を執り、今も国境を越えて活躍されている中国文学、比較文学研究者である。著者の両親はもともと中国と台湾の出身であるが、東京で出会い、その後、一家は北京から基隆、台北、高雄、そしてアメリカへと転々と居を移し、その都度その地に順応しながら生きてきた。父の逮捕による移動は別として、それ以外はいずれも生存と進展を求めた移動であった。

現在、台湾と中国の関係は国際的にも大きな注目を集めているが、それは往々にして「独立」か「統一」かの二項対立で語られがちである。しかし日本留学経験を持つ両親から生まれ、中台双方にルーツを持ち、現在アメリカで活躍している著者は、こうした二項対立を越えた次元におり、単純化された政治的な命題に収斂されない立場でこれまでの歩みを記している。本書は中台関係を複眼的にとらえる必要性を示唆してくれるだけでなく、国民国家の枠にとらわれがちな私たちにも、大きな啓発を与えてくれるはずである。

日本の読者としては、台湾における白色テロの悲劇を生みだしたそもそもの発端が、ほかならぬ日本の植民統治にあることを考えざるを得ない。本書にも日本統治期における台湾人差別や強制的な日本語教育、言論統制、戦争動員といったさまざまな台湾人の苦しみが描かれている。「親日」と称されることの多い台湾であるが、その複雑な歴史の中で翻弄されてきた人々に思いを致したい。

日本における台湾「白色テロ」の研究はまだ着手されて日が浅いが、菊池一隆氏、玄武岩氏の研究を始めとして、少しずつではあるが積み重ねられている。台湾で二〇一七年に「移行期正義促進条例」が公布されて以来、赤松美和子氏も指摘するように、白色テロは研究以外の分野で紹介されることも多くなった。たとえば游珮芸・周見信作、倉本知明訳の漫画『台湾の少年』（全四巻、岩波書店、二〇二二

〜二〇二三年）が話題になり、白色テロをモチーフとしたホラーゲーム「返校」も人気を集めた。このゲームを基に作られた映画『返校――言葉が消えた日』（徐漢強監督、二〇一九年）は台湾で大ヒットし、すでに日本でも上映されている（訳者はホラー映画が苦手なため、妹たちの助けを借りながら視聴した）。ゲーム、映画、漫画という若者にもなじみのあるコンテンツを使いながら、何としてでも歴史を継承していこうとする姿勢には学ぶところが大きい。

今、オーラルヒストリーや回想録などの手法を用い、個々人の詳細な歴史を後世に残していこうとする動きもまた盛んである。公式の歴史書からはこぼれ落ちた一人一人の体験の中にこそ、その時代性がくっきりと表れているからであろう。訳者にとって特に印象深かったのは、鹿窟事件に関わった伯父の足跡（第一一章）、大陸に住む親族訪問（第一四章）、そして「母語」をめぐる著者の言語遍歴（第一〇章）の章である。鹿窟事件や、中台双方にルーツを持つ者の経験は日本ではほぼ知られていないであろう。台湾・中国現代史の知られざる一面に光を当てた貴重な記録である。

翻訳の途中で思わぬ方面に目が向くこともあった。例えば「戸口調査」などの名目で深夜に家宅捜索を行う白色テロ時期の脅しが、本書だけでも数か所出てくる。こうした不毛な嫌がらせが日常的に行われることによって、台湾社会全体が萎縮したであろうことは想像に難くない。一方、加害者として関わった人員、おそらく権力機構の末端にいた人員も膨大な人数に上ると思われる。「東海大学」の「東」の字すら書けなかったという末端人員による、エリート知識人への意趣返しであったのだろうか。夜な夜な「出勤」し、嫌がらせを働いた人たちも、またある意味で当時の台湾社会の被害者であったように思う。統治者側が、被統治者の社会を分断することにより、権力を維持しようとする構造は、どの地域、どの時代にも存在した。決して過去の特殊なできごととして済ませてしまうことはできない。

本書には「近代」特有の要素も随所に見られる。ロマンチック・ラブに基づいて家族を形成し、それを生涯貫き通した両親、教育によって身に付けたスキルによって家族を養い、道を切り開いていった母と娘、そして東アジアに導入されたプロテスタント信仰によって結びつく人々。同時に親族間の相互扶助といった「伝統中国」から引き継がれた要素(ただ本書の場合は、台湾に根を下ろしていた母方の親族による相互扶助であり、いわゆる父系的なつながりではない)も大きな役割を果たしている。

訳者はクリスチャンではなく、また研究上でもこれまで「近代家族」や伝統的な「家」制度に対して、どちらかというと批判的な分析を加えてきた。ただ本書における揺るぎないキリスト教信仰と絶対的な家族愛には、時には戸惑いを覚えることはありつつも、やはり心を打たれることが多かった。生活に追われ、慌ただしく過ごす毎日の中で、本書と向き合う時間は不思議と心の落ち着きが得られたこともまた確かである。本書に一貫して流れる著者の人間愛が文中から伝わってくるためであろう。

著者の深い教養とキリスト教信仰に裏打ちされた本書には、随所に中国の古典や世界各国の文学作品、『聖書』からの引用がちりばめられ、苛酷な現実が描かれている時ですら、読者をある種の美しい世界に誘う。『聖書』を始め、古今東西にわたる文学作品を確認しながらの翻訳作業は、非常に楽しいものであった。だがいかんせん訳者の力不足により、本書の持つ文学的な魅力がどの程度伝えられたか心もとない。また日本語版としては、中台の歴史になじみのない方々や学生さん世代にも広く手に取っていただきたいと考え、訳註をたくさん設けた。専門家の方々にとっては自明のことばかりで、的外れな部分も多々あろうと思う。拙い日本語訳とともに、この方面でも皆さまのご叱正を賜りたい。

翻訳に当たり、配偶者の柴格朗からは、古典・漢文解釈や訳語について数々のアドバイスをもらっただけでなく、家庭生活の面でも全面的なサポートを受けた。この助けがなければ本書は最後まで完成できなかったであろう。励まし合い、助けてもらった親族、友人たち、非常勤仲間、研究会仲間にも感謝の意を捧げたい。それから、ちょうどこのあとがきを書き始めたときに、実家の父が世を去った。長らく闘病生活を送っていた父は、この翻訳の話をうれしそうに聞いてくれていた。両親には、たくさん本がある環境の中で育ててくれたことに感謝したい。

三元社の石田俊二社長、上山純二氏には、出版に当たり多大なご尽力を賜り、また数々のご無理を聞いていただいた。ここに感謝を申しあげたい。

愛知大学の黄英哲教授から本書の翻訳の話をいただいたのが、二〇二一年秋のことである。私の要領の悪さから、翻訳は遅々として進まず、当初の予定を大幅に遅らせてしまった。著者の孫康宜先生はもちろんのこと、準備全般を整えてくださった黄英哲先生、王徳威先生たちをかなりやきもきさせたことと思う。ここまで温かく見守ってくださり、数多くの手厚いサポートとご助言、励ましをいただいたことに感謝したい。ささやかではあるが、この日本語版が過酷な経験を積み重ねてこられた孫康宜先生の八〇歳のお祝いになれば幸いである。

二〇二四年六月二三日　　杉本史子

付記　本書の出版は蔣経国国際学術交流基金会及び侯氏基金会の助成を受けたものである。ここに記して感謝の意を表したい。

著者紹介

孫康宜　Kang-i Sun Chang（そん・こうぎ）

1944年、北京生まれ。台湾で育ち、1968年、アメリカに移住。プリンストン大学文学博士。プリンストン大学東アジア図書館館長、イェール大学東アジア言語文学学科教授などを歴任。現在、イェール大学マルコム・G・チェイス56アジア言語文学講座名誉教授。専門は中国古典文学、抒情詩、比較文学、ジェンダー研究、文化理論、美学。主な著書に*The Evolution of Chinese Tz'u Poetry: From Late T'ang to Northern Sung* (Princeton University Press, 1980)、*Six Dynasties Poetry* (Princeton University Press, 1986)、*The Late-Ming Poet Ch'en Tzu-lung: Crises of Love and Loyalism* (Yale University Press, 1991)、編著に*Women Writers of Traditional China: An Anthology of Poetry and Criticism*, with Haun Saussy and Charles Yim-tze Kwong, eds. (Stanford University Press, 1999)、*The Cambridge History of Chinese Literature* with Stephen Owen, eds. (Cambridge University Press, 2010)がある。

訳者紹介

杉本史子（すぎもと・ふみこ）

1973年、名古屋生まれ。立命館大学大学院文学研究科史学専攻東洋史専修博士後期課程修了、文学博士。現在、立命館大学等で非常勤講師を務める。専門は中国近現代女子教育史、中国近現代ジェンダー史。著書に奈良女子大学アジア・ジェンダー文化学研究センター編『奈良女子高等師範学校とアジアの留学生』（共著、敬文舎、2016年）、主な論文に「女子学生の団体旅行――占領下北京における日本見学旅行記を中心として」『アジア遊学267　中国の娯楽とジェンダー』（勉誠出版、2022年3月）がある。

白色テロをくぐり抜けて

発行日　二〇二四年九月一五日　初版第一刷発行

著　者　孫康宜

訳　者　杉本史子

装　幀　臼井新太郎

発行所　株式会社 三元社
〒一一三－〇〇三三　東京都文京区本郷一－二八－三六鳳明ビル
電話／〇三－五八〇三－四一五五　ＦＡＸ／〇三－五八〇三－四一五六
郵便振替／00180-2-119840

印刷　モリモト印刷 株式会社

製本　鶴亀製本 株式会社

published by Sangensha Publishers Inc.
ISBN978-4-88303-593-9
printed in Japan
http://sangensha.co.jp